国防科技大学国际关系学院国别区域研究系列丛书

现代俄罗斯报纸标题研究

王晓捷 著

东南大学出版社
SOUTHEAST UNIVERSITY PRESS
·南京·

内容提要

本书以现代俄罗斯报纸标题为研究对象,基于新修辞学理论、对话理论、社会语言学和大众传播学相关观点,构建了统一理论框架,分别论述了该理论框架在俄罗斯报纸标题中的应用。书中主要描述了现代俄罗斯报纸标题的概念、特性、功能、句法结构和语言表现力手段,及其与语篇的相互关系,同时,也详细阐释了俄罗斯社会变化对报纸标题的语言和结构产生的重要影响。本书可以帮助读者加深对俄罗斯报纸标题的理解,构建报纸标题研究的新视角。

图书在版编目(CIP)数据

现代俄罗斯报纸标题研究 / 王晓捷著 . — 南京 :
东南大学出版社,2020.10
　ISBN　978 - 7 - 5641 - 9187 - 0

　Ⅰ.①现…　Ⅱ.①王…　Ⅲ.①新闻标题-研究-俄罗
斯　Ⅳ.①G212.2

　中国版本图书馆 CIP 数据核字(2020)第 207242 号

现代俄罗斯报纸标题研究 Xiandai Eluosi Baozhi Biaoti Yanjiu

著　者	王晓捷		**责任编辑**	刘　坚
电　话	(025)83793329　QQ:635353748		**电子邮件**	liu-jian@seu.edu.cn

出版发行	东南大学出版社	**出 版 人**	江建中
地　址	南京市四牌楼 2 号	**邮　编**	210096
销售电话	(025)83794561/83794174/83794121/83795801/83792174 83795802/57711295(传真)		
网　址	http://www.seupress.com	**电子邮件**	press@seupress.com

经　销	全国各地新华书店		**印　刷**	江苏凤凰数码印务有限公司	
开　本	787 mm×1092 mm　1/16		**印　张**	11.5　**字　数**	270 千字
版 印 次	2020 年 10 月第 1 版第 1 次印刷				
书　号	ISBN　978 - 7 - 5641 - 9187 - 0				
定　价	58.00 元				

语言反映社会现实,社会变化会引起语言的变化和发展,语言具有时代性,每个时代都有自己的"语言品位"。苏联解体后,俄罗斯社会发生了急剧变化,语言也随着社会的变化而变化,这种变化及时地在报纸语言上得到了体现。苏联时期的报纸语言具有鲜明的时代特点,报纸对上是歌功颂德、对下是发号施令,因此,报纸的作者与读者是主体与客体的说教关系,而现代俄罗斯报纸言语作品反映了作者与读者是主体间的平等对话关系。

现代俄罗斯报纸语言和言语作品反映了俄罗斯社会的现实,而俄罗斯政治的民主化、经济的私有化、文化和意识形态的多样化决定了报纸和报纸语言的变化和发展。苏联时期,报纸属于苏共的宣传工具,报纸语言严格限定于报刊政论语本,报纸的言语作品内容和形式都有固定的规范,报纸报道的模式以自我为中心,属于说教式报道,报纸标题多为概念性称名句结构,呈现出信息性不强、缺乏对话性等特点。

现代俄罗斯报纸的私有化把报纸推向了竞争的市场,唯有赢得读者才能够在众多的大众媒介中生存、立足并发展壮大,因此报纸需要有各自的社会定位,即读者群定位。报纸的报道模式不再是以我为主的主客体关系,而是以读者为中心的双主体或多主体对话关系。报纸的多主体对话表现为作者、读者和第三方之间的对话,第三方可以是某个利益集团或事件当事方、其他组织、机构、个体等通过报纸发出的声音。

现代俄罗斯报纸的言语作品无论在形式上还是内容上都在走近大众,报纸中出现了各种体裁和题材的作品,使用了各种极具表现力的语言手段,而作为报纸言语产物的标题集中体现了报纸语言的特点。俄语报纸标题是报纸言语作品内容的极度压缩,它具有形式上的独立性和语义上的自足性。

本书以现代俄罗斯报纸标题为研究对象(包含标题和标题系统),运用新修辞学理论、对话理论、社会语言学和大众传播学相关观点,分别论述了现代俄罗斯报纸标题的特性、功能、句法结构和语言表现力手段,以及它们与语篇的相互关系。

本书由绪论、正文五章、结束语、参考文献和附录组成。

绪论,该部分介绍了选题的依据,指出了课题的意义、目的、内容、方法和创新之处等。

第一章,就中外学者对报纸标题的研究进行了综述。

第二章,现代俄罗斯报纸标题的相关概念及其特性。阐释了报纸标题的概念、特性及其与语篇的关系。

现代俄罗斯报纸标题具有经济性、新颖性、信息性、形式上的独立性和语义上的自足性等特点,标题的终极目的就是与读者进行对话,获得读者的认同。现代俄罗斯报纸标题的对话性体现了作者以读者为中心的报道方式,说读者所说,想读者所想,使用读者的话语表达读者关心的事件。标题的各种特性体现在标题的社会角色定位、角色心理和价值观念定位,以及标题言语的针对性和适宜性上。作者通过标题与读者进行对话,作者与读者的关系是双主体或多主体的对话关系。

第三章,现代俄罗斯报纸标题研究的相关理论及应用。分别论述了新修辞学理论、对话理论、社会语言学和大众传播学相关观点及其在报纸标题中的应用,并构建了统一的理论框架。新修辞学的同一理论将亚里士多德的劝服提升到了认同,交际双方通过同一达到认同。报纸标题是通过报道的内容、传递的情感、作者的评价、语言的优美和新颖与读者在情感、思想和理念上取得同一,达到交际双方间的相互认同。

巴赫金的对话理论阐释了任何话语都具有对话性,可以是说话者与对话者或说话者与自我意识,即意识中的另一个我的对话,说话者通过话语与对话者交流,期待对话者的回应,对话性表现为对方的应答性。报纸标题的对话性体现在作者与读者的对话,作者通过标题与读者建立交际接触;读者通过阅读标题可以预知语篇的内容,了解作者的情感和评价,从心理上接近或认同作者;作者还可以通过标题的结构与读者对话,如问答结构,在一问一答中作者与读者实现了对话。

社会语言学理论指出了语言的变化受社会因素变化的影响,各种社会因素的变化会引起语言的社会分化,语言的社会分化反映了社会阶层的分化,受社会大众的年龄、性别、职业、收入、受教育程度等因素的影响,并以此确定他们的社会地位、角色、兴趣和爱好。报纸标题的对话性离不开报纸的社会定位,每种报纸都预设了自己的读者群以及读者群的兴趣、爱好和品位等。作者在创作标题时必须要考虑到报纸标题内容是否符合读者的接受心理,标题的言语表现力是否能打动读者,激发读者的兴趣。

大众传播理论提出了传播模式,如魔弹论、有限传播论、使用和满足论、说服论,分析了大众传播对受众的心理作用和影响。报纸标题是通过标题的内容、结构、语言特点、作者的情感和评价来对读者的心理施加影响的。

认同是报纸标题的最高目标,目标的实现依赖于标题精确的社会角色定位,依赖于作者与读者的心理沟通和对话,依赖于对读者心理施加的作用和影响。

第四章,现代俄罗斯报纸标题的语言特点。现代俄罗斯报纸标题的语言和结构的变化受到社会因素变化的影响,因为推动语言变化与发展的有语言内因素和语言外因素,而语言外因素是加速语言变化与发展的催化剂和加速器。俄罗斯社会的剧烈变化引起语言的变化,语言的变化与发展同样也印证了社会和时代的变化。

现代俄罗斯报纸标题与苏联时期的报纸标题相比,从内容到结构都有很大变化,现代俄语报纸常使用具有表现力的标题,在标题中常使用口语化的词汇,如方言、俗语、行话,甚至是低俗词语和骂人话,以及口语化的句法结构,如分指结构、残余结构、提位复指结构、问答结构和分割结构。这些口语化结构可以增加标题的表现力,吸引读者的注意,拉近与读者的心理距离,有利于读者对语篇内容的预测和解读。报纸标题的语言特点表明了报纸标题的报道中心发生了移位,从官方移动到了读者,针对读者的社会定位、心理、思想和理念,选择适宜的方式和内容与读者进行对话。说话者与受话者平等互动,说话者通过与受话者在情感、理念、价值观等方面的同一,达到认同。

第五章,现代俄罗斯报纸标题的功能研究。现代俄罗斯报纸通过对话的方式,在平等原则的基础上,以读者为中心,影响着大众的观点,构建着他们的价值取向。报纸的经济目的和政治属性决定了报纸对经济利益团体、党派和国家机构的依附性,承载着报道信息、与大众进行互动、影响大众、获得认同、促使大众采取预期行动的诸多功能,以满足各方对各种信息的需求。现代俄罗斯报纸的标题具有多功能性,其主要完成语篇的称名功能、报道功能、广告功能、预测功能、构建功能、表情功能、交际功能和感染功能,而标题系统主要具有感染功能、交际功能、报道功能、分隔定位功能和语篇功能。

报纸标题的功能是在作者与读者的对话和交流中实现的,作者通过标题的形式和内容向读者传递信息,同时表达着自己的情感、评价、思想和观念;作者为实现同一之目的,通过对话感染读者,改变或强化其态度,促使读者采取行动。报纸标题的各种功能相互关联、相互作用,称名、报道、广告、预测、构建、表情和交际功能都是为感染功能服务的,要知道感染读者、实现与读者的同一才是目的,而其他功能则是实现目的的手段。

本书对现代俄罗斯报纸标题进行研究,其目的是借助同一理论、对话理论、社会语言学和大众传播学相关观点,系统研究报纸标题,分析它们与语篇间的相互关系,通过对其特性、语言特点、结构、功能等的分析,加深对报纸标题的理解,开辟报纸标题研究的新的视角。

CONTENTS 目录

绪　论

1.1　选题依据和背景

报纸是现代俄罗斯大众媒体不可或缺的一个重要组成部分,它是社会的一面镜子,反映了俄罗斯社会的政治、经济、文化生活等各个方面,成为大众了解当前社会中所发生事件的一种手段。苏联时期报纸的发展历程从 1917 年十月革命起,经历了许多次历史性的大事件,如第一次和第二次世界大战、苏联面对西方的围困以及自己的奋发前进、戈尔巴乔夫改革、苏联解体、苏共解散、国内政治和经济的动荡。在苏联解体后,现代俄罗斯报纸在社会大变革中得到了很大发展,出现了许多变化。

1.1.1　苏联时代的报纸与俄罗斯时期报纸的特征对比

苏联和俄罗斯时期的报纸处于不同的历史时期,其所处的社会制度、经济基础、意识形态、世界格局都大不一样,因此这两个时期的报纸呈现出很大的不同。

（1）报纸的阶级性和意识形态斗争趋于淡化

苏联时期的报纸是苏共中央发布消息、引导舆论、管理国家的有力工具,苏共为报纸提供了场地、设施,甚至是发行渠道。报纸成为苏共中央的喉舌,为此,还规定了报纸的外观、内容和统一的格式。正如列宁指出的那样,报纸不仅是集体的宣传者和鼓动员,而且还是集体的组织者;报纸是阶级斗争最锋利的武器,是组织阶级力量的中心和基础,是影响大众的有力手段。苏联时期的报纸发行量大,国家性的报纸非常繁荣。苏联成立初期就成立了统一的国家信息机构,其任务是搜集并传播苏联国内外的信息和各类活动及规定。苏联时期报纸的出版发行主要是在苏联党政机构的领导下进行的,当时没有私人的出版机构及报纸,报纸都服从于一个目的:从各个方面阐明苏共的政策理论和实践、报道主要领导人的各种活动,而很少对社会问题进行报道。苏联解体和苏共解散后,俄罗斯实行了政治民主化、经济私有化和文化多元化方针,世界格局也由两极走向多极。俄罗斯报纸的性质发生很大变化,报纸所有权转移到俄罗斯各大传媒集团、财团、各类机构、政党等手中。报纸报道的内容包罗万象,从国家政治到家庭琐事,从国家领导人到普通老百姓的生活,报道内容更加人性化、对话化。报纸除了参与激烈的市场竞争外,主要服务于报纸的所有者,报纸在某种程度上成了利益集团、各类机构、党派以及运动等的思想传播工具。因此,与苏联时期报纸以一种声音说话的情况相比,现代俄罗斯报纸在意识形态领域出现了思想和理念的分化,出现了多种声音的对话,从苏联时期的阶级斗争演变为现代俄罗斯的理念斗争和利益斗争。过去只有一种声音,没有选择,现在有了多种报纸,能发出不同的声音,大众有了选择的权利。过去报纸报喜不报忧,现在报纸获得了监督的任务。

(2)报纸体系由垂直结构向水平结构转变

苏联时期的报纸体系表现为在中央直接领导或由中央管控的垂直结构。苏联时期的报纸根据区域特征可以分为:全苏、共和国、边疆区、州、市、地区、地方基层报(各组织、企业、机构、学校、集体农庄报);根据出版机构可以分为:苏共报纸、苏联国家机构、工会、共青团、科研机构和各团体报纸,中央领导报纸的发行,各地都服从中央,中央甚至可以任命下级领导,形成了报纸发行结构的领导与被领导的垂直式报纸体系。随着苏联解体和苏共解散,现代俄罗斯报纸体系的结构不再是苏联时期的垂直式结构,而是水平结构,报纸发行机构相互之间不再具有领导和所属关系,而成为各自为政的平行机构。俄罗斯报纸按照地理特点分为全俄报纸和地方报纸。苏联时期属于中央性报纸的《消息报》《共青团真理报》成了独立报纸,在俄罗斯全境发行,只是发行量比苏联时期大幅减少了。《俄罗斯报》继承了苏联解体前报纸的功能,发布国家的法律、决议、指示和其他法令,同时也报道社会政治类内容。没有哪家报纸处于领导地位,大家平起平坐。

(3)报纸报道模式由发号施令的说教转变为以读者为中心的对话

苏联时期报纸作为党的喉舌和宣传工具,基本都是以服务党的领导人以及以党为中心的,使用歌功颂德和发号施令的语言和语气来报道,并不站在受众角度去思考。苏联党政机关及其下属机构等作为报纸的发行方,同时又是国家的管理者,处于高高在上的地位,报道的内容较少涉及社会问题和大众所关心的问题,主要报道党和国家需要大众知晓的内容,以及宣传鼓动大众进行社会主义劳动和建设。一党化领导下的报纸使得报纸报道很难呈现出多元性的内容,不考虑读者的心理。苏联解体后,俄罗斯社会发生了很大变化,报纸进入了充分竞争的市场经济时代,报纸需要参与市场竞争,以获取经济效益而得以生存。为了在激烈的竞争中生存并立足,报纸必须要赢得读者心,读者因此成了报纸的上帝。因此,现代俄罗斯报纸的报道模式是以读者为中心的,从报道内容和方式上具有很强的针对性,尽可能去满足读者的需求,报道的方式往往是对话性的,是双主体或多主体的对话,作者在平等的基础上与读者进行对话。

（4）报纸语言从程式化的标准语转向富有表现力的大众语言

苏联时期，报纸的发行方属于党政机构及其下属部门，报道模式是以发行方为中心进行报道，并使用官方制定的标准语规范来审查报纸语言。因此，报纸语言呈现出规范化和程式化的语言特点，这同时也导致了报道的生硬化。这个特点在报纸政论文标题上体现得最为明显，苏联时期的报纸标题经常使用带有崇高语体的名词一格称名句，读者在阅读报纸时很难通过标题预测到语篇内容，只能通过通读全文再返回到标题，来洞悉标题所要表达的思想。苏联解体后，俄罗斯社会发生了剧变，政治民主化、经济私有化、意识形态多元化促进了报纸语言的变化和发展。报纸的读者不再是被动接受，而是主动获取报纸信息，读者从只能接受的客体转变为参与对话的主体。同样，报纸的主体也发生了改变，报纸所有权从国家转移到了传媒集团、财团、各种机构、党派、独立团体等。

报纸为了在激烈的竞争中立足和发展，传播报纸所有人的思想和理念，报纸的报道模式转向以读者为中心，发行方站在读者的立场，用读者的话讲着发生在读者周边的事件。因此，现代俄罗斯报纸语言的表现力大大增强，程式化和政论化的生硬语言大幅减少，报纸中甚至出现了苏联时期不允许出现的方言、俗语、行话、黑话、低俗词汇等，这些词汇当时被认为是不登大雅之堂的非标准语词汇；还出现一些口语性结构，如成语结构、分指结构、残余结构、问答结构、提位复指结构和分割结构，这些词汇和句法结构更加贴近大众，为他们所喜闻乐见。

1.1.2　现代俄罗斯报纸在大众传媒中的特色和优势

随着社会的发展和科技的进步，俄罗斯大众传媒进入了高速发展期，除了传统媒体，如报纸杂志、电视、广播、电影；还出现了互联网等各种新媒体，尤其是互联网等新媒体，它融合了平面媒体和立体媒体的各种特点，通过视觉、听觉等多种器官的介入来传递信息，具有自身的多种优势，如传播速度快、范围广、成本低，信息更新及时，信息量大、内容丰富，信息检索便捷，各交际方互动性强等。而报纸作为一种传统的平面媒体，主要通过视觉传递信息，但是，在大众媒体的激烈竞争中，报纸并没有被其他大众媒体压垮，而是在大众传媒市场中占据了一席之地，这与现代俄罗斯报纸的特色和优势是密不可分的。

（1）报纸语言是语言发展的引领者

报纸文字媒介的特点、文化教育的功能、社会影响和传播的效应等使报纸在规范和发展语言上担当了极为重要的角色。作为俄罗斯全民语言的变体之一，报纸语言在丰富和发展全民语言上的作用明显，特别是报纸语言的创新对推动语言的发展功不可没。报纸一对多的报道方式、寓教于乐的功能以及广大读者日积月累的阅读习惯等等，使得报纸语言中的任何一种创新都可以迅速地被传播开来，并得到大力推广。比如现代俄罗斯报纸语言对外来词、新词、网络词语、旧词新义、方言词、缩略语等的合理吸收和使用,以及对各种语法和修辞新现象的规范,报纸语言不仅是示范者,还是引领者和推广者。

(2)报纸语言是语言文化的传承者

报纸语言属于报刊政论语体,报道社会政治、经济、文化和大众生活等各个领域的活动,并详细记载着每个历史时期的社会发展动态,反映着当时的主流思想、价值观和文化,这使报纸语言成为社会全貌的记录者。报纸的文字媒介特质使它们能够把这些记录很好地保存下来,语言学家在进行语言的历时研究时,报纸语言就是其研究范本之一,这是由报纸语言文化的传承者角色决定的。社会大众通过阅读报纸,可以了解社会各领域的活动动态,并在长期阅读报纸过程中受到报纸主流意识形态、价值理念和文化潜移默化的影响和教育。

(3)报纸具有清晰的定位,便于读者高效地获取信息

现代俄罗斯报纸具有清晰明确的定位,报纸在读者的社会角色和报道内容上进行了准确定位,这是报纸的特色和优势。报纸针对不同的读者群,具有不同类型的报纸。

我们知道,社会是很多人的集合,这些人因年龄、性别、职业、社会地位、受教育程度不同而分成不同类型,不同类型的人也具有不同的心理感受,其审美观和价值观也不相同。这就是常说的"人以群分"。针对不同的人群及其特定的接受心理,投其所好,争当代言人,扩大影响面,就是办报首要的工作。报纸这种清晰的社会角色和内容定位,能够让读者高效地获取他们所需的信息。如俄罗斯《生意人报》主要是报道经济领域的事件等,该报的读者群首先是定位于经济领域的相关人员。读者可以直接从报纸中获取经济领域相关信息,这比从其他大众媒体,如电视、广播、互联网等获取相关信息更加便捷高效。

(4)报纸满足了读者对事件深入探究的心理需求

报纸与其他媒介如电视、广播、电影、互联网、新媒体相比,报纸信息要素齐全,尤其是分析型报纸,可以就某一报道信息的前因后果和来龙去脉全面系统地呈现给读者,读者可以在阅读过程中进行有效的思考、研判、分析,可以根据自己的意愿拉长阅读的时间,而且报纸更容易获取、留存,阅读便捷。

社会大众对国际国内热点事件的关注度很高,大都希望能够便捷地获取关于社会热点事件全面和深入的报道,获取完整的信息,弄清事件的来龙去脉、前因后果,满足自己的心理需求。电视、广播、互联网等新媒体为了争夺收视率和大众的关注度,即使对事件的要素信息掌握得非常不全面,往往也要抢在第一时间对事件进行报道,并随着事件的推移和发展去不断完善自己的报道,这就形成了报道的碎片化。虽然报纸在报道的时效性方面比不上电视新闻等,但能够对事件进行深入追踪、分析和评价,可以极大满足读者对事件细节信息的需求。电视、广播、互联网对事件的报道非常及时,但对事件报道的完整性和透彻性上较之报纸有很大的不足,这也是报纸相对于其他大众媒体所体现出来的优势所在。大众具有丰

富的知识和逻辑思维能力,他们对事件的关注并不仅仅停留在客观事实上面,还有事件起因、发展、结果以及后续所带来的影响,只有完整深刻的报道才能满足读者的心理需求。

(5)报纸报道内容包罗万象,报道方式灵活多样

在激烈的竞争下,现代俄罗斯报纸的报道内容、视角、时效、方式都发生了变化。在报道内容上,包罗万象,且各有侧重点。综合性报纸包含大众生活各个领域的信息,可以满足不同读者的各种需求,如政治和经济生活、医疗住房问题、社会犯罪问题、政治活动家的丑闻、影视明星的花边新闻、猜字谜游戏等。读者既可以从报纸中了解到国家大事和社会百态,还可找到与自己生活息息相关的信息,如各种广告、答读者来信等,以及日常生活娱乐的填字游戏,并且可以对感兴趣的信息反复阅读和查询,这是广播、电视无法相比的。社会政治性报纸如《消息报》比其他报纸的报道内容更规范、严谨、庄重,而综合性报纸如《共青团真理报》面向市民阶层,报道内容涉及社会活动各个领域。

各种报纸的报道方式灵活,有时报道的视角采用第三方或读者视角进行报道,加强了报纸的对话性,读者有很强的代入感。有些报纸经常以整个版面投放色彩鲜艳的某位公众人物形象,并配上形式多样、内容惊悚的标题给读者造成强大的视觉冲击,进而吸引读者眼球去购买阅读报纸。

(6)报纸满足了读者对报道真实性的心理需求

报纸的出版发行非常规范,对事实错误虚假的报道会为报纸带来法律和经济后果,报纸的报道内容都是作者深思熟虑、反复斟酌、仔细检查校对后的成果,因此,报纸作为传统的平面媒体,其真实可信的程度获得了大众的认可。与报纸相比,目前互联网和新媒体上的信息在报道的真实性方面,需要读者进行仔细判断,即使是行家也很难解决互联网和新媒体为了争夺流量,经常进行虚假报道、夸大报道等问题,尤其经常以耸人听闻的、文不对题的标题来争夺流量、争夺读者,这种"标题党"现象为互联网等新媒体带来了很大的负面影响。读者希望读到、看到或听到真实可信的报道,否则毫无意义。中国古话讲:"口说无凭,立字为据。""白纸黑字"充分说明了文字在大众心目中的信任度。报纸文字介质的属性,满足了读者对报道真实性的心理需求。这也从一个角度说明,尽管互联网获取信息的成本很低,但仍有许多读者愿意花钱购买报纸,它反映出报纸具有独特魅力。

(7)报纸的便捷性为读者获取信息节约了大量时间

现代俄罗斯报纸之所以能在众多竞争者中屹立不倒,仍然是大众喜爱的平面媒体之一,其中的一个原因就是报纸的便捷性,它为读者获取信息时节约了大量的时间。报纸作为信息源,获取方便,可以在俄罗斯任何书报亭里都能买到,阅读不受时空的限制,无须消耗任何能源,而电视、广播、互联网等媒体在这方面就有很大的局限性。而且,读者可以根据报纸自身的特点,如版面、标题、格式等,对自己感兴趣的信息进行快速精准定位,这为读者节约了

大量时间。其他大众媒体,如电视、广播、电影等,不管你是否愿意,你必须要接受连续播放的内容,很可能看或听了几十分钟都没有你所需的信息。报纸为大众在找寻信息时节约了大量的时间,读者可以在报纸中快速准确定位自己所需的信息,而其他大众媒体,如电视和广播在这方面是无法与报纸相比的。

(8)阅读报纸反映了阅读者的一种休闲生活方式

报纸与电视、广播、音视频新媒体不同,报纸是一种平面媒体,需要阅读,且成本高,这对读者提出了比其他媒体更高的要求,读者需要受过良好的教育,有一定的经济基础,并关心周边和更大范围内发生的事。如《生意人报》的阅读群体是具有一定的经济能力、从事或与经济领域有关的群体,普通大众读者很少来花钱购买、阅读具有严密的逻辑推理和数字计算的报纸。报纸读者群的社会角色定位也为报纸提供了一定的吸引力,报纸阅读者花费时间和金钱阅读报纸,不仅从报纸中得到信息,还体现了读者的一种生活方式,它们从阅读报纸中获得了一种心理满足。

可以看出,现代俄罗斯报纸作为最传统的大众媒体,在激烈的媒体竞争中并没有退出历史舞台,并在俄罗斯大众媒体中占有重要地位,它仍然受到大众的关注和喜爱。所有这些都是由现代俄罗斯报纸自身所具有的特色和优势决定的。因此,即使在今天,国内外仍然有许多学者在研究现代俄罗斯报纸和报纸语言,这也是本书研究现代俄罗斯报纸标题的意义所在、动力所在。

1.1.3 报纸标题对读者的重要性

人们常说:"看报看题,看书看皮。"读书看报,最先接触到的就是语篇的标题部分,它是报纸通向读者的第一座桥梁,同时,标题也是所指语篇内容极大压缩的产物。可以说标题的成败决定着报纸的成败。一个文不对题的标题可能会欺骗读者一次,但会使读者逐渐失去对内容甚至是对报纸的兴趣。

(1)报纸标题是帮助读者选择信息的向导

在现代信息社会和市场经济日益发展的今天,在海量信息的冲击下,报纸的读者被淹没在纷繁复杂的现代生活中。如何让读者在林林总总的各种信息中选择所需的信息,如何快速地从众多报纸中找到感兴趣的文章,报纸标题在这里就起到了非常重要的作用。现代俄罗斯报纸的版面较多,如《共青团真理报》有32个版面,每份报纸的大小文章都超过百篇。如何在众多的文章中选择自己需要的信息,标题就提供了很好的向导作用。报纸标题在报纸版面中以醒目的字体、凸显的格式、勾人的画面内容吸引着读者,让读者能够快速识别自己需要的信息。读者阅读报纸的过程是一个信息选择的过程,这个选择是通过浏览标题来实现的。

报纸作为传统大众媒体的一种,拥有广泛的市场和稳定的读者群,具有其自身独特的优势,在人们的现实生活中起着不可替代的作用。在当今的信息社会,如何能够快速有效地找到读者所需和感兴趣的信息,标题的作用就非常重要。许多读者在阅读母语报纸时,通常是在乘坐交通工具、茶余饭后、闲暇之余作为放松娱乐的一种方式,一般不会从头到尾地全部仔细阅读,而是首先浏览报纸各版面的标题,从标题中找出自己感兴趣的内容。标题能否突出醒目、引人入胜,对于报纸语篇甚至是报纸本身的吸引力而言非常重要。

（2）报纸标题引导读者理解语篇内容

报纸标题是语篇内容的概括和压缩,语篇内容是报纸标题的展开,因此,报纸标题能够引导读者去阅读和理解语篇的内容和思想。好的标题可以抓住读者的眼球,引领读者去理解语篇内容,增加报纸对读者群的吸引力。同样的语篇,由于读者的需求、思想理念、社会地位、受教育水平等的不同,标题对语言手段的选择也不一样。即使是同一个事件,由于事件本身的多向性,就可以有不同的理解,而这时标题则需选择自己的立场和态度,帮助读者去理解设定的语篇。因此,报纸标题可以帮助读者事先认知作者的观点和评价以及语篇的思想内涵。标题的格式、字体、附带的图片也可以帮助读者理解语篇风格和内容,特大型字体代表了语篇的重要性,图片中的内容反映了语篇的相关主题。

在现代俄罗斯报纸中常常会使用多级标题,即标题系统,它由总标题、栏目题、主标题、引题、副标题、提要题、插入题构成,这些标题可以很好地揭示语篇的内容和思想理念。

（3）报纸标题是读者扩大信息需求的手段

人是社会动物,人的心智本身的发展就需要各种信息的充实与交流,保持社会性的重要条件就是各种交际和交流活动,而首要的就是信息交流。人的社会属性和心智的发育对信息的要求,人的社会角色和心理对信息的选择,人的社会地位及个性对信息的过滤,都对报纸信息所提出的要求与其他类信息不同。

在现代俄罗斯社会,出版发行的各种报纸从不同角度报道了俄罗斯的政治动态、经济变化、社会民生、大众心理、价值取向、社会问题、各类突发事件、明星动态等等,使人们通过报纸可以了解到社会各个领域的活动情况。但对于读者而言,由于工作等各种原因,没有更多的时间和精力去一一阅读感兴趣的所有内容,于是便产生了需要了解的信息和读者的时间及精力不够的矛盾,而报纸标题正好可以解决这个矛盾,使读者获取更多感兴趣的信息。同时,现代俄罗斯报纸标题具有很强的信息性,尤其是新闻标题,这为解决这个矛盾创造了前提条件。读者可以通过简单浏览标题或多级标题就可以获取一定的信息,而且标题的格式、字体和图片也反映出了所指内容的重要程度,如读者遇到感兴趣的内容,可以跟进阅读。因此,报纸标题不仅可以帮助读者极大地增加信息获取量,而且能够帮助其快速找到自己需求的信息。而作为反映俄罗斯社会、政治、军事、经济、文化等方面的一扇窗户,现代俄语报纸为我们深入了解俄罗斯社会的全貌提供了很好的通道。

1.1.4 研究报纸标题的重要意义

20世纪的通信工具和手段的触角不像今天这样深入,大众传媒的发展也只是局限于报纸、广播和电视等传统媒体;信息交流和交换的发展速度也没有今天这样迅猛,而且信息内容的供给也受到一定的限制,受众的选择余地不是很大,只能在相对有限的信息中大众才可以找到所需内容。和以往相比,现在人们处于发达的信息社会,大众媒介渠道广,如互联网、广播、电视、移动终端、报刊、电影等,读者在接触到海量信息时,如何在有限的时间内选择到自己所需的信息并不容易。读者往往在移动终端或互联网上花费了很长时间去查找阅读所需信息,有时结果还不尽如人意。究其原因,大量信息的筛选让读者无从下手。今天,各种渠道的信息源源不断地向大众输送,除了传统的大众媒体,还有新媒体,如互联网、移动终端等,有些信息真假难辨,为大众的接收带来一定的困难。那么如何在众多的信息中选择辨别自己所需的信息呢?从作者的角度来讲,如何让更多的或者特定的读者群关注到自己的作品,第一时间吸引读者,作为信息的标签、名片和窗户的标题起到了至关重要的作用,对标题的研究也就成为学界研究的热点对象。

中国读者在阅读俄文报纸时,往往会遇到很多困惑,看似非常普通的标题:简单的句法结构,常常是称名结构,却不知标题所谈何事。这固然与对词汇、语法结构等语言因素的理解不够深入有关,但是不能忽略非常重要的语言外因素,不同的民族文化对相同概念的认知角度有时也不太一样。即使是对俄罗斯本国读者而言,也并不是没有任何障碍,不是看完标题后就能了解报纸语篇所述的内容和思想。现实生活中常常有这样的情况,不同报纸对同一事件的报道,有的会引起读者的关注和共鸣,并产生强烈的社会效果,有的新闻报道则会被读者忽略而擦肩而过。这当然存在各种原因,但报纸标题在与读者进行信息交流过程中所起的作用是无可争辩的,它就像一块磁铁吸引着读者的注意,让他们去关注标题、理解标题并阅读语篇。

报刊阅读作为高年级俄语实践课,对于学生通过报刊了解和学习俄语与国情文化具有很大的裨益。学生在阅读报刊文章时,首先遇到的困难是对标题的理解,有的标题包含了特殊的表达手段,如隐喻、先例文本、引语、分割结构、称名结构等。而有的标题采用了双部句结构的完全信息标题,报纸语篇的主题或述题在标题中都得到了表达,因此理解起来较为容易。正因为报纸标题自身独具特色的魅力,使得各国学者对报纸标题的关注和研究从未中断过。俄罗斯学者从20世纪20年代就开始涉及报纸标题语言的研究,并且直到今天仍然有很多学者在研究报纸的标题。

报刊作为影响和引导社会舆论的重要工具,在国家的内政外交中起着非常重要的作用。

如何制作、传播并吸引读者阅读和理解报纸语篇,诱发读者认同,报纸标题起到关键作用,因此对报纸标题的研究就显得格外重要。传统语言学对报纸标题进行研究,其研究对象主要以报纸语篇的主标题为主,对报纸主标题的概念、功能、句法结构、词汇、修辞方面做了静态研究,少有学者深入研究语言外因素对现代俄罗斯报纸标题的影响,且他们对报纸标题语言特征和功能进行历时和动态的研究也不多。因此,有必要把报纸作为大众传媒的一种手段,从报纸如何通过自身特点与受众进行对话来影响舆论的高度来研究报纸标题。我国许多学者主要从语言学和新闻学角度深入研究了中英文报纸标题,对俄语报纸标题的功能、句法结构、词汇、修辞方面进行了研究,研究对象局限于主标题(简单标题),而对作为报纸重要结构成分的标题系统(多级标题)少有研究。总之,对俄语报纸标题的研究还较为薄弱,通过以上分析可以看出,目前迫切需要从报纸语言的终极目标出发,多维地审视报纸的标题和标题系统,并做出全面科学的认识。以上所述形成本书选题依据。

本书从新修辞学、对话理论、社会语言学和大众传播学相关观点出发,系统分析了报纸标题和标题系统的特性和功能,以及报纸标题的句法结构和语用特点,并对标题系统的结构进行了深入分析,对报纸标题和标题系统出现变化的语言内外因素进行了论述。

1.2　研究对象、任务和目标

1.2.1　研究对象

本书的研究对象是现代俄罗斯报纸的标题。标题是个统称概念,它包括报纸语篇的标题和标题系统(多级标题)。

1.2.2　研究任务

以新修辞学理论、对话理论、社会语言学和大众传播学的相关观点为指引,研究俄语报纸标题的词汇、修辞、结构和功能。具体任务如下:

(1) 阐释报纸标题的概念及其内涵,确定标题和标题系统(指报纸的多级标题)在报纸语篇中的地位,分析它们与报纸语篇的相互关系。

(2) 分述新修辞学理论、对话理论、社会语言学和大众传播学的相关观点,以及它们在现代俄罗斯报纸标题研究中的应用。

(3) 论述现代俄罗斯报纸标题的句法结构特点和标题系统的形式结构特点,以及它们的功能。

1.2.3　研究目标

运用新修辞学理论、对话理论、社会语言学和大众传播学相关观点,阐明现代俄罗斯报纸标题的句法结构和形式结构特点,以及报纸标题所承担的功能,揭示报纸标题的语言变化随着社会的变化而变化且具有鲜明的时代特点、反映一定的价值取向,指出各交际主体通过报纸标题进行对话和情感交流,并在某些方面取得一致或相似的态度,最终达到各交际主体的认同。

1.3　课题的理论与实践价值

1.3.1　理论价值

(1) 本书的研究对象是现代俄罗斯报纸标题,它的外延包括标题和标题系统,它拓宽了国内对俄语报纸标题(主标题)研究的范围,从新修辞学理论、对话理论、社会语言学和大众传播学相关观点出发,构建统一的理论框架,深入研究俄语报纸标题的特性、功能、结构、修辞等各个方面,对于报纸标题的研究开辟了新思路。

(2) 在研究方法上,通过自建年代跨度大、涉及内容广的语料(1980—2018),在论述相关问题时对报纸标题展开历时研究,这对于其他标题的研究具有一定的借鉴意义。

(3) 本书扩宽了俄语报纸标题的研究空间,把语言与言语、静态与动态研究结合起来,不是孤立单独地研究标题,而是放在一定语境中研究,有利于提高人们对报纸标题的认知水平和理解使用能力,同时,对我国学者的中俄文报纸标题研究也具有一定的应用价值。

1.3.2　实践价值

(1) 本书的研究成果可以直接运用于教学和阅读实践中,它可以帮助学生深入理解标题的意义和标题背后的所指,掌握标题的词汇、语法和修辞特点。报纸语言反映了社会和时代的特点,在俄语教学中可以利用俄语报纸标题的语言文化特点提高学生的语言技能,扩展学生的知识面。

(2) 本书对于如何制作、传播、理解报纸标题具有很强的指导意义,它能帮助读者快速理解标题、把握语篇内容、读懂作者的情感和理解作者的态度。本书不仅对于现代俄罗斯报纸、电视、广播和其他大众媒体适用,而且对于阅读理解中文大众媒体标题也具有重要的借鉴意义。

1.4　研究方法和语料来源

1.4.1　研究方法

科学的结论一定是建立在科学的方法之上的,本书中使用的方法主要有定性和定量分析法、比较法、归纳法、演绎法、描写法等。

1.4.2　语料来源

本书的研究素材主要来源于现代俄罗斯多种主流报纸(《消息报》《共青团真理报》《论据与事实》《生意人报》《俄罗斯报》《莫斯科共青团员报》和《独立报》)的标题,包括简单标题和标题系统,主要为 1980 年《消息报》和 2000 年—2018 年上述报纸的简单标题和标题系统。

1.5　论文的创新之处

(1)本书将新修辞学理论、对话理论、社会语言学和大众传播学相关观点结合,构建了统一的理论框架,并基于此框架研究现代俄罗斯报纸标题,开拓了标题研究的思路,加强了学科间的借鉴和融合,得出了较为新颖的结论。

(2)本书的研究对象是现代俄罗斯报纸标题,标题是个统称的概念,它包括简单标题和标题系统;突破了中外研究者对标题的单一理解,加强了对该问题的系统认识,在视角上有所创新;对标题对话性的认识研究,体现了人本主义研究思想,有重要价值。

(3)本书基于大量语料,贯彻定性与定量研究、历时与共时研究、语言与言语研究、静态与动态研究相结合的研究路线,采用描写、阐释、对比等方法,对俄语报纸标题的形式结构和功能表现进行了系统研究,为报纸标题的理论研究提供了新的思路。

1.6　论文结构

本书共有六个部分,全书内容按照以下章节逐步展开,其中:

绪论部分,主要说明了选题依据,阐释了本书的研究对象、目标和任务,本书的理论价值和实践意义,本书的写作方法等。

第一章　中外学者对报纸标题的研究现状,主要就中俄学者对报纸标题的研究成果进行了综述。

第二章　现代俄罗斯报纸标题的相关概念及其特性,这部分对俄语报纸标题和标题系统的相关概念进行了界定,分析了报纸标题与语篇的相互关系、标题系统内部之间的相互关系,以及标题系统与语篇的关系,并详细论述了报纸标题的特性。

第三章　现代俄罗斯报纸标题研究的相关理论及应用,主要论述了本书所涉及的新修辞学理论、对话理论、社会学和大众传播学的相关观点及其实践应用。

第四章　现代俄罗斯报纸标题的语言特点,这部分阐明了现代俄语报纸语言的特点,从多个角度研究了报纸标题的句法结构特点,论述了报纸标题系统的结构特点。

第五章　现代俄罗斯报纸标题的功能研究,这部分研究了现代俄罗斯报纸标题和标题系统的功能及其要求,并翔实阐释了报纸标题功能发展变化的多种原因。

第一章　中外学者对报纸标题的研究现状

近年来,随着俄罗斯社会政治、经济、文化和科学信息技术的发展与进步,俄罗斯报业逐渐走向了商业化的发展模式,虽然报纸的发行量下降了,但报纸在大众媒介中的地位仍然突出。俄罗斯国家出版委员会统计数据表明,截至 2016 年报纸在俄罗斯大众媒体中占比 28%。苏联时期的中央级报刊虽然基本都被保留下来了,然而报纸不论从内容、形式和报道方式上都发生了很大变化。在经历了社会体制的剧变之后,俄罗斯报纸读者的思想观念和对报纸的消费行为也发生了相当大的变化。苏联时期的报纸作为苏共的宣传和鼓动工具,以一个声音、用程式化的标准语对给定事件进行报道,已不再适应新的历史时期。俄罗斯社会民众不再需要语言、规范、格式、思想高度统一的报纸,民众需要多样化信息的报纸,而且不同的社会角色,如知识分子、工人、农民、经济学家、国家公务人员等,他们的支付能力以及对信息的需求是不同的,这就需要多样化的信息来保障不同人群的不同需要,而报纸则是民众信息需求的重要渠道。

报纸的重要性也体现在各国学者对报纸言语的关注上,学者们对报纸言语的研究在不断地加强和深入。俄罗斯学者从不同的角度对报纸语言进行了研究,包括报纸语言的功能、表现力、修辞特点、句法结构等。同时,俄罗斯学者在研究报纸语言时,对报纸标题产生了浓厚兴趣。报纸标题在报纸版面中最突出、最醒目,它将标题所指内容浓缩成几个凝练的词,而且从形式到内容上都吸引着读者的眼球,标题与其所指构成了统一的整体—语篇。因此,报纸标题由于其特殊的地位和作用吸引了许多学者的关注。学界对俄语报纸标题的研究涵盖了报纸标题的各个方面,包括报纸标题的词汇特征、句法结构、修辞特点、功能和语体特点等。

1.1　俄罗斯学者对报纸标题的研究

俄罗斯的第一份报纸《自鸣钟》出现于 17 世纪下半叶,然而报纸语篇的标题很晚才出现,标题开始只出现在报纸第一页预告中,后来在其他版面也出现了标题。当时,报纸语篇本身是枯燥的信息类,在报纸标题中并没有作者的情感表现。20世纪20年代苏联语言学界对语篇标题开始了相关研究,当时报纸标题并没有成为语言学家的研究对象。真正把报纸标题作为分析对象的是在20世纪50—60年代,这一时期研究报纸标题的学者有 Бессонов (1958)、Попов(1966)、Вомперский(1966)、Виноградова(1967);在20世纪60—70年代,苏联学者 Бахарев(1970)、Боярченко(1974)、Швец(1979)关注的重点是报纸标题的词汇特点、句法结构和修辞特点,同时对报刊标题中的文化现象进行了分析。对报纸标题研究的高潮出现于20世纪80—90年代,学者 Солганик(1988)、Сафонов(1981)、Розенталь(1983)、Лазарева(1985)、Богословская(1986)、Зильберт(1995)等将研究的重点转移到了报纸标题与文本之间的相互关系上,分析了标题在语篇中的地位和作用,对标题的语言特点,如词汇特点、句法结构、语义和语用进行了研究,同时还涉及了报纸的受众、报道理念等对报纸的影响。进入21世纪以来,对报纸标题的研究进入了平稳期,研究内容与之前的研究总体相似,主要对具体报纸的标题进行了词汇、句法结构、语义、语用、功能、修辞等方面的研究。

综合来看,苏联、俄罗斯学者在研究报纸语言和大众媒体语言的各种专著和学术论文中都对报纸标题做出了一定的研究,对报纸标题的研究角度各不相同,主要从语法学、功能修辞学、语用学、认知语言学等方面对标题进行了研究。

1.1.1　报纸标题的定义及其地位的研究

苏联学者 Кржижановский(1931)、Швец(1979)、Турчинская(1984)、Тураева(1986)、Богословская(1986)、Насырова(1997)、Музыкант(1992)、Ольховиков(1997)、Качаев(2007)、Ержанова(2010)对报纸标题的定义多种多样,各抒己见,并没有达成共识,但都指出了报纸标题是语篇的成分,具有特殊的功能。如:

克尔日然诺夫斯基(Кржижановский)(1931)从隐喻角度给出了标题的定义,他认为,引领着语篇数千个符号的另外数十个字母被称为标题(заглавие)。

奥利霍维科夫(Ольховиков)(1997)从学术的角度给出了标题的定义,标题(заголовок)是相对独立的语言报道片段,具有特殊的结构,自身包含了信息认知、心理和社会言语活动等成分。

什韦茨(Швец)(1979)从标题的功能出发给出了标题的定义,报纸标题(заголовок)是指帮助读者在宽泛的报纸材料中快速定位的指南针。

图尔琴斯卡娅(Турчинская)(1984)认为标题(заголовок)是具有一定自足性和内部结构的特殊表述,它的结构特征和形式依赖于修辞和体裁特点。

穆济坎特(Музыкант)(1997)认为,标题(заголовок)是报纸材料的名片。

尽管许多苏联学者对报纸标题的定义不同,但他们在以下方面意见一致:标题是文章中所含信息概括表达的简短形式,是报纸语篇的名称及其构成成分;报纸标题定义的分歧涉及报纸标题的形式上的独立性和语义上的自足性。

1.1.2 对标题结构类型的研究

俄罗斯学者 Богословская（1986）、Цумарев（2003）、Брандес（2004）、Фатина（2005）、Лютая（2008）和 Доценко（2009）都对报纸标题的句法结构进行了研究,他们在划分报纸标题的结构类型时,主要从四个角度进行分类:

- 根据标题句中的述谓核心把标题分为简单句标题和复合句标题;

- 根据标题句中句部特点把标题分为单部句和双部句;

- 根据标题句子结构的省略成分把标题分为完全句和不完全句;

- 根据标题句子有无独立成分、同等成分等把标题分为繁化句标题和非繁化句标题。

法吉娜（Фатина）（2005）在研究报纸标题的句法结构时,主要把报纸标题分为四种句法结构:简单句、复合句、几种特殊的简单句(不定人称句、动词不定式句等)和残余结构。法吉娜把简单句标题分为称名句及其他类型的单部句和双部句。

楚马列夫（Цумарев）（2003）指出,报纸标题中的分割是"实现标题广告表情功能的重要手段"。（Цумарев，2003:22）曼科娃（Манькова）（2000）指出,报纸标题的分割变得更加自由。

博戈亚夫连斯卡娅（Богоявленская）（2013）通过对《生意人报》分割标题的分析,把标题归纳为简单句标题、复合句标题(并列复合句和主从复合句)和直接引语的分割,并对各种分割结构的使用频率、发展趋势和特点给出了自己的判断。

柳塔娅（Лютая）（2008）认为现代报纸标题是按照句法的普遍规律形成的一定模式构建的,其中一部分与俄语80年语法中所描写的句子结构模式一致,但是有相当多的报纸标题结构并不符合简单句的结构模式,它们具有只有标题才有的特征,比如,动词述谓形式的标题、与具体的句法结构不符的表情类型的标题。柳塔娅认为,根据报纸标题结构的共同特征可以把报纸标题划分为:简单句标题、复合句标题、由两个简单句构成的标题、包含语篇主人公名字及其关键表述的标题、残余结构类型的标题。

多岑科（Доценко）（2009）对信息体裁的报纸标题句法结构的语义特点进行了深入分析,对报纸标题的双部句结构和不定人称句结构的使用领域的情景类型进行了描写。她把报纸标题应用领域划分为经济金融、政权和政治、法律和诉讼程序、商业活动、社会活动五个领域,指出双部句结构的报纸标题几乎同等地运用于所有领域,不定人称句结构的标题主要用于社会活动和法律诉讼程序领域,并把报纸标题称名句结构分为事件称名结构、特征称名结构和概念称名结构三种。多岑科从语义角度论述了报纸标题的这三种结构与报纸语篇内容特征的联系。

布兰杰斯指出,报纸标题系统典型的句法手段主要有省略法和说话中断法(эллипсис и апозиопезис)。"省略我们可以理解为省略不重要的、容易根据上下文恢复的句子成分,省略是语言经济性的能产手段。"(Брандес,2004:305)。他认为,在大多情况下,省略句实现两个转换的最大值:语言经济原则下省略数量的最大化和表述清晰性的最大化。构建报纸主标题和副标题时的清晰性,表现在报纸标题系统的任何显性戓分都可以通过报纸标题系统各成分的上下文以及对全文的了解恢复其完整的形式。说话中断法是报纸标题典型的表情句法手段之一。在修辞学中,说话中断法传统上可以理解为"表述中思想的中断或没有把思想表达完,这是由语境,即小心、不愿意继续不愉快的谈话所引起的"。(Брандес,2004:304)

俄罗斯学者对报纸标题结构类型从不同维度进行了划分,有些标题类型相互包容,有些类型的划分并不在同一层级。在研究标题句法结构时,许多学者并没有从整体上探讨报纸标题的句法结构,只是选取了局部作为自己的研究对象。这也正说明了报纸标题结构的复杂性和灵活性。总体来看,报纸标题的句法结构类型可以划分为简单句标题、复合句标题和口语化结构标题。

1.1.3　对报纸标题功能的研究

从功能的角度研究报纸标题是报纸标题研究的重要方向之一,苏联、俄罗斯语言学家Костомаров(1965)、Вомперский(1966)、Мужев(1970)、Швец(1979)、Ноздрина(1982)、Пешкова(1985)、Нечаев(1985)、Ненашев(1986)、Лазарева(1989)、Григоренко(2003)、Фильчук(2011)对报纸标题的功能研究都各不相同,提出了不同的报纸标题功能,主要提出了称名功能、报道功能、广告功能、说服功能、思想教育功能、区分功能、整合功能、交际功能、表情功能、激励功能、说教功能、信息功能、构建功能、评价表情功能、感染功能、表情感染功能等。

科斯托马罗夫(Костомаров)(1965)认为报纸标题具有广告功能和指示称名功能;沃姆别尔斯基(Вомперский)(1966)认为报纸标题具有交际功能、感染功能、表情功能、区分功能;波波夫(Попов)(1966)指出报纸标题具有称名功能、信息功能、广告功能;穆热夫(Мужев)(1970)认为报纸标题具有称名功能、报道功能、表情感染功能、广告功能、区分功能;什韦茨(Швец)(1979)认为报纸标题具有称名功能、报道功能、广告功能、说服功能;涅纳舍夫(Ненашев)(1986)认为苏联时期报纸标题的功能是思想教育功能;拉扎列娃(Лазарева)(1989)认为报纸标题具有区分功能、称名功能、报道功能、整合功能;格里戈连科(Григоренко)(2003)认为不同的报纸标题研究者可以划分出不同的功能,报纸标题的所有功能都反映了标题与语篇的联系,他指出,报纸标题具有称名功能、报道功能、交际功能、表情功能、激励功能、说教功能、广告功能;波波夫(1966)和拉扎列娃(1989)认为称名功能是报纸标题的首要功能;彼什科娃(Пешкова)(1985)研究了信息功能与构建功能的交叉;涅恰耶夫(Нечаев)(1985)还提出了报纸标题具有评价表情功能。

通过苏联、俄罗斯学者对报纸标题功能的研究可以看出,学者们对报纸标题功能的研究角度各不相同,所提出的功能既有交叉,又有区别。我们认为,现代俄罗斯报纸标题具有以下功能:称名功能、报道功能、构建功能、广告功能、表情功能、预测功能、交际功能和感染功能。

1.1.4 对标题先例现象的研究

俄国语言学家卡拉乌洛夫首次在其《俄语与语言个性》(1987)中提出了先例文本(прецедентный текст)的概念。克拉斯内赫对先例现象进行了深入研究,她提出,先例现象(прецедентные феномены)指的是"在语篇中使用可以觉察的或未被觉察的、逐字逐句的或形式变化的引用,以及使用其他大众熟知的作品的情况"。(Красных,2002:284)

苏联、俄罗斯学者对报纸标题中的先例现象研究始于20世纪70年代,主要学者有Багданов 和 Вяземский(1971)、Кулаков(1982)、Шостак(1998)、Костомаров(1994)、Земская(2000)、Черногрудова(2003)和 Чигирина(2007),他们认为,在标题中成功使用格言、成语、文学形象、引言、隐喻、熟语和带有表情色彩的词能够给读者一个生动和具体的概念。库拉科夫(Кулаков)(1982)指出,在报纸标题中套用歌词、熟语或成语时改变某个词汇可以吸引读者的注意力;绍斯塔克(Шостак)(1998)认为苏联时期的报纸标题虽然使用了套用语,但并没有原创性和多样性,很快便成了生硬的标题。20世纪90年代,由于俄罗斯社会的剧烈变化和新的大众传媒法的生效,报纸标题的修辞能力得到释放。科斯托马罗夫(Костомаров)(1994)认为,对先例现象的研究符合报纸语言的两个主要趋势,即规范性和表现力,报纸标题中的先例现象能够对读者心理产生有效的影响;泽姆斯卡娅(Земская)(2000)认为,在报纸标题中使用引语对读者的效果比在语篇中更好,它可以激发读者的兴趣,促进读者与作者的交际关系;切尔诺格鲁多娃(Черногрудова)(2003)在《现代政论文中先例文本标题(以中央、地区和地方报刊为资料)》论文中指出,在报纸标题中使用先例文本是吸引读者关注相关语篇的有效手段之一,这一方法在现代政论文中得到广泛使用,她列举了34种先例文本的来源,在现代报纸标题中先例文本主要来源于:文学作品、流行音乐作品的文字和名称、成语和俗语,切尔诺格鲁多娃通过统计得出,现代报纸先例文本标题中单先例文本占到98%,多先例文本的报纸标题占到2%;Чигирина(2007)从互文性(интертекстуальность)和语言文化的视角对苏联(1973年)和俄罗斯时期(2003年)报纸标题中的先例现象进行了研究。

俄罗斯学者对报纸标题中先例文本的来源做出深入剖析,提出了 34 种先例文本的来源,并对苏联和俄罗斯时期报纸标题中的先例现象进行了分析研究,苏联时期报纸标题的先例文本主要采用引用的方式,而俄罗斯时期的报纸先例标题则主要采用了伪引用。

1.1.5　对标题中词汇修辞手段的研究

苏联、俄罗斯学者 Костомаров(1965)、Солганик(1988)、Швец(1979)、Тураева(1986)、Богословская(1986)、Цумарев(2003)、Качаев(2007)、Ержанова(2010)、Лазарева(1989)、Брандес(2004)、Фатина(2005)、Лютая(2008)、Фильчук(2011)、Перепелицына(2014)在论述报纸语言特点、报纸标题句法结构、词汇修辞特点和功能时,都对报纸标题的词汇修辞特点进行了研究,主要研究了报纸标题中的外来词、缩略语、新词、旧词新义、随机词、古语词、俗语、行话、成语变体等词汇特点,以及各种修辞格,如隐喻、借代、夸张、比拟进行了研究。

卡塔耶娃(Катаева)指出,为了达到报纸标题的影响效果,常常在报纸标题中使用口语词汇和情感评价性词汇来评价社会热点事实。口语词汇和情感评价性词汇可以使言语变得生动、随便和无拘束,拉近与读者的距离,给读者营造一种便于接受报纸语篇内容、思想和理念的氛围,使读者在阅读语篇内容之前就能基本预判语篇的观点倾向。

别列别莉岑娜(Перепелицына)通过对 2013—2014 年的《论据与事实》和《共青团真理报》等报纸标题中词汇修辞手段的研究,指出报纸标题中会使用随机词或自创词、古语词、黑话、方言、俗语词、口语词汇、依托上下文形成的反义词,还对标题中使用的修辞方式进行了研究,如悖论性标题、隐喻、成语化变体等。

布兰杰斯指出,"借助隐喻,物体感知的形象好像被敞开,抽象符号的象征性内容浮出表面"。(Брандес,2004:370)他指出,实现报纸标题说服效果的词汇修辞手段还有各种修辞格的运用,在报纸标题系统中隐喻使用得非常普遍,双关语在报纸标题中也经常使用。成语、谚语、来自著名文学作品的引语,包括它们的变体在报纸标题中也经常出现。

列科娃指出,现代俄罗斯报纸标题中使用带有社会热点和民族特色含义的人名非常典型,政治家的名字成为语言游戏的对象,它赋予了报纸标题的可信度,同时也激发读者去阅读语篇内容。列科娃认为,"政治语言学领域的现代研究通常把报纸中政治家的名字、评价(常常是负面的)与表情的建立联系在一起"。(Лекова,2007:600)

俄语报纸标题中也经常使用具有民族文化的成分来吸引读者的注意。在报纸标题系统中成语单位起到特殊的作用,它能使表述更加形象和有表现力,以吸引读者的注意,邀请读者进一步认识报纸语篇的内容。这类标题起到了广告功能。

俄罗斯学者在研究报纸标题中使用的词汇和修辞手段时,有的学者把词汇和修辞手段的使用与报纸标题的功能联系起来,认为有的标题侧重于感染功能,有的侧重于广告功能,并没有对苏联时期和俄罗斯时期报纸标题中词汇和修辞手段的使用变化及其原因进行充分的分析和阐释。

1.2 我国学者对报纸标题的研究

1.2.1 对中文报纸标题的研究

在我国,对中文报纸标题的研究主要出现于改革开放后,研究的热点对象是报纸的新闻标题,涉及报纸标题的种类、特色、结构、功能以及修辞等方面。虽然学术界对报纸标题的研究时间不是很长,但出现了一些较为有影响的成果:李良荣在他的《中国报纸问题发展概要》(1985)一书中,对新中国成立以前的报纸标题进行了全方位的阐释;中国人民大学新闻系《新闻标题选评》编写组编写的《新闻标题选评》(1986)是我国第一本荟萃好标题选评集,对优秀标题进行了一题一评,对同一新闻的不同标题分别进行了对比和评析;刘长虹、胡永生在《标题艺术》(1989)中通过35篇短小精悍的文章对标题从各个角度进行了全面的探析,如标题中的辩证法、标点、人名、时间、成语、感情色彩;彭朝丞的《新闻标题学》(1996)就是在对《标题艺术》的大量提炼和增补基础上完成的,它把新闻标题作为一门分支学科进行了全面系统的研究,对标题的功能、种类、特色、制作原则和修辞技巧进行了全面深入的阐述。左克著的《标题一得录》(1991)一书介绍了标题的基本功能、要求、结构和分类、修辞、民族文化等多个方面,并对典型的标题进行了分门别类并加以品评;田望生的《新闻标题探胜》(1994)和钟日新著的《新闻标题探美》(2010)从标题审美的角度全面深入揭示了标题的各种审美特点;尹世超所著的《标题用语词典》(2007)是我国第一部专门用于汉语标题用语的词典,对所收录的、人们长期使用的4550条标题用语的特定意义和用法进行了解释,如所收条目与原有或通常意义不同,则先说明其原有意义或通常意义,再着重说明其作为标题用语的意义;尹世超在其《标题语法》(2001)中采用问答形式对汉语标题的词汇、句法、语义和语用进行了开创性研究;资庆元所著的《中国新闻标题研究》(2003)对过去和现在的新闻标题现象进行比较研究,并突破了以往新闻标题研究只局限于报刊,同时把广播、电视和互联网的新闻标题也纳入了研究范畴,分析了各种新闻次语体的标题特点。

从上述我国学者对中文报纸标题的研究来看,可以说成果颇丰,涉及标题的概念、功能、结构和分类、词汇和修辞,尤其是尹世超的《标题用语词典》对报纸标题用语的特定意义和用法进行了专门的解释。但在分析标题的功能、标题与正文的关系、报纸标题的演变特点和规律等方面还显得薄弱,对中文报纸标题的历时研究还不够。

1.2.2 对俄语报纸标题的研究

对俄语标题的研究主要是从20世纪80年代开始进入我国学者的研究视野。根据相关数据统计,截至目前,我国学者在报纸标题研究方面总计发表相关论文 40 余篇,包括期刊和硕士毕业论文,其中学者刘丽芬发表相关学术论文多篇,以及专著一部《俄汉标题对比研究》。上述论文和专著题目涉及报纸或报刊的论文不多,还没有论文深入研究俄罗斯报纸的标题系统;上述论文和专著主要研究俄语标题的词汇、句法、语用功能、修辞以及俄汉标题对比五个方面的内容。

（1）词汇方面

我国学者分别对苏联和俄罗斯时期报纸标题的词汇使用情况进行了研究,如方言、俗语、行话、旧词新义、新词、随机词、缩略语、简缩词、拼缀词、成语化结构及其变体等。学者们认为,在报纸标题中使用各种词汇手段是为了增加报纸标题的表现力,增加标题对读者的吸引力。如杨可(2000)研究了俄文报刊标题语言的变异用法,其中分析了成语的变异使用;郑涛(2007)分析了广告标题中谚语变体的使用;张薇(2009)研究了当代俄语报刊标题中缩略语、外来词、数词、专有名词、同根词的使用。

（2）句法方面

学者从不同角度论述标题的句法结构类型,如标题的句法结构类型可以是词组、简单句、复合句、句群,也可以是称名结构、提位复指结构、分割结构、残余结构、省略结构,还可以是陈述句、疑问句、祈使句;刘丽芬在其《俄汉标题对比研究》中把标题划分为称名结构、并列结构、问答式并行结构、残余结构、省略结构和不完全句。对标题上述句法结构进行研究的学者有:郭聿楷(1979),吴贻翼(1981),王冬竹(1994),徐琪(2001),王连成、何荣昌(1986),杨德安(2006)。

（3）语用功能方面

我国学者分别阐述了报纸标题的称名功能、信息功能、广告功能、评价功能、感染功能、对话功能、区分定位功能等。

我国学者易瑞祥、徐莉、于春芳和尹立分别从不同的角度对报纸标题的功能进行了论述。总体上几位学者在信息功能、广告功能上都持相同的观点,只是表述各有不同,而在报纸标题的称名功能上,只有易瑞祥的三个功能中包含了称名功能。可以看出,我国学者研究俄语报纸标题功能时给出了不同的理解,而在报纸标题的称名功能上并没有取得一致意见。

（4）修辞方面

我国学者主要从传统修辞学角度对报刊标题中所采用的修辞格和词汇的修辞色彩做出论述,涉及比喻、拟人、双关、隐喻、借代、夸张等十几种修辞手段。对报刊标题中修辞手段进行研究的主要学者如下:顾建荣(1985)、王连成(1986)、刘光准(2004)、赵洁(2004)、尹立(2006)、汪琦(2007)、张俊翔(2007)。同时,学者从功能修辞学的角度,对报刊标题的语体问题进行了研究。郭聿楷(1979)分析了俄罗斯报刊标题的口语化现象;王冬竹(1994)认为,报刊标题的语言表达手段和方式受到标题所指的语篇体裁的影响;涉及报刊标题口语化趋势的学者还有白丽君(2004)和汪琦(2007)等。

(5)俄汉标题对比研究方面

我国学者分别从报刊标题的词汇特点、句法结构和修辞特点等角度加以对比研究。如汪琦(2007)对比分析了俄汉报刊标题的词汇、句法、辞格和特殊结构的异同;张娜娜(2008)把俄汉报刊标题中所使用的词汇、时态、修辞和标点符号的异同进行了对比分析。

刘丽芬(2013)对俄汉语报纸、社科期刊、文学期刊的标题结构进行了对比分析,并把标题结构划分为称名结构、并列结构、问答式并行结构、分割结构、残余结构、省略结构和不完全句,并对每种结构进行了详细的分析。

我国学者对俄语报纸标题的研究涵盖了标题的词汇、句法、语用、修辞、翻译、俄汉对比等方面,对标题的功能未达成统一共识,学者从各自的角度对报纸标题的词汇、结构、功能和修辞方面进行了分析和研究,缺少对报纸标题的动态实时的分析,对影响报纸标题构建的语言内因素,尤其是语言外因素的研究成果较少,不够深入和系统。报纸标题好与不好,用什么样的词,采用何种结构,借用哪种修辞手段,最终要落脚到报纸标题的功能和角色定位上。不同的报纸有着自己的读者群定位,不同的体裁和题材对报纸标题的要求不同,需要创作出符合读者群需求的标题。可以说,任何词或词形都能做标题,只要它能与文章的内核有效对接,能反映作者的心理诉求,符合读者的接受心理,能触发人们的思考,激活人的兴趣就是好标题。其所指可以多样,但所指必须契合。正因为读者群有自己的社会属性和价值取向,所以他们的接受心理不同,这也要求标题的能指多样化。但必须遵循一定的规律,这才有了对语言形成和言语形成的研究,才有了一定规律可循。

1.2.3 对欧美等国报纸标题的研究

我国对于欧美等国报刊标题的研究主要集中在报纸新闻标题的研究,涉及英文、韩文、德文新闻标题的研究,从1994年到2014年的20年间统计有25篇相关论文(统计数据来源于知网)。其中1990—2000年主要是归纳新闻标题的语法特点和修辞手段,2000—2010年语言学,包括语篇语言学、文体学、语用学、认知语言学,被应用到新闻标题的分析中,其中从认知语言学的角度研究新闻标题中的隐喻比较热门。2007年以后出现了两种语言的对比研究,文化和思维的差异被引入对新闻标题的分析中。另外,沿用90年代的方法进行归纳的新闻标题的语法特点和修辞手段研究成果也比较多,归纳得更为全面。2010年以后研究的渠道被拓宽,社会语言学、互文指涉被引入新闻标题的研究中来,对新闻标题的研究被放到了更大的背景中。更多的焦点集中在新闻标题的写作借鉴应用上,而不是之前的理解赏析上,但对新闻标题翻译的研究成果一直比较少。

(1) 对新闻标题语法特点的研究

王蕾(1994)在《报刊英语的标题语言》中从省略、时态、修辞、词法、标题排版形式五个方面归纳了英语报刊标题的特色。王蕾论述了新闻标题中首字母缩写、简缩词、小词、复合名词具有高度概括的作用,并对新闻标题的排版形式做了归纳,分为单行题、阶梯下坠形、中心式、倒金字塔形、靠左齐头形。这与苏训祥(1997)《浅析英文报刊标题的语法特点》的归类大致相同。

李淑玲、陆亮(1995)《英文报刊的标题》,孙玉芝(2000)《谈英语报刊新闻标题的基本特点》加入了英文新闻标题标点符号的运用特色。孙玉芝分析英文新闻标题时常用问号、逗号、冒号、破折号、引号,使简洁的文字所表达的意义更加清楚明白。

宁东兴(2001)《浅述报刊英语的标题特色》和郭影平(2003)《英语报刊标题特点初探》增加了仿词、新造词的特色。周继青(2004)《英美报刊标题的特点》增加了前置定语,即精练句的特色。郭影平把新闻标题特色分为词汇、语法、修辞、标点四部分,省略、短语、时态、语态等都归为语法特点。毛婧(2010)*The Study on the Features of English News Paper Headlines*(《英语报刊标题特色的研究》)增加外来词、单引号、分号特色。徐东海(2012)《浅析英语报刊新闻标题的语法特点》将标点符号在新闻标题中的运用归纳为以符代词。

江波(2011)《韩国新闻报道标题语言研究》从实现自然语句向标题语句转化手段的角度,总结出省略、体词表达法、标点三方面的转化手段。与之前的研究不同,江波将句子成分省略分为实词意义要素、语法要素省略,还探讨了强制性成分省略的识别与恢复,提出恢复的关键在于借助言内语境和言外语境(上下文和经验知识)进行添补还原。而体词表达法指相对于谓词表达法,出于语言经济性需要而产生的一种以实词意义要素为主导的构句方式。

通过我国学者对新闻标题的论述可以看出,他们大致一致认为,英语报刊新闻标题与标题所指正文的语法特点并不相同,新闻标题的这些特点的主要功能是精炼正文内容,而作为读者,掌握这些特色,能帮助他们快速选择和读懂报刊新闻。虽然我国学者都论述了新闻标题的语法特点,但很少论述体裁和题材对标题语法特点的影响。新闻报道不同于其他体裁,要求及时有效地向大众进行报道,主要以消息、通讯、调查报告、读者来信、新闻述评和新闻评论为主。新闻标题是新闻的重要组成部分,与新闻文本的关系极为密切,后者是前者的基础,前者是后者的派生。因此,新闻标题的信息性是其最重要的特性,其报道功能成为新闻标题的首要功能。

(2) 对新闻标题修辞手段的研究

我国学者在研究英语报刊新闻标题的修辞手段中,把修辞手段分为比喻、拟人、夸张、省略、借代、隐喻、咏叹、设问、仿拟、反复、双关和押韵等。

王蕾(1994)《报刊英语的标题语言》中修辞手段分为使用谚语典故、借用文学典故、押韵、文字游戏和比喻;李淑玲、陆亮(1995)《英文报刊的标题》中修辞手段只提到双关和头韵;孙玉芝(2000)《谈英语报刊新闻标题的基本特点》中修辞手段分为仿词、比喻、韵词、双关语和成语;宁东兴(2001)《浅述报刊英语的标题特色》中修辞手段分为押韵、双关、拟声、成语典故、谚语和仿词新词;郭影平(2003)《英语报刊标题特点初探》中修辞手段分为头韵、押韵、隐喻、双关、仿拟、对仗和典故;周继青(2004)《英美报刊标题的特点》中只提到仿拟、头韵和换喻;毛婧(2010)*The Study on the Features of English Newspaper Headlines*(《英语报刊标题特色的研究》)中修辞手段包括拟人、转喻、引用和委婉语。

栗长江(2014)在《英语新闻报刊标题的互文指涉探讨》一文中指出,互文指涉策略是十分重要的标题创作策略,它可以使标题更加生动形象,为读者带来想象的空间。

罗阳(2003)在《德语报刊标题中的隐喻研究》中对新闻标题隐喻进行了研究。论文是从语用学角度对新闻标题中隐喻的辨认和理解进行探讨,并分析了语境因素在解释隐喻时所发挥的重要作用。谭姗燕(2007)在《报刊新闻标题的隐喻思维解读》中指出,报刊新闻的标题由于运用了隐喻思维,所以显得更加生动,更加吸引读者。

杨永和(1999)和肖小月(2012)分别在《英语报刊标题的若干修辞手段》和《英汉报刊新闻标题修辞对比赏析》中归纳了英语报刊新闻标题的修辞手段。杨永和将报刊新闻标题修辞手段分为省略、借代、比喻、拟人、夸张、咏叹、设问、仿拟、反复、双关和押韵等。

肖小月(2012)《英汉报刊新闻标题修辞对比赏析》从交际修辞、美学修辞两方面分析了英汉报刊新闻标题。肖小月指出交际修辞属消极修辞,指词语锤炼和句式的选择,分遣词、造句两方面。遣词方面,英汉新闻标题都用缩略语、时髦词,英语新闻标题多用简短词,标题提炼体现"重点化",而汉语选词讲究风格、文采,标题提炼体现"全体性";造句方面分为省略、对比、反复、倒装。美学修辞指一般概念上的修辞,指在运用逻辑思维的同时,偏重于随情应景,运用想象和联想,通过词格唤起生动的意象,使语言文字鲜活,意蕴优美。美学修辞分音韵修辞,意象修辞(比喻、借代),语义修辞(委婉、夸张、双关)。肖小月(2012)总结说:中国政府网站的英文版建设和完善还有较长的路要走。

我国学者在研究报刊新闻标题修辞手段时,对其分门别类进行了细致的分析,每位学者的侧重点都不相同,但都抓住了一些新闻标题最常用的、最出彩的各种修辞手段。修辞手段在新闻标题上的运用,使标题生动、活泼、新鲜,能吸引读者的眼球,但对于非母语的阅读者,因为可能缺乏对应的语言或文化背景的知识,在理解和翻译上有难度。掌握这些修辞方法,有助于提高读者解读标题的能力。我们认为,在论述报刊标题的修辞手段时,需要考虑报纸新闻标题的语言外因素对修辞手段使用的影响和制约作用。英语国家的大众媒介都受控于各大财团和利益集团,在进行新闻报道时,具有明显的意识形态倾向和价值取向,或齐声颂扬抑或齐声诋毁,操控着本国的社会舆论,并对世界舆论有着一定程度的影响。新闻标题修辞手段的选择取决于报道的目的,或极尽夸张或极尽贬损。因此,在研究报纸标题的修辞手段时,要考虑到语言外多种因素的影响。

（3）对新闻标题的功能研究

我国学者在研究报刊新闻标题的功能时,分析了新闻语篇中标题在语篇中的衔接作用,并认为新闻标题具有信息功能、劝说功能、认知功能、交际功能。

唐宪义、张艳君（2000）的《英美报刊标题的衔接》研究了英美报刊标题与语篇的衔接问题,以及影响读者阅读和理解语篇中的标题因素。

端木义万（2001）《英语报刊标题的功能及语言特色》和姜蕴（2007）《论英语报刊标题的文本功能及相应的文体特点》从报刊政论语体角度分析了新闻标题,提出新闻标题的主要功能是信息功能和劝说功能。端木义万认为新闻标题受语境因素和标题功能影响,从新闻学的角度看标题功能,其为推销文章、概述内容和美化版面。姜蕴提出读懂英语报刊的标题需了解标题的文本功能及其相应的文体特点,新闻标题的特色在于最小空间内表达涵盖报刊最大的信息内容,以激发读者的兴趣,而国内英语报刊标题的撰写在信息功能和劝说功能上略显平淡,需改进。

黄崇岭（2007）在《中、德报刊体育报道标题结构与功能的对比研究》一文中分析了中德报刊体育新闻报道标题的结构和功能,他认为虽然中德体育新闻标题在结构和功能上有较多不同点,但风格上明显相似。黄崇岭认为交际功能决定语篇类型,新闻报道属于信息性语篇,因此在报道信息的同时,作者也会表明态度;述评性报道通常采用夹叙夹议的写法。

我国学者从语篇语言学、认知语言学和功能语言学的角度分析了报刊新闻标题的功能,论述了新闻标题语言的深层内涵及对读者思维的影响,从深层次解释了好的新闻标题吸引及影响读者的原因,从而指导新闻标题的写作。

（4）对于新闻标题翻译和创作规范的研究

在新闻标题翻译策略研究方面,许菊（1999）《英语报刊标题的美感功能的表现手法及翻译》一文论述了报刊标题的简约、音韵和幽默的三种美感功能及其翻译的方法。

另外,毛婧（2010）在 *The Study on the Features of English Newspaper Headlines*（《英语报刊标题特色的研究》）中也提到了新闻标题的翻译。她认为,如果标题明了就直译,标题不明了就加词翻译,标题用了修辞方法可以考虑意译,总本目的要反映出标题的深层含义。

在新闻标题写作研究方面,梁月梅（2012）《英文报刊新闻报道中标题使用准则研究》一文从新闻标题和导语的规范写作要求角度出发,论述了英文报刊新闻报道中英文标题写作的规范性。梁月梅提出,新闻标题措辞使用标准为增强吸引力、简单富有冲击力,避免同义词误用,节约版面,使用缩略词（专有名词）,使用新造词;标题使用准则对修辞的要求为多用排比句、引语和韵律;导语的使用准则为实用性、简短和优美生动。

我国学者认为,新闻标题的翻译不可拘泥于原文的语言形式,必须首先把握标题的深层含义,然后再通过调整和变通反映标题的语言形式。在创作新闻标题时,不规范的创作会使读者对新闻意思表达造成误解,导致新闻整体质量下降。学者们认为英语新闻标题写作应严格遵循写作规范,使新闻标题发挥其应有的作用。我们认为,报刊新闻标题的创作不能仅关注语言的规范性,在标题的创作中不能为其设定许多规范,而应根据标题的功能及对其的要求来形成标题。一个好的标题既要简洁凝练、别致新颖,又要对语篇做出一定程度的报道,并表明对报道内容的态度。

通过以上综述可以看出,国内学界对新闻标题的研究从归纳整理到思维模式分析,从翻译、对比到写作运用,不断地发展完善。除分析新闻标题内涵,其研究结果已经能应用到新闻标题的写作层面上,有良好的指导意义。国内学者对报纸标题的研究主要采用了定性分析,描写了英文等报纸单一标题的句法结构、语用功能、词汇特点、修辞特色等方面。

1.3 本章小结

本章主要就中外学者对俄文、中文和英文等报纸标题的研究成果进行了全面的综述。

苏联、俄罗斯学者主要研究了报纸标题在语篇中的地位和作用、标题的语言特点,如词汇特点、句法结构、语义和语用;同时,他们的研究还涉及了报纸的受众、报纸报道理念等对报纸语言的影响。

我国学者在研究中文报纸标题时,主要以报纸的新闻标题作为研究对象,论述了报纸标题的种类、特色、结构、功能、修辞特点等;在分析标题的功能、标题与正文的关系、报纸标题的演变特点和规律等方面还显得薄弱,对中文报纸标题的历时研究还不够。

我国学者主要从现代俄罗斯报纸标题的词汇、修辞、句法结构、功能、翻译等方面对标题进行了研究,研究对象主要是单一标题,并没有对报纸的多级标题,即标题系统展开研究;同时,缺少对报纸标题的动态和实时的分析,对影响报纸标题构建的语言外因素的研究成果较少,不够深入和系统。

在研究英文和其他语种报纸标题时,我国学者以报纸简单标题为研究对象,研究了报刊标题的词汇、修辞、结构、翻译、功能等方面的内容。

总的来看,中外学者在研究报纸标题时,主要从语言层面对报纸标题进行了一定程度的论述,研究对象主要以报纸简单标题为主,少有涉及多级标题,即标题系统;研究重点放在简单标题的词汇特点、修辞、句法结构和功能等方面,对影响报纸标题变化和发展的社会、政治、经济、文化等语言外因素的研究不够深入;对标题与正文、标题与读者、作者与读者间的相互关系,以及俄罗斯报纸多级标题的研究成果较少且不系统和不深入。

第二章　现代俄罗斯报纸标题的相关概念及其特性

报纸作为传统意义上重要的大众媒介,在人们社会生活中的影响尤为突出。报纸与其他大众媒介,如广播、电视、互联网等不同,报纸易于获得,可以随时在书报亭购买,也易于存储、携带和阅读,不受时间和空间的影响,更为重要的是报纸的报道时效性、针对性、透彻性都比其他媒介具有优势,能够对事件进行跟踪分析报道。报纸报道比互联网、新媒体等可信度高,几乎不会出现互联网和新媒体中夺人眼球的标题党。报纸的这些优势同时也吸引着学界对报纸语言的关注。近年来,学界主要从报纸的语言、语用功能等角度进行研究,在报纸标题的研究中主要研究报纸标题的句法结构、语义和功能。许多学术论文把关注的重心放在报纸标题的功能上,发现报纸的重要语言规范,确立报纸标题构建中的体裁融合,以及从说话者的角度描写标题的类型等。

报纸语言在20世纪20年开始成为语言学家的研究对象,当时学者的主要研究对象是报刊政论语体的特征、报纸语言的特点和发展变化,以及报纸语篇的结构和特征,到了60—70年代对报纸标题的语言研究才成为语言学家关注的对象,主要研究报纸标题的词汇修辞、句法结构和语用。

语言反映了社会和时代的特点,不同的时代会有不同的语言特点。苏联解体后,社会发生剧烈变化,导致语言也发生相应的巨大变化。俄罗斯时期的报纸语言与苏联时期完全不同,报纸语言呈现出民主化特点。索尔加尼克指出,自从100年前开始研究报纸语言,就对报纸中形成的、具有一定动态变化的语言规范做出了说明,报纸语言鲜明的变化称为语言的民主化。报纸语言的民主化在报纸的标题中得到了集中体现,报纸标题语言是动态地、变化地、敏感地反映着社会和时代的变化。现代俄罗斯报纸言语作品中出现了新的追逐言语时髦的政论作家,他们有意识地回避使用规范的标准语,突破语言规范,使用各种所谓的非标准语,如方言、俗语、行业隐语、集团隐语和青年隐语等。报纸标题的类型也得到了发展,与苏联时期相比,在标题结构的发展变化中出现了用动词句法结构替换称名句结构的情况。

20世纪80年代语言学家开始研究标题和语篇的关系,不仅研究报纸语言的自身特点,而且还对语言外因素进行了研究,即读者心理、报纸的政治倾向等。他们对标题开始不是孤立地研究,而是根据标题系统与语篇的关系一起研究。根据标题系统的其他成分和语篇研究标题最近成了热点。目前的热点主要是研究标题的句法结构,因为有些标题的句法模式是能产型,而另一些则不再作为标题使用,这是由报纸政论语体中语言的变化所引起的。

在20世纪80年代,标题只是表达语篇的意义成分,90年代后期,报纸标题信息性的程度借助标题结构中的句法变化得到极大的提高。其中,波恰索娃对报纸标题中通过减少称名结构数量而增加动词结构数量进行了定量分析,并指出从1987年到1997年称名结构的数量比例从49.64%减少到25.15%。现代俄罗斯报纸标题中标题系统的使用,帮助读者可以更好地理解报刊政论文中的语篇结构和语义。我们认为,标题系统在现代俄罗斯报纸中具有旺盛的生命力,报纸标题的(也包括标题系统)句法结构仍然是学者研究的热点对象,因为报纸标题的句法结构在不断发展变化。

2.1 现代俄罗斯报纸标题的相关概念

2.1.1 标题(**заголовок,заглавие**)的概念

本书的研究对象是现代俄罗斯报纸标题,它是统称概念,既包括标题(заголовок),也包括标题系统(заголовочный комплекс)。目前,在语言学学术专著中可以看到对于标题使用了如下的术语:заглавие、заголовок。我们认为有必要区别这些术语之间的关系,因为在普通语言学词典中,这些术语被看作是同义词。

在俄语词典中有两个词表示标题意义,即 заголовок 和 заглавие。在达里词典(Даль)(1998)中对标题(заглавие)的解释是:指在书或作品的第一页空白标出的名称。奥日格夫词典(Ожегов)(1991)中标题(заглавие)的概念是:某一作品(文学、音乐)或其组成部分的名称。

苏联作家和剧作家克尔日然诺夫斯基对题目(标题)(заглавие)给出的定义是:"正如子房(植)在生长过程中伴随逐渐增多并不断延续的叶子展开,标题只是逐页展开成书:书也是展开到底的标题,标题是压缩到两三个词的书。"(Кржижановский,1931:3)

加尔斯特和博恩斯坦认为,标题是思想表达的形式,具有自己的标准,"标题是信息量最佳的一种形式,它可以评价新闻的重要性,至少是在编辑的评价中"。(Garst et al.,1961:103)

加利别林对标题(заголовок)给出的定义是:"标题是给出新闻或文章的名称,它是报纸语篇不可分割的部分,报纸标题的主要功能是简要向读者报道语篇内容,之后吸引读者阅

读。"（Гальперин，1981：18）

科任娜对标题（заголовок）给出的定义是："标题是语篇的符号，它是语篇的必要部分，并在语篇中具有固定的位置，它还代表了语篇有力的立场。"（Кожина，1988：3）

图拉耶娃强调："标题（заголовок）在语言学方面是语篇的名字，在符号学方面是语篇的第一符号。"（Тураева，1986：53）

拉扎列娃在《报纸标题》中对标题（заголовок）做出了如下定义："一方面，标题是语言结构，预告语篇，处于语篇'上方'和前面。因此，标题可以理解为语篇之外、具有一定独立性的言语成分。另一方面，标题是包含于语篇并与整个作品的其他成分相关联的完全平等的语篇成分。它与语篇开始、中间和结尾同时构成语篇切分的一定结构——空间功能结构或语篇的结构。"（Лазарева，1985：58）

语言学家里奇在《报纸语言》中对标题给出的定义是："标题是独一无二的语篇类型，具有一系列的功能，它们具有自己的外在形式、内容和结构。标题简要概括了文章中叙述的整个历史，以最少的词吸引读者对语篇的关注。"（Reah，1998：13）

卡恰耶夫认为，"报纸标题是以文字区分的语篇的潜在压缩符号，通过口头和非口头语言手段表达，具有语义上的自足性，是整个语篇最初的、完整的成分，对语篇进行命名或说明，预测并阐释语篇的内容，并报道附加的意思"。（Качаєв，2007：4）

巴格达诺娃认为，报纸标题（заголовок）是材料实质和主要思想的极度压缩和清楚的表达。（Богданова，2012）

叶尔加里耶夫、捷科然诺夫（Ергалиев，Текжанов）（2014）等认为，报纸言语的特点表现在标题（заголовок）是出版物不可分割的部分，报纸的脸面很大程度上取决于标题的特点和制作。

维诺格拉多夫（Виноградов）（1999）指出，目前 заголовок 和 заглавие 之间的区别可以归结为：заголовок 更加通俗，заглавие 则是通用标准词语。科任娜（Кожина）（1986）认为，заглавие 可以理解为称名功能的标题。在某些情况下，研究者把作者和写作日期都划归到这个结构之中。语文学把 заглавие 理解为语篇前的所有成分，并在自身系统的相互作用下实现意义构建的潜力。

巴格达诺娃认为，"通常把任何文学作品的名称理解为题目或标题（заглавие），而把政论文的名称理解为标题（заголовок）"。"文学作品题目具有很大的主题和意义，通常与作品紧密相连，只有在阅读完作品后才能完全理解作品题目的意义，而在报纸标题中，报纸语篇包含的信息被极度压缩，这就让读者在阅读完报纸语篇之前就能准确地预测语篇信息，并确定整个语篇的内容。"（Богданова，2012：97）

综上所述，俄罗斯学者对 заголовок 和 заглавие 的区分主要体现在：奥日格夫和什维多

娃认为 заголовок 意思指小的作品、文章的名称。

有一些学者认为 заголовок 和 заглавие 是同义词,意思指书、某个作品(文学、音乐)或它的一个部分的名称。

我们认为,标题(заглавие)是泛称,它包括很多方面:文学作品、科技文章、公文事务甚至在口头交际中也潜存着标题。本文涉及的仅是其中之一的政论文,即报纸语篇的标题(заголовок)。同时,通过统计本书所参考的俄语文献中,绝大多数俄罗斯学者针对报纸语篇的标题均使用了 заголовок 一词。

对于报纸标题(заголовок)的定义,达里词典、奥日格夫词典、科任娜和巴格达诺娃指出了标题的称名功能,巴格达诺娃、克尔日然诺夫斯基和卡恰耶夫强调了报纸标题的压缩性特点,科任娜、拉扎列娃、巴格达诺娃等学者都强调了报纸标题是语篇不可分割的组成部分。俄罗斯学者从不同角度审视了报纸标题的定义,他们都认为标题是文章中所含信息的表达和概括的简短形式,是报纸语篇的名称及其构成成分。

本文采用奥日格夫和什维多娃的观点,报纸标题主要用 заголовок,并对报纸标题(заголовок)给出如下定义:报纸标题是语篇经过压缩的首要符号,它是报纸语篇不可分割的组成部分,具有一系列的功能,以及形式上的独立性和语义上的自足性。报纸标题的定义包含以下几个要素:标题是语篇的浓缩和凝练,具有称名功能和报道功能;标题是语篇的重要组成部分,具有语篇构建功能;标题具有形式上的独立性和语义上的自足性,具有交际功能。

2.1.2 标题系统(заголовочный комплекс)的概念

现代俄罗斯报纸标题系统作为标题的一种形式,经常被大众媒体的记者用来制作报纸标题,在标题系统中除了主标题,还包括主题版面名称、总标题(通栏题)、栏目题、主标题、副标题(分标题)、提要题、插入题。

捷连季耶娃认为报纸的标题系统通常由五种成分构成:主标题、副标题、引题、栏目题和大字总标题。标题系统各组成部分在位置原则的基础上进行区分,在大众媒体交际实践中标题系统各要素都具备的现象很少。她指出,"包含主标题本身和一个辅助标题,或者是副标题,或是引题的双成分结构是使用频率非常高的经典标题系统"。(Терентьева,1997:36)

加利别林指出,报纸标题系统和语篇的句法语义是由语篇的成分决定的:"这是隐性的极度压缩的内容概念信息,而且像一切压缩物一样,都在追求展开、拉直。"(Гальперин,2004:134)他把标题系统分为大字总标题(шапка)、主标题(заголовки)、专栏题(рубрики)、副标题(подзаголовки)、提要题(лид)、插入题(врезки)、导语(анонсы)和引题(надзаголовки,предтексты)。

韦谢洛娃(Веселова)(2005)认为标题系统包括语篇作者的名字、主标题、副标题、献词

（题词）、语篇和引文，在某些情况下还有写作的日期和地点，以及报纸语篇的印刷格式。韦谢洛娃认为，标题系统包括所有语篇外的成分，其中每个成分与其他成分相互作用，都可以为构建新的意义服务。

捷连季耶娃（Терентьева）（1997）指出，大众传媒中的标题有其自身的特点，它的结构是多层次的，因此在研究报纸政论文标题时，通常说的是标题系统。她认为报纸标题系统可以理解为一篇文章功能上相互关联的一系列标题类型。

拉扎列娃（Лазарева）（2006）也使用了标题系统（заголовочный комплекс）这个术语，根据拉扎列娃的定义，标题系统是由语篇外的成分构成的语篇系统内部的分系统。研究者把标题、栏目题、副标题、提要题、插入题、预告都归入标题系统。拉扎列娃在分析报纸话语后，认为可以把标题系统分析模式用于所有定位于读者理解的话语客体。拉扎列娃分析了电视作品标题系统的特征，作为报纸标题理论，其可以成为适用于其他语篇类型分析的例证。在自己的研究框架内作者得出结论：在报纸标题基础上建立的标题理论，对于各种体裁的大众媒体作品、科学学术作品具有重要的说服力，这个理论可以用来构建互联网中的语篇类型学。

普罗霍洛娃（Прохорова）（2001）提出了总标题语篇（совокупный заголовочный текст）这一术语，并把它作为报纸语篇的分体。普罗霍洛娃对标题总语篇给出的定义是："它是一定阶段话语中提取的报纸的标题系统总和。"普罗霍洛娃认为，标题总语篇是连续的标题系统，包括：报纸版面主题名称、栏目题、标题、副标题、内部标题、具有文字区分的提要题。从作者对标题总语篇的定义可以看出，标题总语篇的概念比标题系统综合广、宽。这样，标题系统是在大的信息流中定位于读者灵活理解的各种成分的总和。

图拉耶娃（Тураева）（1986）指出，标题系统（заголовочный комплекс）通过与语篇文本的独立性来吸引读者的注意。这种独立性首先表现在报纸标题系统成分借助其大写字体与语篇保持了物质上的疏远，并与语篇第一段保留了很大的空格。

阿尔诺利德（Арнольд）（1978）认为，报纸的标题系统是语篇的成分，它占据着突出有利的位置，是让读者关注意义重要部分的有效手段。

奥金措夫（Одинцов）（2006）对各类报纸标题进行了系统研究后得出这样的结论，经典的标题系统的标题模式主要有以下几种：主标题＋副标题（46%）、引题＋主标题（5%）、引题＋主标题＋副标题（1%）。从交际功能的观点来看，带有副标题的标题系统的使用频率高是正常的，因为具体的事实放在主要的、在语用方面更加相关的标题后面容易使读者理解。除此之外，在报纸标题系统中，不包含引题和副标题的单成分标题占48%。

学者们对标题系统（заголовочный комплекс）、标题组（заголовочный блок）、标题群（заголовочный ансамбль）和总标题语篇（совокупный заголовочный текст）的定义都指向了

同一个对象,只不过范围的大小不同,有的学者把作者和写作日期也纳入其中。

报纸中各种信息材料的分配服从于社会专题的最初分配,通常一份报纸体现了报纸背后利益集团及其执行者对社会的切分,同时也反映了他们的世界图景,并人为地把报纸通过各种栏目进行专题切分。这意味着报纸标题不是独立的意义单位,它与语篇的其他成分相互协调。

笔者认为,标题系统可以定义为:报纸标题系统(заголовочный комплекс)是报纸语篇的分系统,在形式上与语篇明显分隔,与标题相比具有更为形式上的独立性和语义上的自足性,它包括:总标题(шапка)、主标题(заголовки)、专栏题(рубрики)、副标题(подзаголовки)、提要题(лид)、插入题(врезки)和引题(надзаголовки, предтексты)。

总标题,也称为通栏题,是贯通版面的特大标题,主要用于突出报道某个时期的中心工作、发生的重大事件、亮明态度。这类标题在苏联时期多见,现在报纸很少看到这种总标题。

主标题,是语篇的题目或名字,它是语篇内容压缩的符号,具有多种功能,在下文将详细论述。

专栏题,也称为栏目题,可以把两篇或两篇内容相似且又相互独立的语篇整合在一起,并冠之以题目,称为栏目题,有时栏目题下也可以是单个语篇。

副标题,位于主标题的下方,用于对主标题的解释和补充。

提要题,通常位于语篇正文的第一段,并通过字体的不同加以凸显。主要作用是对语篇进行总体概括。

插入题,也称为分题,它是插入正文中的小标题,对小标题下面的内容进行概括或导引。

引题,位于主标题的上方,引出主标题,并对主标题所指进行一定的解释。引题通常使用更小的字体,但要比正文字体大,可以用加粗字体或带颜色字体进行区分。

通过对主流报纸,如《消息报》《莫斯科共青团员报》《俄罗斯报》《独立报》和《论据与事实》的对比分析,现代俄罗斯标题系统中通常有以下组合:栏目题+主标题、栏目题+主标题+副标题、主标题+副标题、主标题+副标题+插入题、主标题。最为常见的是单独的主标题和主标题+副标题两种形式,这两种标题几乎在上述每种报纸中都有不小占比,主标题+副标题+提要题只在《俄罗斯报》中出现得较多,主标题+提要题占比很少,除此之外,《论据与事实》报纸中主要以单独的主标题为主,可以看出,不同的报纸,标题系统的各种组合所占的比例相差很大,这与报纸标题的功能和定位、语篇语义都密不可分。

2.2 标题与语篇的相互关系

随着现代科学技术迅猛发展,人们处于一个高密度的信息空间,虽然大众媒体得到了长足发展,如广播、电视、互联网、自媒体等,但由于报纸的传统优势,在现代社会生活中报纸仍然占据着重要的地位。

斯拉夫金娜(Славкина)(2008)指出,报纸标题是语篇的语义核心信号,标题系统可以理解为把语篇各部分联合在一起的子系统。在研究报纸标题时必须要很好把握语篇的内涵和外延与标题的相互关系。

对于标题在报纸语篇结构中的地位,语言学家还未达成一致意见:一些学者认为,标题具有特殊的独立性,因此可以在语篇外对标题进行研究;另一些学者认为,标题是语篇的一部分,是语篇的结构成分。然而,许多研究者认为标题具有双重属性,他们把标题看作语篇的成分,同时也强调这一成分具有独立性,代表事件的现实情况。

玛特维耶娃(Матвеева)(1990)认为,标题是任何类型语篇的社会公认的主要部分。

索绪尔(2009)指出,每个符号都是物质方面(能指或表达方面)和思想方面(所指或内容方面)的统一体。报纸标题就是这种符号,它与语篇构成了统一的整体。

哈扎格罗夫(Хазагеров)(1984)认为报纸标题具有自主功能和制约功能,既可以把标题作为一种独立的报道,也可作为语篇的成分。

巴尔特(Барт)(1994)指出,连贯的语篇应该得到全面而详尽的描写,一方面,包含在言语材料中的信息都应该在某个描写层级找到自己的位置;另一方面,许多这样的层级应该构建成统一和连续的整体。

谢列布里亚科娃(Серебрякова)(2014)认为,报纸的标题系统语义具有自足性,标题是独立于语篇并作为其全权代表发挥作用的,它是整个作品的极度压缩的褶皱。

实际上,标题是纲,纲举目张,它和语篇本为一体。标题像报纸语篇的眼睛,透过它可以看到语篇对语义和情感的指向,是语篇的核心,一切内容都围绕它展开并最终说明和揭示它。

标题虽然在格式上与语篇有分离,但在形式与内容上浑然一体,不可分割,离开了标题,我们一下子就把握不了主题,以及作者的匠心。标题是浓缩的语篇,是对语篇核心的加工,是体现语篇精华的匠心。

标题与语篇的衔接和相互协调,构成了报纸政论文的结构语义统一体。标题与语篇的衔接和相互协调是指标题与语篇中各成分之间相互解释、相互依赖的语义关系,它具有使语篇各成分联成一体的语言潜能。标题的衔接分为外部衔接和内部衔接。外部衔接指标题与引题、副标题、提要题和正文在语义上和逻辑上的衔接;内部衔接指标题自身内部的微观衔接,包括语义、语法手段。

报纸标题系统包括总标题、主标题、专栏题、引题、副标题、提要题、插入题。其中,总标题主要突出语篇的重要性,对语篇报道内容亮旗帜、表态度,其指导性和鼓动性都很强。标题系统中栏目题确定语篇的主题和特征,如:现场采访、采访等。采访和现场报道栏目题虽然与语篇本身并没有连在一起,处于几个语篇的上方,但是栏目题通过一定的主题把语篇联合在一起。

报纸语篇的引题具有专门的语用作用,除了引出主标题,还可以对专栏所指进行一定的说明。引题位于主标题之上,这样就产生一个困难,先读主标题还是引题?首先应该阅读主标题是合乎逻辑的,虽然引题位于主标题之上,并且字体也得到了突出,但是与主标题的醒目性和重要性相比,引题仍然处于从属地位。主标题以较大的字体突出,首先会映入读者的眼帘,并且主标题通常包含了语篇的主要思想,并可以作为独立的意义单位。如果引题是句子,其任务是引导到主标题,或者由引题产生出主标题。引题的功能类似于某种导语,即主标题的导语部分,它与主标题紧密联系。引题可以把主标题提出的主题与语篇的内容或某种已知的信息联系起来。

在报纸语篇结构成分中副标题是主标题下面的标题,对主标题做次要补充。有些副标题所占据的位置甚至比主标题的大,因为它们包含了更多的信息,使用了更多数量的文字,这些副标题的用途是从内容上加强语篇的标题和主题。

提要题位于语篇正文首段位置,总体上概括了语篇内容,为引导读者理解语篇提供了很好的支撑。提要题与主、副标题相比,与语篇的联系更加紧密,有的学者把它看作语篇的开始部分。

报纸的插入题位于语篇中,并用其他字体进行区分,可以是词组,也可以是句子,是对主标题信息的进一步展开和扩展。

报纸标题作为语篇的第一成分,也是最重要的成分,首先是按照言语行为理论的三个阶段——成言、行事、取效与读者进行交流。一方面,报纸标题与语篇的其他成分构成一个统一体,表达语篇的内容、理念、意义;另一方面,报纸标题还需完成自身的行事和取效,以吸引读者,促使读者继续完成对语篇的阅读。有的标题直接体现了语篇的意义,对读者起到直接影响的作用,使读者理解并接受作者的角度和主观态度。尤其在作者的统觉背景与读者相近或相似的时候,作者的观点会激发并强化读者对报纸标题所报道内容的认同,驱使读者去实现作者语篇所含的目的。

报纸语篇的标题系统——栏目题、主标题、副标题、插入题——的连续性反映了报纸信息材料的结构组织。报纸标题的结构语义统一受到语篇标题系统的制约,通常报纸标题系统主要采用四级标题系统的组合:栏目题、主标题、副标题和插入题。

四级标题一起可以构成语篇的概貌,在读者快速把握报纸内容的同时,报纸的标题系统对于读者理解语篇信息和对读者施加影响而言是自足的,它是信息语篇的最高代表。科斯托马罗夫(1965)认为标题系统是特殊的政论文体裁,它们在政论文中好像变成了单独的报纸材料。首先栏目题确定语篇内容涉及的领域或主题;主标题报道语篇的内容和思想,给出少量的联想信息或以完全句法结构的形式宣布主题;副标题报道述题的某些详细特征或介绍语篇的作者;插入题同时含有双重功能,即承上启下功能,它进一步阐释了副标题,同时概括了后续内容,补充信息以便读者理解所报道的内容。

　　通常可以把标题看作语篇的主题,这种标题是报纸中采方类语篇的典型标题,直接呈现采访类语篇报道的内容,而标题的任务就是指出事件的主题。在某些情况下这类标题中也可以出现揭示语篇内容的述题,往往这样的标题包含了采访语篇中的关键语句,使标题更加清楚、明白、语义明确。客观上看,这样的标题排除了对事件的评价,标题中事件的主题对读者产生了影响,引起了读者对其评价的愿望,这种类型的标题我们可以称之为信息和直接影响标题。这也是引用关键的采访话语作为标题的特殊作用,无须作者评价,而标题引语本身就包含了被采访人对事件或言语对象的看法和评价,并激发读者产生共鸣,使读者接受语篇中隐含的评价,形成读者无意识的、自己的评价。

　　某些标题并不局限于在标题中表示事件的主题,还在标题中表示语篇的理念和思想。这时,作者通过表现力手段和修辞方法,使报纸标题能够体现语篇的中心思想。

　　有些标题包含了对先例文本的引喻或直接引语,这类报纸标题我们可以称之为信息和间接影响标题。这类标题必须包含修辞手段(如:隐喻),间接传达了语篇作者的态度;通过信息主题及对其的评价,产生了对读者的双重影响。

　　有些标题带有文学作品的特点,因为文学作品及其章节名称展开后,成了有特色的简评,它与文学作品的作者所构建的精神和情感特征不相符合。选取这样的标题是为了掩饰作品的深层意义,并向读者设置一个悬念:在读者阅读过程中应该可以识别作者的艺术手法,并理解作品内容的意义。关注重点从标题中的主题转向意义,以及标题中的象征手法,同时缩小标题的展开程度,增大了标题的语义容量。这时,标题的意义不再是线性的,而是像雪球一样由简短和简练的标题越滚越大。可以看出报纸标题也借用了文学作品的标题样式,采用语篇意义的线性和非线性组织方式。

　　学术语篇的特点是它的题目中必须要包含这类语篇的体裁特点:客体、对象、材料、任务、方法和科研方向、假设、所获结果、学术语篇的形式和体裁,而且学术语篇的特点受到语篇用途的制约,需要尽可能地全面、准确、意义明确和简练地表达研究的实质。马尔丁诺夫认为,这种体裁具有一种趋势,学术语篇的容量和标题容量成反比,并以专著的标题举例进行了说明:Блумфилд Л.《Язык》,Маркс К.《Капитал》,Гумилев Л.《Гунны》,相反,只有2 页的学术论文则具有很长的标题:Бондаренко М. В.《Метонимический перенос наименования, обусловленный ассоциацией понятий признака и объекта, обладающего признаком, в современном английском языке》。中等容量的学术语篇和专著的章节通常都有中等长度的标题。(Мартынов,2008:378)马尔丁诺夫对学术语篇的容量和标题的容量成反比的现象做出了这样的解释,他认为容量大的学术著作是从总体和多方面来描写主题的。

在标题中不可能对多方面的主题进行特征描写,只能指出主题,因此可以用最少的词足以表述主题,而更加详细的特征可以在著作的简评和前言中给出。

综上分析,报纸标题具有双重性,一方面,它是位于语篇上面或前面的语言结构,它拥有单独的空间,与语篇分隔,这使标题作为独立的言语单位而存在,它具有一定的独立性并处于语篇之外;另一方面,标题是语篇内平等的成分,它与整个语篇的其他结构成分发生联系,如文首、文中、文尾,可以作为独立的言语单位完成某些自主功能,如表达作者对言语对象和交流条件的态度。标题作为语篇的结构成分,也是语篇的代表。标题与语篇的同一性和区分性决定了标题在理解语篇时可以给出一定的参考,可以把标题看作激发读者进行阅读的第一个信号。

阅读任何一个作品的主要途径都是从头读到尾,读者(或听者)并不是立刻、同时理解语篇的,而是逐步地、通常是随着语篇从头到尾的运动进行的。作者在语篇的名称中表达自己的意图,因此标题可以揭示出语篇非常重要的主题。读者在阅读期间,通过理解标题,发现作品的意义,并立刻针对语篇内容构建各种不同的假设,随后在阅读的过程中对所做的假设进行证明或推翻。

标题的称名作用是通过标题现有的、独特而具体的措辞揭示语篇的主要内容,同时指出标题的表情评价方向。同样,在标题中还可以表现作者的立场、语篇中的事件或主人公的观点。报道事件时标题在一定程度上揭示了语篇的内容;标题可以娱乐读者,激发读者的创造力,邀请读者进行语言智力游戏,使读者思考语篇的内容,并做出是否阅读的决定。标题可以让读者经受情感的激动,意思是标题可以针对读者形成阅读语篇最有力的条件,这样,标题就达到了强邀读者阅读,并坚持自己语篇的意义。

2.3 现代俄罗斯报纸标题的特性

报纸语篇最醒目的成分是报纸语篇的标题,它决定着语篇的命运和成败。现在甚至大量出现各种刺激性的标题,有了所谓的"标题党"一说。读者可以根据标题不仅能够确定语篇的主题,有时还能确定语篇的深层思想和观点。标题同时也是独具特色的文中文和关于语篇的语篇,一方面,标题处于语篇之上、语篇之外,完全是独立和自主的;另一方面,标题是语篇最重要的部分,依托于语篇的其他成分,它保证语篇意义的完整性和结构的完结性。

当标题同时是主要语篇的启句时,标题和语篇的主要关系是内部合成关系。在信息冗余的条件下,受话人选择性地阅读报纸,首先是浏览标题。因此,标题具有吸引读者注意的功能。作者在构建标题时会追求标题的原创性、双关性、双语义性、醒目性。标题常常可以在语篇中构建中心修辞效果,激发读者的情感和想象,使语篇的某些意义和评价部分凸显。标题可以提前让读者对语篇有一个整体理解,减少读者对语篇的阅读和思考。标题可以使语篇的内容凝聚成一个结构和内容完整的整体。

报纸标题是报纸通向读者的第一座桥梁,因为读者是有选择性地看报。在现代信息化社会中,生活节奏快、信息量大,读者为了在最短时间内获取报纸信息,往往是通过标题选择下一步的行动,报纸语篇的标题以其独特醒目的方式引导读者继续阅读语篇的内容。因此报纸标题要能吸引读者注意力,善于揭示语篇的内容思想,把语篇背后作者(作者团队、利益集团、政党、组织等)的理念进行有效的传递。报纸标题系统作为把语篇各成分连接起来,位于语篇外的子系统,相当于一个语义上自主、形式上独立的小型语篇,其信息量远大于报纸的单个标题,能够更好地揭示报纸语篇的思想理念。

报纸标题是语篇的眼睛,各种体裁和题材的标题虽然形式不一,但总是要以某种程度从不同侧面体现作者的写作意图和语篇的主旨。读者在阅读文章之前总是先浏览下标题,对文章有个基本的印象,诸如文章所讲何事,对事件如何评价等,报纸标题就在读者一瞥中完成了作者与读者的对话与沟通,产生了初步的思想碰撞,决定读者是否再读标题(标题系统)并继续往下阅读文章来完成进一步的思想沟通。因此,报纸标题需要具备的特性有:经济性、新颖性、信息性、形式上的独立性和语义上的自足性。

2.3.1　经济性

俄语报纸语篇的标题可以从报纸标题的定义看出,毫无疑问,简单的标题是最好的,标题的简洁凝练为作者与读者的沟通去除了障碍,节约了时间。标题是用精练的文字来揭示内容的,它成了读者获取信息的一个重要渠道,在互联网和自媒体中这一渠道显得更为重要。报纸标题对于可能详读的读者而言,向读者给出了语篇内容的简要信息,满足了读者的需求;对于无时间详读的读者,标题(标题系统)就是语篇本身,在最短的时间内,读者获得了作者的意图,了解了作者的态度和评价。如:

Пятнадцатый патриарх（MK 6. 12. 2008）（例 1）

Россия всегда с тобой, Донбасс（РГ 3. 09. 2018）（例 2）

Поддержка на триллион（Известия 18. 09. 2018）（例 3）

例1中用了形容词＋名词构成的词组就清楚地揭示了语篇主题"第十五世主教"。例2中"顿巴斯,俄罗斯永远和你在一起"没有用一个动词,就将事件的主题鲜明、清晰地表达出来,而且具有强烈的感情色彩。例3借用了前置词 на 表示目的,揭示了支持的力度。

在追求报纸标题经济性的同时,往往需要兼顾标题的报道功能。有时标题在力图达到经济性和新颖性时会减弱标题的信息性,遇到这类情况,通常是通过标题系统来弥补这一不足,如使用主标题＋副标题或引题＋主标题＋副标题等标题系统。

（主标题）Исторический максимум

（副标题）Владимира Путина поддержали более половины россиян, обладающих избирательным правом）(Известия 20.03.2018)（例1）

（引题）Росстат определил, где в России жить лучше всего

（主标题）Точки ru(РГ 13.09.2017)（例2）

例1是主标题＋副标题结构，从主标题无法判断具体所指，通过副标题"超过半数的拥有选举权的俄罗斯人支持普京"我们可以清楚地明白主标题的含义。

例2是引题＋主标题的结构，从主标题也无法判断语篇的具体内容，只能猜测与网络和计算机有关，通过引题"俄罗斯统计局得出结论，在俄罗斯生活最好"，明白了主标题指的是网络统计得出的结论。

2.3.2　新颖性

俄语报纸标题的新颖性是为了引起读者的阅读兴趣，达到互动交际目的。报纸标题的新颖性可以通过多种方式和途径来获得。标题、标题系统和语篇都属于言语创作，它是通过创造性使用语言手段来实现的。这类标题带有实现语法意义和一整套惯用（词汇、语法和修辞的）、非惯用表达手段的普遍特征。在违反语言规范的基础上来构建报纸标题而产生报纸标题的新颖性。读者通常都有猎奇心理，对新奇的、反常的事物具有浓厚的兴趣，新颖别致、令人惊异的标题会最先抓住读者的眼球。悬念本身就是一种独特的文学结构形式，在报纸标题中可以通过制造悬念来吸引读者，常常可以利用反常、矛盾、借喻、省略、设疑等手段来形成悬念。如：

Дешевое зерно-**дорогой** хлеб（АиФ 31.08.2005)（例1）

Майоры оказались **лишними**（МК 18.10.2008)（例2）

Уголовные выборы（Правда №101.2018)（例3）

上述三个例句都具有新颖性和视觉冲击力，例1中"粮食便宜而面包贵"，按照通常理解，粮食便宜，面包也应该便宜，但结果却与人们的预期相反，反映了物价的飞涨。例1中从句法形式上也具有吸引力，在一个标题中使用了一对反义词，这也是该标题的别致之处。例2中"少校是多余的人"也具有同样的效果，保家卫国的军官怎么成了多余人。例3中选举本来是合法的政治活动，却和刑事并列放在一起，很不协调。

2.3.3　信息性

报纸标题的信息性指在用词有限的标题中尽可能地向读者传递更多的信息。其前提要题文相符，不论标题如何简练、生动形象，如果题不对文，则是失败的标题，尤其是新闻语篇的标题。现代俄罗斯报纸在报道新闻时经常会出现标题新闻,就是用标题的形式来报道事件,这时标题的信息性、准确性就显得更为重要。现代俄罗斯报纸为了能够抓住读者,取悦读者,满足读者的阅读心理和习惯,往往制作信息量大的标题,让读者一目了然,吸引读者继续阅读内容,增强报纸的"黏性"。在苏联时期报纸的头版上,经常出现的精练的称名结构在现代俄罗斯报纸的头版中则很少出现,因为读者往往无法通过一个词或词的组合来判断语篇的内容,与预期不符的判断将会使读者失望,使报纸逐渐丢失自己的读者群。俄语报纸标题系统在信息性方面体现出了很强的优势,除了报纸每版固有的栏目题外,报纸标题系统的结构模式通常为:主标题+副标题、主标题+副标题+引题、主标题+副标题+引题+插入题、主标题+副标题+插入题。读者在阅读时,首先关注的是字体非常醒目的主标题,根据自身需求,继续阅读引题和副标题,如有兴趣则进而关注插入题。如:

Россияне решают, кому доверить свои сбережения: рублю, доллару или евро? (МК 23.12.2008) (例 1)

Туристы выбирают Россию(КП №26.2015) (例 2)

例 1 中,标题是复合句,它报道事件的主体、事件发生的时间和地点、对事件的看法,上述要素都体现在标题中,可以预测到后续语篇是关于俄罗斯人如何理财或关于卢布对美元和欧元的汇率将如何变化的。例 2 同样也说明了事件的各个要素,通过标题可以预测后续语篇是有关俄罗斯正受到外国游客的青睐。这两个标题的信息性很强,都完全揭示了后续语篇的内容以及作者的某种态度。

2.3.4　形式上的独立性和语义上的自足性

报纸标题形式上的独立性和语义上的自足性体现了标题在空间上的分隔与语义上的自主。标题形式上的独立性和语义上的自足性的程度是不同的,它作为标题的主要特性,存在于每个标题中。采用主位和述位句法结构的标题能够揭示语篇的内容甚至思想。报纸标题系统形式上的独立性和语义上的自足性要比报纸标题更具优势,报纸标题系统在报纸语篇空间中具有二律背反交际属性:标题系统作为语篇的成分,它在结构和功能上是与语篇属于语义合成的,但是当读者在对报纸语篇进行选择性的理解过程中,报纸的标题系统是独立的表达,对于语篇具有一定的空间物质疏远性,具有自主语义的特点。报纸的标题系统与语篇某种程度的分裂与其交际原因有关:报纸语篇的阅读具有翻阅的特征,报纸标题系统首先受到读者的注意,并决定是否阅读语篇。拉扎列娃(Лазарева)(1989)认为,报纸标题系统是把语篇各部分连接起来,同时自身又是语篇的分系统,具有形式上的独立性和语义上的自足性。报纸标题系统形式上的独立性和语义上的自足性为满足读者心理需求,为其快速阅读报纸提供了便利,提升了作者与读者交际与沟通的效果,并为读者与作者在思想认同方面奠定了基础。如：

Старый и малый: кому детский сад нужнее?（АиФ 10.08.2005）

在这个示例中,这句话"老人和小孩,谁更需要幼儿园?"本身具有独立的语义,它让读者陷入思考,并不需要读者去阅读语篇,每位读者看到标题后都能有自己的选择。

报纸标题系统的交际语用特点与报纸语篇框架内的情感与理性的相互作用有关。俄罗斯语言学家奥金措夫认为,大众交际语言中理性与情感、逻辑与表情的结合和相互作用是明显的。

在广告标题中存在着对语篇客体或主体的暗示,标题和语篇之间属于隐性的相互关系,标题的意义只有在读完语篇时才能最后清楚。如:

（主标题）Морковь, похожая на сон（КП №4. 2015）

（副标题）Жителей Владивостока шокировал корнеплод по 2660 рублей за килограмм

在阅读主标题后,无法判断语篇的具体内容,但通过语篇中的图片和副标题基本可以预测这是一款减肥产品,具体内容只有读完语篇后才能确定。

2.4 本章小结

本章对本书的研究对象——现代俄罗斯报纸标题进一步地进行了明确,它包含报纸的标题和标题系统,论述了现代俄罗斯报纸标题和标题系统的基本概念,并分析了标题与语篇的相互关系,描述了报纸标题的特性。

本章给出了报纸标题的定义:它是语篇经过压缩的首要符号,是语篇不可分割的成分,并具有一系列功能及形式上的独立性和语义上的自足性。报纸标题包含以下几个要素:标题是语篇的浓缩和凝练,具有称名功能和报道功能;是语篇的重要组成部分,具有语篇构建和整合功能;具有形式上的独立性和语义上的自足性,具有交际功能。

本章给出了报纸标题系统的定义:它是语篇的分系统,在形式上与语篇明显分隔,与标题相比具有更多的形式上的独立性和语义上的自足性,它包括总标题、主标题、专栏题、副标题、提要题、插入题和引题。

报纸标题与语篇衔接,并相互协调,构成了语篇的结构语义统一体。标题与语篇各组成部分相互解释、相互依赖,与语篇各成分组成一个有机整体。标题与语篇的衔接包括外部衔接和内部衔接。外部衔接表现为标题与引题、副标题、提要题和正文在语义上和逻辑上的衔接;内部衔接指标题自身内部的微观衔接,包括语义、语法手段。

本章论述了现代俄罗斯报纸标题必须要具有经济性、新颖性、信息性、形式上的独立性和语义上的自足性,报纸标题的特性为完成其功能提供了保障。

第三章　现代俄罗斯报纸标题研究的相关理论及应用

　　语言是现实的反映,时代的发展变化在语言中得到了鲜明的反映。当一个国家的社会、经济、政治、科技、文化、心理等领域发生大的变化时,会在语言中得到相应的体现。大众媒介作为信息传播的载体,第一时间体现这种变化。报纸杂志、广播、电视、互联网、自媒体都在迅速地通过各自的渠道,以不同的角度传递所发生的事件。报纸作为大众媒介的一种,与其他媒介相比具有其自身的独特传统优势,至今仍然有着旺盛的生命力。报纸语言的研究一直以来受到学者们的重视。作为大众传播媒介,报纸成为国家、社会、团体、公民等各个主体信息交流的重要平台和通道,也是各主体影响舆论、引导舆论的重要阵地。报刊政论语体服务于人类社会活动的各个领域,如政治、经济、文化等领域,报纸语言研究涉及多个学科,如语言学、社会学、心理学、新闻学、传播学、政治学等学科,因此各国学者大都从跨学科的视角研究报纸语言。报纸标题作为报纸的脸面和语篇的第一符号,往往不是以单一的标题,而是作为标题系统与读者相遇,刺激读者,吸引读者的关注,与读者发生相互作用并进行对话,期望获得读者的认同。报纸标题承载着报纸和报纸语篇的功能,报纸的成败,在一定程度上与报纸标题好坏有着很大关系。因此,可以从认同理论、对话理论、社会语言学和大众传播学相关观点出发研究报纸的标题。

3.1　肯尼斯·伯克的新修辞学理论

　　修辞学作为报刊标题研究的基础理论之一,它是指亚里士多德的传统修辞学和肯尼斯·伯克的新修辞学理论。肯尼斯·伯克的新修辞学的核心思想是"同一",而为了实现与读者思想、情感、心理等方面的"同一"就必须有意识、有目的、有针对性地运用各种语言手段,打通通往对方心灵的认同之路,激活他对文本和内容的兴趣,投其所好。这不仅指价值观和世界观,也指审美观,即对内容和语言手段合理运用的审美,对语言结构的认同等。

3.1.1　以对方为中心的说服修辞观

（一）传统修辞观产生的历史背景

西方的修辞学可以说历史悠久、源远流长，其源头可以追溯到古希腊和古罗马，距今约有 2500 年的历史。"西方修辞学被认为是一种社会现象，因此对它的研究离不开对古希腊社会的考察。"（从莱庭 等，2007：3）西方古典修辞学之所以能够诞生于古希腊、古罗马，这与当时社会的政治结构和公民社会密不可分。

公元前 5 世纪，古希腊便产生了民主形式的政府，这种民主为研究演说艺术和技巧提供了空间和可能，以便让人们在议会进行有效的辩论，以及在法庭上为自己的利益进行辩护。在古希腊社会，由于各种原因，人们很少用文字书写来传达和保存信息，文字多使用于宫廷，与古希腊社会人们的日常生活没有多大的关联。因此，口头交流方式成为社会生活中人际交流的主要方式，这从苏格拉底的谈话到各种社会演讲可以看出。

古希腊时期，修辞主要的形式就是辩论，被当作劝说的艺术。哪里有演说，哪里就有修辞。演说就是人们手中决定论辩胜利的武器，无论是在议会中、法庭上，还是在集会中。从某种程度上可以说，西方古典修辞学的兴起、发展与繁荣与雅典宽松的政治环境是分不开的。民主给人们提供了一个畅所欲言的空间，为修辞的发展提供了肥沃的土壤，离开了民主，修辞便会失去它耀眼的光芒。"人们长期注意到，演讲最适于在民主制度下繁荣，最难于在暴政下发展。""在民主国家，言辞改变历史。""在公元前 5 世纪的雅典，修辞技巧意识大大增长，其直接原因就是民主过程大规模地应用于司法程序。""当人民，而不是理想，成了一个社会或社区是否重要或有用的标准时，这个社会就是在致力于某种修辞过程。当修辞在独裁制度下仍然存在时，它就退回到过度颂扬的状态。"（从莱庭 等，2007：9）

为什么演讲？那时，演讲的目的是：古希腊是奴隶民主制，所有的官员、议会以及公众对法规、条令的表决都是通过演讲实现的，就像现在的大选一样。演讲主要在三种场合进行：议会、法庭和公众演讲场所。雅典的议会是由对政治感兴趣的公民组成，他们经常聚会议论和决定政治事务。每个人，甚至是奴隶都能够直接参与活动并使用演讲或辩论这种交际的方式，在议会演说或能够为政府提出建议的人会受到尊敬，并得到奖励。在雅典的法庭上公民要为自己的立案和辩护负责，王公贵族之间、公民之间的交流，以及争端的解决往往都是通过辩论的方式进行的。演说往往能够帮助人们获得权力、地位和财富，并保持这种权力和地位。因此，古希腊社会的每位公民都希望能够获得演说的技巧，富人较穷人更易获得演说技巧的训练，演说的艺术（риторика）就是在这种环境下发展起来的。

修辞学在古希腊诞生之后，在古罗马得到了继承、丰富和发展，其间出现了众多著名的修辞学家和他们的著作。古典修辞学从伯里克利时代的繁荣到亚里士多德时代，演说技巧及其理论逐渐被系统化。亚里士多德把前人对修辞学问题的研究进行归纳,形成了最初的古典修辞学理论,后经过西塞罗和昆体良的发展和丰富,形成了古典修辞学理论。

(二)亚里士多德的修辞观

(1)亚里士多德的修辞观的定义

在西方传统修辞学学者中,亚里士多德提出的修辞体系比较完善。他的修辞理论体系比较完整地呈现在他的专著《修辞学》中,在这本专著中,亚里士多德全面归纳了各种修辞技巧。

亚里士多德(2016)将修辞定义为"一种发现存在于每一种可行事例中劝说方式的能力",在这个定义中,"说服"被认为是修辞的核心。他将修辞看成一门综合性的学科,包含了听众分析技巧以及思路组织技巧等各种软性技巧,这个学科以说服力为中心。而所谓的"劝说方式",则是指逻辑通顺、使人信服的论证方式。亚里士多德根据演讲的场景将演讲分为三种类型:议会演讲、典仪演讲和法庭演讲。议会演讲的内容为讨论国家大事,在国家议会中发表,其主旨在制定能够为公民谋福利的国家大政方针与治国方略;典仪演讲指在大型的活动场合,通常是大型纪念大会或婚礼葬礼等仪式上发表演说;法庭演讲是指在法庭上进行的演讲辩论,以申辩和质问的形式指控或辩护,目的是向陪审团和法官证明被告的罪名是否确实,除理性证据外,法庭演讲也会用到情感和人品等诉求方式。亚里士多德对议会演讲的研究尤为注重,因为他看到了修辞技巧在影响政治生活方面起到的重要作用。

(2)亚里士多德修辞观的劝说模式

亚里士多德认为取得最好的劝说效果是修辞学研究的目的。演讲的目的就是说服听众,使听众同意演讲者的观点和态度,或至少使听众的原有立场松动,不反感,进而倾向于演说者的观点,如促使听众因为与演讲者有了一致的立场而有所行动就达到了劝说最好的效果。亚里士多德提出了演讲的三大要素:人品诉求、情感诉求和理性诉求。

人品诉求是指要求演讲者或作者具有较高的道德品质和人格人望,这里之所以要求有较高的道德品质和人格人望,是因为听众或读者觉得这些是他们可仰望、可信赖的高尚品格,亚里士多德称人品诉求是"最有效的劝说手法"。情感诉求是指通过对听众或读者心理的了解来诉诸情感,指演讲者在发表演讲的过程中注重引导,演讲时往往隐晦地向听众或读者施加影响,持续灌输带强烈情感的观点,引发其同情并进而促使他们采取行动。理性诉求是指言语本身所具有的事实或推理证明,所以理性推论和言语逻辑都属于理性诉求的研究范围。理性诉求包含三部分,分别是"修辞三段论""例证法"和"准则"。三段论的前提是属于人类行动范围内或然的事,然后根据这种前提得出或证明的修辞式推论。三段论逻辑推理方式的优点在于通过听众或读者头脑中普遍认可的事物,诱导他们不假思索地沉浸到演讲者的逻辑中无法自拔,一时间完全无条件地完全同意演讲者的观点,否则就觉得是与常理相悖的。例证法是一种归纳推理法,由个别推导出一般原则。例证法的优点在于用例子来证明观点的正确,尤其是有无可辩驳的多数例子时,因为人们总是相信自己亲眼看见的事实,相信实际的经验。修辞三段论的前提通常是准则,指普遍法则,这种普遍法则为所有人都接受和认可。以上三种诉求灵活结合使用,能起到"说服"的最佳效果,即达成修辞的目的。

(3) 亚里士多德修辞观的受众分析技巧

亚里士多德认为演讲者或作者为达到说服的效果,往往诉诸听众的内心情感,在这个过程中如果演讲者或作者自己有比较好的口碑,被认为是品格高尚的人,是大众认可的好人,就比较能使受众的心理不设防,倾向于接受演讲者要表达的观点。同时具体言语技巧的使用也很重要,所以要掌握受众的心理,针对性地采取不同的劝说方式,才能达到理想的劝说效果。演讲建立的前提和观念要符合受众的普遍观念和基本知识体系,受众才能接纳,这就要求演讲者或读者充分了解不同层次受众对演讲主旨的情感倾向和主观态度;所以要基于受众的内心情感来选择适当的证据、实例及陈述方式,要迎合受众的情感和观点,善于把握时机。通过对特定群体受众的心理分析,并在演讲过程中把可能打动听众的演说技巧考虑进去,有助于演讲者正确决定要使用哪种心理诉诸技巧,从而把握受众的内心情感和态度,得到最佳的演讲效果。

3.1.2 以肯尼斯·伯克为代表的新修辞观

(一) 新修辞观产生的历史背景

修辞活动是世界各国的语言所具有的共性,各国学者对修辞活动的研究从未中断过,从古希腊、古罗马的古典修辞学到现当代的西方新修辞学(новая риторика)的发展经历了一个漫长的发展过程,修辞活动的发展演变与当时的社会、政治、经济、文化等方面都是密不可分的。如要全面理解西方新修辞学的发展嬗变的内涵和实质,尤需要了解西方新修辞学发展的历史背景。

20世纪后半叶兴起的后现代主义排斥一切形而上学的理论体系,排斥真理的绝对性和概括性;后现代主义认为真理也是主观的,现实其实是由主体构建的;后现代主义认为,对一个给定的文本、表征和符号有无限解释的可能性。新修辞学是在后现代主义思潮盛极一时的大背景下产生的,同时期,各种新兴的修辞观层出不穷,是英语修辞学的复兴与兴旺的阶段。新修辞学认为语言不仅引发行为,而且构建现实,创造真理。因此对于修辞的研究范围后现代主义认为局限于言内语言的行为显然太狭隘了,而超语言符号也是话语的表现形式。这种观点将修辞研究推广到了新的高度,它认为修辞是人类的一切活动的总和,修辞是人类活动的规则与规律,人一旦进入社会,其实就进入了修辞状态。修辞也是政治行为,所有认为是理性的话语都是权力的产物,体现了权力关系。

20世纪的修辞观有了多样化的发展,归纳起来主要有以下几种:

论辩修辞观的代表人物之一美国布洛克·里德认为,论辩是人们用于考察修辞行为概念化的透镜,具有开放性。正所谓理越辩越清,论辩的过程也是大脑整理思绪的过程,通过论辩的磨合,事实依据被寻找出来,逻辑得到体现,观点由模糊变为清晰从而确定下来。

认知修辞观的代表人物之一美国修辞学家罗伯特·斯科特认为,修辞是知晓事物的手段,是认知事物的手段,相对而言传统修辞观认为修辞是了解真理的人向不知道的人交流真理的手段。认知修辞观是通过修辞去认知并发现真理,而传统修辞观则是通过修辞去传递和交流真理。

叙述修辞观的代表人物之一美国修辞学家沃特·菲希尔认为叙事是比较好的修辞方式,因为人们在讲故事的过程中会不自觉地整理线索逻辑,这样才能合情合理地叙事,让听众听懂并认可。

表演修辞观的"表演"并非指舞台表演,而是指人类完善自己活动的过程。表演修辞观的代表人物之一美国德怀特·康奎古德把表演的概念作为修辞学探索的方式,是因为人在表演的过程中会追求完美以取得观众的认可,这也是人类社会进化完善的方式。

想象主题修辞观是由美国欧内斯特·博尔曼提出的,他的"符号趋同论"认为,符号创造现实,符号是给事物贴上言语的标签,使我们看到事物或思想;个体的符号意义可以趋向一致,构建一种参与者都可以"分享"的现实。

视觉修辞方面的研究主要源于法国文学理论家和评论家罗兰·巴特,视觉修辞认为修辞只研究言语是不足的,应该将言外行动也包括进来。视觉修辞是"一种以语言、图像以及音像综合符号为媒介,以取得最佳视觉效果为目的的人类传播行为"(陈汝东,2005:47),它拓宽了修辞研究领域,使修辞研究触及艺术史、语言学、符号学、文化研究、商业和技术传播等领域。这些新兴修辞观念超越了以研究修辞手段、修辞技巧为代表的狭义研究,将修辞研究提高到研究审美与认知的互动层面,突出修辞在构建语言、知识、思维等广阔领域的重要功能。

(二)肯尼斯·伯克的新修辞观

肯尼斯·伯克对美国20世纪新修辞学思想影响深远,是新修辞学的开创者与奠基人。肯尼斯·伯克将修辞定义为"人使用话语形成态度或导致他人采取行动"(Burke,1969:41),认为修辞研究是"使用语言这种符号手段诱使那些本能地对符号做出反应的动物进行合作"(Burke,1969:43)。新修辞学除了关心口语与书面语,还包括其他领域与非语言因素。伯克的修辞观的核心内涵是"同一"理论。伯克认为,通过同一可以诱导他人改变自己的态度,并导致他人采取行动,有三种方式可以用来实现同一,即"同情同一""对立同一"和"误同"。伯克同一理论中的"同一"指的是通过同一实现的三种方式使得发话者与其对象在理念、观感、情绪和价值等方面达到相同的立场,或树立一个共同的对立面,或对特定语境产生不精确的同一,来诱导对方改变自己的态度,让对方采取进一步的行动。伯克将修辞的定义和传统修辞学相比,有共通之处,即认为修辞行为的最终目的并不是高效地传递信息本身。在古希腊修辞学的价值就不仅在于准确地表达观点,而是在公共演讲中进行劝说,使观众达成一致。劝说的符号行为是伯克修辞学的研究对象,劝说的整个过程包括形成观点或倾向,加强已形成的观点或倾向和转变观点或倾向。基于古典修辞学中关于"说服"的理论精髓,伯克创立了"同一"这个概念,"同一"概念的意义在于它极大地拓宽了修辞学的定义和研究范畴。对同一的追求普遍地存在于人类社会交往中,因为人既是独立的个体,也组合成群体以求在社会中生存。

伯克的观点使新修辞学不仅关注传统修辞学研究的言语行为,也关注言语行为之外的广大领域,几乎无所不包。这些言外研究对象,如艺术、建筑,和语言一样也是一种符号象征,凡是符号象征就含有劝说的意义。人类在日常生活中可以采取言语的方式进行劝说,追求同一的效果,同时也可以用其他语言外的方式去追求同一的效果。伯克的修辞学定义十分宽泛,表达了修辞无所不在的观念。

(1)肯尼斯·伯克的新修辞思想的发展

肯尼斯·伯克出生于 1897 年,他的家乡是美国宾夕法尼亚州的匹兹堡。他从小酷爱文学,并具有反叛精神。因对大学课程失望,伯克从哥伦比亚大学退学后一直专心自学,从事研究与写作,过着清贫、艰苦的生活。伯克早期写过诗歌和小说,1931 年出版第一部批评专著《反论》,主要探讨美学及政治学方面的同一与分歧的特征。1935 年出版《永恒与变化》,书中将对诗歌的批评方法延伸到对人类普遍关系的研究中。1937 年伯克在纽约的社会研究新校教授文学批评,开始了他的教学生涯,并出版了《对历史的态度》,探讨文学象征行为。其后又在数所学院及大学任教。1941 年《文学形式的哲学》收集了他一系列文学批评的评论,主要对符号行为的本质进行探讨。1945 年的《动机语法》论述了他著名的戏剧主义理论和五位一体方法,其理论和分析方法的目的是发现动机。1950 年的《动机修辞学》是《动机语法》的延续,他阐释了同一理论,并提出了同一的三种形式。伯克后期的主要专著是 1961 年出版的《宗教修辞》和 1966 年出版的《作为象征行动的语言》。《宗教修辞》探讨了宗教词汇和术语,《作为象征行动的语言》是他最后一部批评性论著,他力图用象征主义行动分析文学作品。在这本书里,伯克对人下了定义:"人是使用、创造和误用象征的动物;否定的发明者;通过自己设计的工具与自然相隔离;受等级精神的驱使;在追求完美的过程中消亡"。(Burke,1966:16)1966 年伯克被本宁顿学院授予荣誉博士学位。

（2）肯尼斯·伯克的戏剧主义修辞思想

- **戏剧主义的理论**

戏剧主义的理论基于伯克将语言视为一种象征行为的哲学观，他认为人类是运用象征的修辞动物，通过类比戏剧舞台的分析，我们可以得到人对周边环境的态度和观感、对人际交往与社会等级关系的理解，戏剧主义是真正意义上的修辞哲学。

置身于戏剧这个大舞台，人扮演着形形色色的角色，人在社会等级中占据不同的地位，就像角色在剧本中的定位，无论出于欲望还是精神追求，人性总是试图突破自己的角色定位，形成戏剧冲突，是一种动态关系，无休无止，达到平衡后又重新开始超越，不断追求完善，却又不能至善至美。伯克戏剧主义修辞的重点是"同一"，伯克的"同一"包含了无意识的动机和有意识的动机，与有目的性的"劝说"是不同的。"同一"的前提是"分裂"，有了分歧，同一才有价值，才体现对和谐的追求。

人类认知客观世界需要通过语言手段，即命名或定义的方法，一种象征行为，进而使用术语构建起一个概念世界，貌似客观的术语实际是具有选择性的，这个概念世界无法绝对客观地反映现实世界。因此伯克认为只有对术语进行批判性分析，才能客观观察现实世界，揭示人类行为的社会动机。人的本质是"使用、误用和制造象征的动物"。（Burke，1966：16）

- **戏剧主义修辞的定义**

戏剧，指以语言、动作、舞蹈、音乐、木偶等形式达到叙事目的的舞台表演艺术的总称。戏剧是由演员扮演角色在舞台上当众表演故事的一种综合艺术。虽然演员的数量有限，舞台的空间有限，但戏剧对现实的表现力是无限的，因此戏剧具有象征主义的典型特征。

对伯克来说，话语即戏剧，言语即表演。戏剧表演的目的是取悦观众，感染观众，与观众达成共鸣。为达到所追求的舞台效果，戏剧通过演员、台词、动作、道具、音效等的组合构成一个模拟的世界、微型的现实。而人们的生产生活活动可以类比为戏剧舞台上演员的表演，在这里舞台就是人类社会，演员就是人类全体。在社会这个舞台上，如同演员在舞台上变样，虽然语言不同，剧目一样精彩纷呈。在表演的过程中，人的思维、倾向形象生动地表现了出来。

语言是非常重要的沟通工具，它既是人类相互之间用来进行社会交往的工具，也是人类自身用来思索的工具，更重要的是人类的思想创造也需要语言来作为桥梁。人类所有的活动都离不开语言的参与，戏剧就是一种语言的艺术，艺术其实就是人类社会活动的反映，是社会生活的微缩景观。

伯克戏剧主义的定义是"一种分析方法及与之对应的术语批评，意图表明研究人类关系和动机最直接的方式是系统地探究术语链接或语簇及其功能"。（Burke，1984：341）这个定义可以从两方面去解释：一方面，戏剧主义是一种可操作的分析方法，用于研究人的社会行为;另一方面,戏剧主义也是对术语的批评性分析,通过戏剧五要素及关系比可以揭示人类行为、关系与动机,是描述人类关系和行为动机最有效的理论和方法。

- **戏剧五位一体理论**

伯克通过戏剧分析来研究人类行为、关系与动机,原因是戏剧能揭示出人类行为的动机。他重点研究"行为"(action),指任何有意识的或有目的的行为。伯克认为"运动"(motion)是动物性的,其动机属于人的生物属性的、非象征性的,如吃饭、睡觉等,不属于行为的范畴。而人类对动物性运动的超越,即在精神层面使用符号及建立符号体系,就属于行为的范畴,是象征性的,例如:我们用建筑材料建造一座法院的物质条件属于运动的范畴,而我们将这座法院设计建造得雄伟庄严,符合中国传统文化的审美观属于行为的范畴。行为的产生需要有目标或倾向性,即动机,要有选择象征性符号的过程,在做出选择的同时执行人清楚选择的后果。

伯克的戏剧主义分析方法的核心是戏剧主义五要素,被称为五位一体(pentad),五个要素分别为"行为"(act)、"执行者"(agent)、"方法"(agency)、"场景"(scene)、"目的"(purpose)。

"行为"指任何有目的、有意识的行动;"执行者"指执行某一行为的单个人或集体;"方法"指展开某一行为的方式方法;"场景"指某一行为发生的背景或地点;"目的"指采取某一行为的目的。五个要素可以以不同方式组合,形成十对"关系比"(ratio):行为—执行者、行为—方法、行为—场景、行为—目的、执行者—方法、执行者—场景、执行者—目的、方法—场景、方法—目的、场景—目的,以上每一对关系比反过来就可以形成另十对关系比。

"关系比"被伯克用来描述五种成分之间的共存关系,体现了执行者的选择,揭示执行者的动机。五位一体分析法因其全面、可操作等特点已经成为一种广泛应用的修辞分析模式。每一关系比代表不同的观察视角与重心,例如行为—执行者关系比,用真诚的态度与语气道歉能引起听众对执行者的好感并可能原谅执行者之前的过失,反过来执行者—行为关系比,执行者的角色定位对其行为会有相应的制约,客服人员说话要亲切有耐心、律师在法庭上发言要严肃有条理;又如场景—目的关系比,肃穆的葬礼可以表达对逝者的追思、热闹的婚礼可以表达对新人的祝愿,反过来目的—场景,重大的决定可以通过庄严的大会来宣布,避免公开的事选择在封闭的空间私下交谈。

修辞无所不在,冲突得以代偿,情节得以润色,戏剧主义旨在把握人类现实活动的本质和动机,是理论和方法的统一。伯克的戏剧主义修辞视角通过"五位一体"和"动机语法"分析言语行为的社会性动机。这里的社会性动机是指人类在社会序列的阶梯中向上攀爬的需求和动力。伯克认为社会序列不是固定不变的,它总是随着社会的变迁带来的价值观变化而变化,人类在社会舞台上总是通过语言符号行为维持和保护自己在社会序列中原有的地位,或更进一步提高自己在社会序列中的地位,这就是修辞行为的动机或目的。

(3) 肯尼斯·伯克新修辞学中的"同一"理论

● "同一"修辞观

"同一"(identification/идентификация)的概念是伯克新修辞观的核心理念,"当我们与他人享有某些共同特质时,我们就取得了他人的同一"(鞠玉梅,2005:73)。通过同一来诱导态度的改变,导致他人采取行动是伯克新修辞学思想的核心。伯克的"同一"并不是对亚里士多德"说服"的替代,而是扩展与补充。说服或规劝更多的是具有工具意义,而同一或认同有哲学和认知意义。同一部分是无意识的行为,部分是有意识的行为,而劝说是有意识的行为。劝说面对的是听众,同一的对象有可能是自己。

实质(substance)是同一建立的基石。实质指构成个体的所有要素和特征的总和,既包括物质特征也包括精神特征。当两个个体通过修辞行为的作用使某些特征相联系、趋向一致时这两个个体就被称为"同体",他们取得了同一。同一也基于"分裂"(segregation),即先有不同,有分歧,然后通过各种统一实现方式的作用,使双方的分歧被弱化,最终消弭,"同一"就达成了。同一即双方消除分歧达成一致的过程,是一个双方心理、行动相向而行的过程。在这个意义上修辞者与听众双方是协作的双方,在双方有分歧的情况下,通过认同的方式逐渐使听众的立场发生转变,达到修辞者与听众立场的同一。任何修辞活动对终极目标都是传递信息,交流情感,形成态度,诱发行动。

● "同一"的三种方式

伯克提出了取得认同的三种方式,即"同情同一"(identification by sympathy)、"对立同一"(identification by antithesis)与"误同"(identification by inaccuracy)。

同情同一指人们在思想、情感、观念、价值等方面相一致或相似。例如:宣传号召大家减少使用一次性餐具时,通过图片展示可以节省的木材数据,震撼感动听众。因为听众在价值观上一般都会赞成比较环保的做法,讨厌浪费,这样通过与听众达到理念上的一致,来敦促听众不要怕麻烦,尽量不使用一次性餐具。再举一个例子,你在竞选某职位时,说自己也在同样基层岗位上待过不少时间,深知这份工作的辛劳,这样竞选人在一个基础立足点上与听众拉近了距离,即双方都深切体会到基层岗位的辛苦。拉近的距离会产生亲切感,帮助竞选人取得选举的胜利。综上所述,所谓同情同一指的是发话者主动拉近自己与受话者的情感距离,双方因为产生共同的立场而达到了同一,这与亚里士多德的修辞学规劝意义相似但更进一步。同情认同在实际应用中会得到很好的效果,想象一下客服人员处理投诉时把自己放在顾客的立场上表示理解,教师在训导学生的时候提一下自己当学生时的想法,等等,这非常有助于立场相差比较大甚至对立的双方拉近距离,达成一致,这样修辞行为的目的就达到了。

对立同一指双方通过树立一个共同的对立面而使发话者与受话者达成同一。这个共同的对立面即大家共同的敌人或是大家共同反对的人、事物或观点等。基于大家具有某个同样的对立面而联合起来,即两者能够达成同一的原因是基于双方共有一个敌人。例如:中国抗日战争时期,在民族存亡的危急关头,国共双方捐弃前嫌形成了统一战线,共同合作反击共同的敌人日本侵略者,达成了同一。因此双方共同的敌人促使双方有共同反对的目标,共同的目标使双方结成同盟。在人类社会中这种情况非常普遍,人总会赞成什么,反对什么,引发基于共同对立面的联合是对立同一的核心,是非常有效的认同策略。

误同是指对特定语境不假思考的、不精确的同一,误同很普遍,却最不被人意识到。在现实生活中误同无处不在,例如:买奢侈品的人误将自己与广告中高贵的人物形象、高雅的环境设置、成功的事业形象等同起来,觉得这些物品就是这些品质的象征,从而做出购买的行为。伯克的误同概念有创新意义,事实上是利用了人的认知误区,它提醒人们要时刻审察自己的认知,不轻易被操纵。

(三)肯尼斯·伯克的新修辞学在新闻话语分析中的应用

新闻是一种文化采集和评价信息系统,因此新闻话语看上去既客观又公正,读者有着盲目信任的心态;然而新闻从内容到字眼到行文恰恰是选择性最大的文本,是最具有倾向性的。掌握了媒体,即拥有了霸权。以戏剧五位一体分析新闻话语的构建动机,能够凸显替代性新闻话语是如何产生的,即主流新闻媒体掌控话语权,大范围排除、屏蔽替代性视角和另类新闻话语,而关系比给我们提供了一种全新的视角,使我们从更为本质的视角看待和纠正被主流媒体诠释为偏见的文本。伯克的戏剧五位一体分析对话语主体动机的解构,使研究者有了一种理性的批判主义分析途径。

一切事物都在进入语言后才能被理解,人以修辞的方式进入对世界的表达,也以修辞的方式进行审美化的理解,当人把世界的结构修辞化后,世界就变成了人的世界。修辞由两部分组成:修和辞。修指修饰与修适,强调方法,适宜对方心理的美感,强调目的,感染对方,实现同一;辞指语辞和言辞,语辞是语言手段的调配,言辞是言语布局的组合。

3.1.3　同一理论在报纸标题研究中的应用

伯克认为修辞是指人通过使用话语的形式,进而使他人形成态度或采取期望的行动。修辞的最终指向是让人们能够在交际和交流中消除分歧,协调相互之间的社会关系,达到相互的理解和认同。取得认同的途径就是同一,同一的双方可以是说话者与听话者、作者与读者等各个主体。伯克提出了三种类型的同一,即同情同一、对立同一和误同,同情同一是指交际双方具有相似或一致的思想、理念、情感和评价等,对立同一是指交际双方具有共同的对立面,而误同是指听话者对说话者所说内容没有准确把握而形成的同一。这三种同一都表达了作者在话语中传递的情感、思想、理念和评价,而且这些情感、思想、理念和评价希望得到读者的认同,并与读者共享。不论作者传递的是与读者相似或一致的情感、思想、理念、评价,还是找到与读者共同的对立面,以及让读者错误地认同自己,都是作者或说话者自己主观情态的表达。可以看出,同一理论的目的是交际双方取得认同,认同是最终的结果,而同一是取得认同的过程和手段,而同一过程中起重要作用的是作者对报道内容的态度,即作者的情态性,因为作者的情感和评价最能打动和感染读者,获得读者的认同。

罗素(Рассел)(1997)认为语言有两种功能:一种是指出客观事实,另一种是表达说话者的状态。瑞士学者巴利认为,情态性是句子的灵魂,它是在说话主体的积极行动中产生的,如果在表述中没有发现某种情态性的表达,就不能赋予表述以句子意义。"说话者给自己的思想或者赋予客观的、理性的最大限度的与现实相应的情态性,或者经常把情感成分以各种不同的剂量加入表达中;有时后者表现了说话者纯个人动机,而有时在社会条件的影响下发生变形,意思是取决于某些其他人(一个或几个)真实或假想的存在"。(Балли,2001:27)

现代俄罗斯标题的情态性是报纸标题非常重要的特性,报纸标题作为报纸语篇的第一符号,它是读者对报纸语篇内容和思想理念最早解码的成分。作者通过标题与读者进行思想和情感上的交流获得某种同一,最终达到认同,产生共鸣。俗话说文章不是无情物,而作为其眼睛的标题更应该传递作者的情感、态度,否则就显得索然无味,令人兴趣全无。作者在标题制作过程中要反复推敲、认真思考。报纸标题的创作过程就是一种语言手段选择的过程,作者的选择是有意识、有目的、有针对性的选择。每个报道者(记者)的生活经验各不相同,具有不同的履历和对世界的认知,报纸标题都是在各种不确定的情境和条件下进行选择的结果。因此,报纸标题都是主观的选择,具有作者的主观情态,是作者与读者达到认同的重要手段。

因此,在报纸标题中作者的情感、态度、评价将得到显性或隐性的体现。读者在阅读报纸时,除了解社会生活中所发生的事件,同时也在找寻志同道合或与自己观点相悖的评价和态度进行思想的交流与碰撞,从而产生共鸣。如:

Богатым дядям не до бедных детей (АиФ 24.05.2006)(例1)

Звезды как дети (МК 6.12.2008)(例2)

Коалиция против санкций (Известия 28.05.2018)(例3)

例1中"富叔叔顾不上穷孩子",一富一穷一大一小把作者的情感鲜明地表达出来。在这个例句中单独的富、穷、大、小并不具有鲜明的表情色彩,而经过作者的组合,生动形象地表达了作者的思想和理念。这个例句中作者采用了同情同一的手段,作者的情感和评价可能与读者群的认知是相似或一致的,让读者联想到社会的贫富差距等社会问题。因此,作者与读者可以取得同一,并达到认同。

例2中"巨星像小孩",作者也采用了同情同一的方式,作者通过把巨星比喻为小孩来表达自己的主观看法。例3中"联合反对制裁",作者采用了对立同一,作者向读者提供了一个对立面,即制裁,激发读者与自己一道来反对制裁,表达了作者鲜明的态度。有时对立同一更加能够让作者与读者取得认同。

报纸标题的作者与读者的同一和认同,只是作者希望与读者就某一方面取得同一,因此要有选择性地进行思想和情感的表达。报纸标题的作者的思想和情感只是反映了其本人对现实某个方面的某种告知,期望与读者进行对话、沟通,获得认同。

报纸标题系统与简单标题不同,它是由多种要素组成的。报纸标题系统的信息性要远远强于标题。报纸标题系统在语篇中具有独特的地位和作用,一方面,标题系统是语篇的成分,与语篇共同构成一个整体;另一方面,它具有形式上的独立性和语义上的自足性,可以看作小型语篇。报纸标题系统的创作具有天生的主观情态性,它的各种要素是记者或记者集体的创作,主标题的创作很多时候并不是命题作文,而是在完成语篇后深思熟虑的结果,主标题也有可能不是语篇作者完成的,可能是语篇作者在语篇完成后交由主编来选定标题的,这时标题系统中不仅包含了语篇作者的情感和评价,还可能存在其他作者的思想和理念。

标题系统的作者通过标题系统可以向读者报道事实、传递其情感和评价、表达自己的思想和理念,这样可以拉近作者与读者间的心理距离,使读者能够更加顺畅地认同作者的思想和理念。标题系统与标题相比,结构更复杂,信息量更大,所表达的内容和思想远远多于标题。因此,作者能够更好地通过标题系统与读者取得某些方面的同一,获得读者的认同。标题系统往往可以通过以下手段实现作者与读者的同一和认同。

1)语调手段

报纸标题系统的各组成要素根据交际目的不同,可以分为陈述句、疑问句、感叹句。作者在创作报纸标题系统时,通过标题系统中语句的各种语调与读者进行对话,表达作者自身对报道内容的情感和态度;同时,读者在阅读报纸标题系统时,也以各种语调与作者交换双方的情感,尤其在问答结构中体现得更为明显。

2)词汇手段

词汇手段能够最直接地表达报纸标题系统的情态意义,主要表现在具有评价意义的词汇上。现代俄罗斯报纸标题中经常使用词汇的转义而不是直义,于是,许多没有评价色彩的词汇也具有了评价意义和感情色彩。

3)语法手段

语法手段在体现标题系统主观情态性方面拥有许多资源,语法手段包含词法手段和句法手段。词法手段主要表现在构词和词形组合方面,现代俄罗斯报纸语言在规范性和表现力之间倾向于语言的表现力,尤其体现在报纸政论文中。

句法手段体现在各种句法结构类型上,成语性结构、分割结构、省略结构等,都能鲜明表达作者的情感和态度。

4)修辞手段

俄语的修辞手段最常见的就是修辞格,如隐喻、借代、夸张、双关等,都具有很强的表现力,可以鲜明地表达说话人的情感和评价。

5)意义场

报纸标题系统的意义场指通过标题系统各组成部分的语义累加形成了新的意义场,它代表了作者对所述内容的态度、意见。作者与读者的对话,实际上就是意义场的相遇,力求得到读者的认同,产生共鸣。

(栏目题)Личные деньги

(主标题)Снизятся ли цены до конца года

(副标题)Инфляция в стране опустилась до нуля. Надолго ли?

(插入题)У каждого своя инфляция

(插入题)Сезонный фактор

(插入题)Дефляции не будет?

(插入题)Депозиты—открывать, кредиты—не брать

(КП 4.08.2005)

上述标题系统是《共青团真理报》中关于老百姓钱袋子的话题。在标题系统中,作者使用形式凸显的主标题"年底价格是否会下降"与读者开展对话,进行心灵上的交流。这个话题也是大众感兴趣的话题,但是金融问题也是比较晦涩难懂的。作者在主标题中使用了语气词ли,是在向读者提问,引起读者的注意,同时选择"下降"一词,而不是"上涨"一词来表达作者的想法,是一种有针对性的选择,它可以拉近作者与读者之间心理的距离。通过副标题"国内通胀降到了零,是否会长时间保持?"对主标题进行了解释,说明物价已经有了一定的涨幅,通胀没有继续上涨。作者的观点通过主标题和副标题的表达,得到了读者的认可。插入题分别是"每个人有自己的通胀""季节性因素""紧缩不会发生?""要存款不要贷款",作者通过连续四个插入题,非常鲜明地表明了自己的立场和观点,即物价将会下降,有可能出现紧缩,并告诉读者,现在不适合贷款。虽然此文的篇幅很大,但通过标题系统,作者一步一步地让读者认同自己的观点,并使读者根据作者的思想和理念,做出合理选择。作者在词汇、句法结构、意义场的针对性上做出了很好的选择,在标题系统中通过提出问题,解决和回答问题,再提出问题,回答并给出建议,最终让交际双方在思想上得到了认同。

3.2 巴赫金的对话理论

自从有了人类,就有了对话。从古希腊起,在哲学领域就存在着对话的思想,对话的思想体现在当时社会的演讲术和论辩机制中,演讲就是讲演者与听众的一种对话形式,古罗马时期将演讲和论辩发展到了繁荣和鼎盛阶段。柏拉图认为论辩的说服力需要真实可靠的论据做支撑,只能通过理性逻辑和科学论证实现,亚里士多德提出了论辩的三要素。他们的贡献首先体现在对言语构建的方式和论据分析方法或结论的研究上,以及言语语体和华丽的完善上面。

对话思想与理论在 20 世纪 20—30 年代得到显著的发展,对话性理论在谢尔巴、雅库宾斯基、巴赫金、博利瓦诺夫和其他著名学者的著作中都进行了论述。这些著作强调对话对于独白的第一性,对话作为一种言语形式,完全实现了语言的交际功能。这一时期他们把对话的概念与实现语言的交际功能以及语言的社会本质联系在一起。谢尔巴(Щерба)(2004)认为,没有听者或读者不可能出现交际。雅库宾斯基认为,"言语活动具有双方性,人们的一切互动本质上就是相互作用,而相互作用的实质是避免单方性,希望成为双方的、对话的、避免独白"(Дускаева,2012:13)。博利瓦诺夫(Поливанов)(1928)认为,语言活动的目的是集体成员间的交际。可以看出,这一时期,对对话的理解有两种最重要的思想:第一种认为对话是相对于独白而言的;第二种认为,对话是一种完全实现语言的交际功能的言语形式。

巴赫金在语言功能领域的研究方面提出了言语活动的双面性和对话关系的普遍性思想。巴赫金认为,社会对话的实质是对话这种言语交流形式的主要特点,表述的对话关系是对话中意义场的更替,在对话中两种意义场相遇,它们之间就产生了对话关系。巴赫金进而深入不同意义场之间相互作用的内在对话,但并不是双方言语中的不同主体,而是同一个主体,即我与第二个我的对话,在同意和反对声音中存在着第二个人,维持着对话和交流。关于书面语篇中对话性的本质问题受到了学者们的关注,而对书面语篇内在对话性的本质有两种观点:第一种观点认为,独白语篇的对话特点可以称为独白的应答性、对话化,即内在独白的对话化,是特殊修辞方式的综合;第二种观点认为,书面语篇的对话性是语篇的基本属性,而不是修辞方式,书面语篇的对话性特点是对社会交际属性的语篇发现。

20 世纪 50—60 年代,在学者们的研究成果中主要把口语和戏剧对话性言语作为研究素材,只是把对话看作说话者之间表述和应答交流的一种言语形式。但他们在对话研究中同时也强调,独白和对话的定义标准有时是趋同的,相互并不排斥,即独白也是一种对话,它不仅可以是对外的应答式回应,也可以是与内心的交际与对话,是一种内心交际活动对言语的反映。

20 世纪 70—80 年代,各国学者对语言的交际领域、言语交际的特点、作者与受话者的关系问题进行了深入的研究。巴赫金在 30 年代提出的对话和对话关系思想得到各国学者的关注。巴赫金认为,对话的社会本质是言语交流形式的主要特点,因为对话渗透于一切言语,话语的对话关系是意义场的变换,意义场表现为对现实的理解。对话中两种立场相逢,从而产生对话关系。接着巴赫金把对话和对话关系延伸到内在对话,在内在对话中不同的意义场相互作用,但不是不同的主体之间,而是在一个主体之间,在同意和反对声音中存在着第二个人维持着对话和交流。因此,语言交流原则上是对话的,而且它的对话性是语言在言语中存在的形式,对话性在言语形式的对话中体现得最为明显,对话性也存在于言语的其他形式的独白中。交流是交际认知活动过程中的一种互动,是对话,对话性不仅是对话的特性,而且也是独白的特性。人的存在就是对话的过程,人们的社会交往贯穿着对话关系和对话性。

当时学界对书面语篇中的对话性仍存在争议,因此在书面语篇中受话人因素的研究中,学者们主要分析研究了书面语言中口语对话的特点。书面语篇是面向受话者的,否认书面语篇的对话性而认为言语行为只存在单方性,从本质上看是只强调作者的积极性而忽略了第二交际方的重要作用,受话者会对说话者的言语结构产生影响,因此必须要承认语篇具有应答性的特点。交际的过程总是存在至少两个主体,并不是单方面的,对话性在很大程度上是一种应答性。巴赫金的对话性思想主要体现在他的一系列作品中,包括《陀思妥耶夫斯基诗学诸问题》《马克思主义和语言哲学》《生活话语与艺术话语》《长篇小说的话语》《长篇小说话语的发端》《论行为哲学》《言语体裁问题》《小说的时间形式和时空体形式》《长篇小说的话语》和《人文科学方法论》等。任何有效的交际都以对方对心理认同为终极目的,没有对方的认同及参与,就不是有效的对话。因此,为了实现交际的有效性,就必须在意识的作用下有针对性地使用语言手段。这种针对性也就是对话性,是和对方的接受心理、交际情境与题旨,以及接受人的各种社会属性的对话,也就是对上述情况的"应答性"。

3.2.1　对话理论的哲学基础

巴赫金的对话理论的哲学基础源于对人本质的思考,"如果说,过去主要是谈人的行为、存在、事件、在场、应分,现在则进一步转向了人的存在方式。在这里,人、人的存在、存在的方式,更深入一层提了出来,进而建立了一种对话性的相互依存方式"(巴赫金,1998:25)。巴赫金提出了"我"与"他人"的概念,"我"的存在是以"他人"的存在为前提的,"他人"的概念对于自我的认知非常重要,"人"把认识的主体变成了认识的客体,正是由于另一个人的存在;当"我"认识自我时,另一个人把"我"展现给了我,也正是"他人"的存在,才区分出了我和非我的存在。可以说,我的存在与他人相互依存,互为存在,脱离任何一方都无法确定自身的存在。因此我的存在不是孤立的,是以"他人"的存在作为前提。人的存在离不开与他人的对话,在与他人的对话中我才能发现自我,没有与他人的对话,人无法找到自我,人存在的最低条件那就是必须要有两种声音,因此人的存在方式是不断进行对话的过程。

3.2.2　对话理论的观点

在哲学层面,存在主义把关注的重点从社会视角转向了人的个性视角,进而把关注中心从主客体关系转到了主体之间的关系互动。在任何交际中都不是主客体之间进行的,而是两个主体之间进行的,只有认为对方也是主体,有能动性,尊重对方,并有针对性,交际才能有效。本·威尼斯特在论述人作为主体形成时指出,"正是在语言中并且借助于语言,人才能作为主体得以形成,因为只有语言能够赋予'自我'——'我的我'的概念——以特定固有的现实","只有在我称呼某个被我称为你(ты)的人时,我才能使用我(я)。当我成为某人言语中的你时,某人会相应地称呼自己为我"(阿鲁玖诺娃,2012:546)。就是在这种我与自我、我与他人的原主客体对位和对话中进行认识自我,形成双主体对话。在对话中,体现了语言的交际本质。语言是针对受话人的,话语存在于说话人与受话人两人之间,在对话中说话人同时也成了受话人。

巴赫金认为,研究语言要从社会学的观点出发,他特别强调人与人的交往,因为人与人的交往的物化表现就是符号,而话语就是最能表现符号特性的。实际上话语是交际双方互动的产物,在说话者与对话者的交际过程中形成了话语,话语是说话者和对话者之间的桥梁。(巴赫金,1998:427、428)因此,话语本身具有对话属性,它是说话人与自我意识的沟通,也是通过话语与对话者的交流,期待得到对话者的回应。

谢缅年科(Семененко)(1996)认为,对话性表述是说话人使用语言达到一定交际和实用目的的主要和更加自然的形式,对话关系是交际和实践活动的大多数领域合理相互作用的必要条件,只有在对话中才能相互理解,也只有对话才可以保证有一个足够的空间完全实现参与者的交际倡议。

巴赫金认为,对话关系是贯穿人类全部话语、所有关系和人类生活的表现,总之是具有意义和意思的一切的普遍现象。无法观察、分析并把别人的意识确定为对象和东西,与它们只可以进行对话、交流。从中可以看出任何交流都具有对话性,对话是我们文明的中心隐喻,文明的传播实际上是整个社会领域贯穿着对话关系:文化的对话、政治的对话、族际的对话、精神的对话。对话是个人、群体、国家之间关系展开和发展的必要条件,对话无处不在,人类全部的社会活动领域和人类的文明都充满着对话,人的存在本身也是一个对话的过程。

对话性作为一个术语,可以用于大量的客体,既有各种表现形式的外部言语,也有针对思考过程本身的内部言语。话语作为外部语言,它是具体的,可以是口头形式,也可以是书面形式,内容涉及交际活动的方方面面。巴赫金在《言语体裁问题》中指出,书面形式的话语具有指向性、意愿性、完结性、事件性、表现性、思想性、可评价性、针对性等特性。书面形式的话语既有作者,同时又有读者,读者可以是与作者进行对话的人,也可以是其他在任何领域工作的人,可以是具体的某个群体,也可以是不确定的群体。在任何话语中都包含了他人的话语以及对他人的应答,因为话语是与他人进行交际的产物,同时也是对其他对话者的应答,人类就是在连绵不断的话语中得以生存和发展的。巴赫金认为,"我生活在他人的话语世界,我自己的全部生活都是对他人话语的反应"。(巴赫金,1998:458)

对话性在很大程度上表现为应答性,书面语篇的应答性是由外部和内部的超语言原因引发的,任何语篇都是对已有话语的反应,也是对后续回答的刺激;书面语篇的对话性是作者的话语与"称述对象"和"他人话语"的相互作用。符号学框架下对互文本的研究从另一个侧面也证实了书面语篇的对话性,对话是篇际的相互作用,任何文本都可以被看作互文本;互文本的前文本不仅是在这之前的所有文本,还包括建立在之前文本上的共同代码和意义系统,在自己与他人文本之间形成互文空间;原文本通过对话性连接,使新文本参与到与前文本的论战中而获得新思想和新内容。因此,互文本不仅是扩张作者信息场的方法,还是与听众进行对话性联系的方式。

可以看出,人类社会的发展史就是一部对话史,充满了人与人之间的对话,任何话语和表述都渗透着他人的话语,人的成长可以说也是一个对话的过程。在一个人的成长过程中,始终伴随着他人的话语。"首先是母亲的话,然后这些'他人的话语'借助另外的'他人的话语'(以前听到的)通过对话式的加工变成'自己的他人的话语',而后再变成自己的话语,这种自己的话语已具有创新的性质。"(巴赫金,1998:433)

巴赫金认为,话语在称述自己的对象时,需要与他人的话语进行深入对话,通过紧张而积极的相互作用才能完成。任何话语都具有对话意向,我们所说的任何话语,包括科学话语、政论话语、日常话语、文艺话语等都需要考虑已有的话语、意见和道理;在称述自己对象的所有路径和方向上,自己的话语总会与他人的话语进行对话和碰撞。我们生活在他人的话语中,无论我们愿意与否,都在与他人话语进行着对话,我们的话语是话语中的话语,除非我们是最早出现在世界上的第一人,除我们之外没有他人,然而这又是不可能的,因此对话性是话语的自然属性。

超语言因素对于话语和对话性的理解有正面的促动作用,话语具有内在的对话性,与他人话语进行对话来称述对象时,同时也受到推测的答话对话语产生的作用。话语通过刺激回答,揣测回答,进而组织话语本身。话语不仅需要与他人话语进行对话,还需要与他人话语组成的杂语在听众心理,而不是对象本身所构成的统觉背景下进行进一步对话,以便对话者能很好地理解,因为听众的统觉背景孕育着各种各样的答语和反驳。在话语的对话性中,"回答作为一个积极因素,在这里起着主导作用,回答为理解提供土壤,关切地为理解做好准备,自由在回答中,理解才能达到成熟。理解和回答是辩证的统一,相互制约,不可分离"。(巴赫金,1998:60)话语内在的对话性还体现在话语的针对性上,话语要针对称述的对象和他人的话语,尤其要针对听众的统觉背景,要考虑听众独特的视野和新的世界,这些针对性给话语增添了一些全新的因素。说话者的话语要针对听话者的统觉背景,也就是他人话语,并在听话者的统觉背景基础上建立自己的话语。这是一个全新的对话过程。"因为这里发生了不同语境、不同观点、不同视野、不同情感色彩、不同社会'语言'的相互作用"。(巴赫金,1998:60)

巴赫金认为,对话的社会本质是言语交流形式的主要特点,因为对话渗透于一切言语,话语的对话关系是意义场的变换,意义场表现为对现实的理解。对话中两种立场相逢,从而产生对话关系。巴赫金把对话和对话关系延伸到内在对话,在内在对话中不同的意义场相互作用,但不是不同的主体之间,而是在一个主体之间,在同意和反对声音中存在着第二个人维持着对话和交流。因此,语言交流原则上是对话的,而且它的对话性是语言在言语中存在的形式,对话性在言语形式的对话中体现得最明显,对话性也存在于言语的其他形式独白中。交流是交际认知活动过程中的一种互动,是对话,对话性不仅是对话的特性,而且也是独白的特性。人的存在就是对话的过程,人们的社会交往贯穿着对话关系和对话性。

3.2.3 对话理论在报纸标题研究中的应用

当前,对话的概念在各个学科都普遍使用,除语言学,哲学、社会学、教育学、心理学、信息学领域都在研究对话性。在现代语言学研究中,针对对话还进行了不同层面的研究,如社会语言学、符号学、心理语言学、修辞学等层面。

科任娜认为,"在书面语篇中(包括非文学语篇)也存在着对话性,对对话性的研究不仅可以以日常生活中的口头言语为素材,还可以把各种功能语体的书面语言作为素材"(Кожина,1999:12)。巴赫金把语篇定义为"主体组织的完结的言语报道,固定在一定的符号系统中,目的是吸引读者进入与作者、其他语篇和上下文的对话中"(Бахтин:1986:485)。报纸语篇的标题是读者与作者进行对话的第一回合,报纸语篇成了双方的对话场所。报纸标题具有对话性,标题的对话性是指作者与读者的互动交流。

在信息社会中公众言语是社会大众交际的手段,书面语篇作为演讲者(作者)与听众(读者)之间的中介,事实上掩盖了语篇自身的创作者。语篇起到知识、美学和正确观点的载体作用,语篇所述内容并不是针对抽象的听众。巴赫金指出语篇是指向某些听众的:它可以是某个社会群体或不是、地位高或低(交谈者的社会地位)、与说话者具有某种非常紧密的社会联系或没有的人。可以说,要是我们与他事实上没有共同语言的话,就不可能有这个抽象的交谈者。书面语言即语篇把交际情景的平等参与者推到了对话的舞台,而报纸就成了现代社会最为积极地完成公众交际的地方。巴赫金指出，我生活在别人的话语世界，我的全部生命是理解这个世界，是对别人的话语的反应。

对话性是组织政论文的基础和原则，任何报纸语篇都贯穿着对话关系。而且，报纸语篇的对话性受到交际情境和交际双方的制约。交际双方，即说话者和听话者共同参与了报纸语篇创作的整个过程，即从报纸语篇的创作之前、创作过程中和语篇创作完毕后。报纸语篇具有一定的指向性，它面向读者，它是作者与读者进行对话的领地。作者在完成语篇创作时需要预测读者的心理，选择什么样的语篇内容和结构，如何表达自己的思想和情感，才能对读者产生影响；作者还需要与读者的统觉背景进行对话，考虑语篇的内容对于读者来说是否易于理解，作者在创作语篇的过程中在不断地倾听读者的回应。报纸标题作为作者与读者建立交际的第一符号，它是语篇内容的压缩和概括，浓缩着作者的思想、理念、情感和评价，它是作者与读者对话的第一领地。

报纸语篇的标题可以分为显性标题和隐性标题，主要区别是标题是否明显反映了作者的思想和意图。显性标题可以使读者与作者在最初的对话中就能对报纸的篇章内容形成自己的预期，隐性标题则需要读者与作者进一步对话，通过阅读语篇才能理解语篇的内容，以及作者的思想和理念。如：

《Жители многих стран хотели бы, чтобы Путин был их президентом》(Известия 28. 05. 2018)(例 1)

Кто станет 16-м патриархом? (MK 6. 12. 2008)(例 2)

例 1 中，作者通过"许多国家的居民希望普京当他们的总统"表达了自己的思想，普京是个好总统，直接把观点展现给读者，与读者进行对话。例 2 中，"谁会成为第 16 世主教"则并没有说出是谁，作者希望读者进一步去了解、探寻作者的思想和意图。

其中，互文性标题的使用很好地促进了作者与读者的对话，获得了不错的沟通效果。互文性指文本之间存在的千丝万缕的互文指涉关系，分正互文指涉、反互文指涉和跨文化互文指涉。互文指涉的意义在于给读者提供审美愉悦及悬念。带有互文性成分的标题总是把具有文化联想的上下文语义附加在标题的直接意义上，因此，完全的信息传递并被受话人接受，取决于受话人是否具备相应的文化背景。完全理解标题和整个篇章的意义整体上依赖于读者的统觉背景和文化知识，这些知识包含在数百年社会文化活动的产品中，从民间故事到电影、文学、歌曲等。众所周知的互文性内容的意义可以让作者在类似标题中构建稳定的评价性想象，对篇章中事件、现象或人物形成一定的态度。如：

Копи, пока молодой(КП 20. 11. 2003)(例 1)

Семь раз посмотри—один раз выбери(КП 3. 12. 2003)(例 2)

Поднять железный занаес(Известия 26.10.2005)(例 3)

例 1 中"趁年轻,攒钱吧"是讲俄罗斯养老金改革的事情,这句话出自 Газманов 的流行歌曲中的一句 Танцуй, пока молодой。例 2 中"看七次,选一次"是讲选举前观看电视辩论有帮助,这句来自成语 Семь раз отмерь—один раз отрежь。例 3 中,"升起铁幕"中的"铁幕"源于二战后英国首相丘吉尔演说中提出的,指国家或集团对自己实行铁木般的包围。

苏联时期报纸语篇中访谈体裁的文章不多,但深受读者喜欢,因为报纸作为国家的宣传机器,报纸语言严肃、庄重、程式性强,尤其体现在报纸语篇标题中广泛使用的一格称名结构,作者与读者的对话性不强;而现代俄罗斯报纸语篇中经常出现访谈体裁的文章,戈隆诺娃认为,访谈体裁类文章的普及与人们获得自由,学会倾吐心声有关,这个时代要求坦白的、真诚的对话。

报纸标题中的对话关系

在报纸语篇中,报纸的标题具有独特的地位和作用,一方面,它与所指语篇构成了一个统一的整体,另一方面,它相对于语篇具有形式上的独立性和语义上的自足性。报纸标题的对话性与任何报纸语篇一样,体现在多种对话关系中,这种对话关系也可以划分为内部对话关系和外部对话关系。报纸标题的各种对话关系并不是共时的,对话关系存在标题创作的不同阶段,是线性排列的。在报纸标题创作前,存在着四种对话关系,即作者(我)与他们(作者群体)的对话、作者(我)与读者群的对话、作者(我)与第三方的对话、作者(我)与作者(我)的对话。

(1) 作者(我)与他们(作者群体)的对话

语篇之间相互联系的过程是指篇际的对话,篇际的对话一方面表现在一个语篇对另一个语篇的应答中,或另一个语篇对一个语篇内容的补充上。"每一个语篇都是对其他语篇吸收和转换的结果,也就是说一个语篇是对以前语篇在内容和形式上的继承和发展"(胡曙中,1999:34)。任何话语都是他人话语中的话语,是与他人话语对话的结果。因此,作者(我)在创作标题前需要吸收和继承他人已经完成的言语产品,这时出现了第一种对话关系,即作者与他们的对话,他们指以前语篇的作者群体。

(2) 作者(我)与读者群的对话

作者在报道社会生活的事实、事件和现象时,出现了第二种对话关系,即与读者群的对话。读者是信息影响的主要对象,是标题发挥功能的起动装置。首先,读者影响标题的创作过程,因为创作的标题必须要满足读者的信息需求,作者在创作过程中以问题和称名的形式反映了这种需求,答复读者的问题和要求是消除读者对信息的不确定性。读者对创作标题的影响还表现在,作者为了对读者施加有效影响,事先考虑到读者的意见、评价、情感等多个方面来进行表述。因此,读者同样参与到了报纸标题创作的交际过程中。实际上,作者需要考虑读者的统觉背景,即读者的认知特征,与读者进行假设(意义场)互动,并形成对话中的表述。作者在创作标题时,为了进行有效的交际,还需考虑到来自假定读者可能具有的反抗心理,并与之进行互动,为了应对读者假设的反抗,在标题中作者可以考虑采用公开表达自己的立场和社会评价、提出证据、进行论辩等方式,使作者的表述更加有力。作者需要针对读者群的社会地位、年龄、受教育程度、收入等方面的因素·对所报道的现实做出某种选择,并在选择中进行推翻和肯定、同意和反对的活动。这个活动过程就是自我对话的过程,也就是第四种对话,即作者自我对话。

(3) 作者(我)与第三方的对话

作者为了证明自己的立场,给自己的言语赋予权威性和可信性,从而实现自己的目标和任务,往往引入第三方参与对话。第三方在标题中可以是某个具体的政治家、社会活动家、其他的大众媒体、政治流派、政党、社会群体、社会机构,因此出现了第三种对话关系,即作者与第三方的对话。作者在与作者群体、读者群体、第三方进行对话时,都在进行意义场的对比,作者的立场在与反对者的论战中得到捍卫。在与三种力量的对话中,自我对话一直在进行,即作者与自我的对话。在某些情况下,第三方可以是主管者或利益相关方理念的代表,他们对第三方的意义场进行评价、解释,因此,创作完毕的报纸标题表达了多种声音,具有对话的复调性。

(4) 作者(我)与作者(我)的对话

正如上面所说,在作者的三种对话过程中,始终贯穿着作者的自我对话,通过自我对话有机地把各种对话关系连接在一起,使思维和逻辑更加严密。

报纸标题的创作过程中与创作前相比,增加了一种对话关系,即作者与作者(报纸中的其他作者)的对话。作者在报纸标题的创作中,根据报道的事实、事件和现象的具体情况,以及各种对话主体的需求和变化,不断调整并继续着各种对话。同时,作者与报纸的其他作者也在进行着对话,这种对话可以是直接的,也可以是间接的,通过对话共同协调报道内容、体裁、风格等相关问题。

在报纸标题创作完毕后,面向读者群的标题呈现出三种对话关系,即读者与作者、读者(我)与读者(我)、读者(我)与他人(第三方)。大部分情况下,标题的创作是作者集体创作的产物,或者是编辑集体,或者是作者与编辑共同完成的。在读者阅读报纸标题时,通过阅读标题中展现的作者对所报道内容的态度,读者与作者发生了对话,读者或赞同或反对作者的观念,并做出读者自己的评价;在阅读的同时,也出现了读者和第三方的对话,读者通过阅读了解第三方的直接引语或间接引语等内容,探究他们的显性或隐性的思想理念,给出了自己的评价和认识。在读者与记者、读者与第三方的对话过程中,同样发生着读者的自我对话过程,读者在阅读过程中,不断通过自我对话调整自己的预期和判断,形成自己的思想。在任何时候,报纸的传统及其社会政治立场决定了报纸语篇的内容和言语形式。语篇的作者许多时候是面向读者需求的,报纸的社会语言学特性决定了作者与读者交流的语体风格。

可以看出,对话贯穿于报纸标题创作的全过程,在此期间,作者扮演了很重要的角色。现代大众传媒的记者具有多种角色,他是转播人,直接传递政治家的表述;是故事讲解者,在转述中间接传递了政治家的表述;是报幕员,介绍了政治家及其准备发言的主题;是采访者,请政治家发言,并通过表达自己的观点控制交际过程;是假的评论员,表达政治家的观点;是评论员,是政治话语的独立代表,首先表达自己的观点,以及援引和转述政治家的论断。可以看出,记者与第三方立场之间存在着不同的对话关系。报纸标题是面向受众的,对民意施加影响,以及产生积极的社会行为,因此首先必须要建立与读者的互动关系。

报纸标题对话化的属性

报纸标题的对话化表现了言语和思维的社会属性,多个交际方都参与了标题中的对话。从另一个角度看,标题中的对话化还表现在语篇内部的对话,即标题与语篇其他成分的对话。对话化的报纸标题具有交际性、针对性、应答性、互文性、复调性、整体性和连贯性,它们是标题对话化的组成部分。对话化具有以下属性:

(1)双向性

双向性证明了对话的主要参与者即作者和读者对话过程的可逆性。作者是报道的发送者,读者是报道的接受者,读者理解作者发送的报道,并对他做出反应,于是发生了双方的接触对话:标题本身及其各组成部分是作者的回答,真实读者的回答可以通过读者的思维活动、某种行为、论述、情感进行表达。标题反映了作者和读者活动的计划。应答性假定存在着读者及读者对已读的标题的反应,作者(我们)在标题中部分表达了读者的反应,作者在使用针对性信号时的活动计划也局部反映出了读者的反应,但是只有真实读者在读完标题时才能完全表达读者的反应。把应答性理解为读者的反应,这种应答性在读者理解标题时出现。理解的顺序是从标题的口头形式到理解标题的意义。不同的对话化手段是在标题中具有作者表述的意义中心,它们在传递报道的主要思想中起着重要作用。对话化手段在参与形成读者应答时,优化了读者理解报纸标题的过程。应答性包括读者理解标题的计划,应答性还表现了一个语篇与其他语篇和文化现象互动的能力。

(2)过程性

过程性决定了对话化的可变性、对话化的动态性,并强调了作为作者与读者之间对话交际过程的报纸标题的对话化本质。过程性作为报纸标题对话化的属性,受到标题所报道现象属性的制约。对话化的语言手段可以使语篇内与篇际层面的对话关系具有现实意义,在标题中使用对话化语言手段应该是交际过程的组成成分,借助于对话化语言手段,交际过程可以在标题中得到全面展现。

（3）多主体性

多主体性说明在对话化过程中存在几个言语主体。这种特性表现在，同一个对话化语言学手段既可以属于角色言语，也可以是标题作者的言语。这种情况下，作者正是表述的发出者，同时也是与读者进行交际和对话过程的参与者。作者的立场可以在他的解释和对读者的直接称呼中得到表达。

（4）多功能性

多功能性指标题的对话化可以同时完成几个功能。标题的对话化现象首先可以在作者和读者之间建立对话关系，这是对话化的主要功能。

关于实现对话化的方法研究表明，疑问句是实现对话化的最有力的语言手段之一。因为问题激起反驳、应答性反应、回答或刺激寻找类似的回答，问题是思维或行动的刺激物。

问题是任何对话的典型特征，其中包括内在对话，意思是自主交际。在报纸标题中问答式对话的这种对话化手段经常被使用。借助于问答式对话化手段，独白性的标题具有了一定的对话特征，因为问题本身就是对话的回答。问题是由报道的作者针对报道的读者提出的，在作者和读者的自主交际过程中，是由同一个人进行表述的。

根据巴赫金的对话作为意义场的相互作用的中心思想，并借鉴语言学交叉学科——社会学、创作心理学和哲学的成果，可以做出如下结论：对话化是报纸标题的本质特性，受到许多因素的制约，如标题作者的社会认知、思维和意识之间的对话性；政治意识形态的话语性；表达各种意识形态立场的大众传媒的结构；政论文交流的实质。报纸标题的基础特性同时受到了读者因素的极大影响，读者和他人成了作者的读者，他们决定了报纸标题的内容和修辞特点。

3.3 社会语言学相关观点

对社会语言学的研究最早可以追溯到 20 世纪初，这门学科是语言学的一个分支。社会语言学是一门与社会现实密切联系的语言学科，它的研究内容往往由于所处的国家的国情不同而有着自己的民族特征。语言内在的规律影响了语言的使用和发展，而社会因素则对语言的应用和发展过程有着深刻的影响；语言是社会的一面镜子，反映着社会现实。社会因素的变化决定了语言的社会分化和人们使用语言的特点。社会语言学涉及的问题众多，本节主要讨论两大方面问题：社会因素对语言手段使用的影响，即语言如何在社会中发挥其功能，以及社会因素对语言结构的影响，即语言手段的组成、结构及其相互关系。鉴于篇幅有限，主要讨论社会语言学的以下几个问题。

3.3.1 语言获得中的社会因素

社会语言学理论中还涉及一个重要的问题，就是语言获得中的社会因素。语言获得，顾名思义,就是掌握某种语言并能够按照语言规则恰当地构建话语的能力。阿普列相认为,语言获得包含三个层面的意思:能够用不同的语言手段表达特定的意义;能够理解话语的意义,并能区别同形异义和异形同义的表述;能够区别话语中语句的正确性。从中可以看出学者阿普列相所讲的语言获得是指说话人的纯粹语言能力。学者乔姆斯基通过极端的"语法主义"观点阐释了人的语言能力,而社会语言学家海姆斯认为,每段话语都可以从话语的语法性和可接受性来分析,语法性涉及语言能力,可接受性涉及语言在特定语境中的运用。俄罗斯学者克雷欣认为,语言获得包含四个层次:纯语言学层次、社会文化层次、联想层次和情境层次。纯语言学层次包含迁说能力和同义现象的理解能力,迁说能力是指说话人的同义表达能力;社会文化层次是由民族特点决定的语言使用能力,"对于语言获得的社会文化层次来说,重要的一个成分就是对词语的伴随意义的了解——这里指的是在特定的社会领域中已经被普遍接受了的标准的、词语联想意义"(克雷欣,2011:332);联想层次是指词汇的拓展、引申和关联能力;情境层次包含了上述三个层次的按照语境使用语言的能力。

语言获得是掌握某种语言并能够按照语言规则恰当地构建适合情境的话语能力,从中可以看出,语言的获得包含两个成分:一是掌握语言规范,二是按照语言规则恰当地构建话语,而话语的恰当性离不开说话人和听话人及其所处的语境。在言语交际中,话语双方的社会角色具有非常重要的作用。社会角色指的是"拥有特定社会地位的个人所期望的行为","社会地位指个人所拥有的社会位置"。(麦休尼斯,2009:168)地位界定的是个人与他人的关系,是指这个人是谁。角色界定的是这个人是干什么的。我们会同时拥有多种地位,同时也具有多个角色定位,在日常生活和具体情境中进行社会角色的转换。比如,我可以是一位教授、研究者、丈夫、儿子,我的角色可以是教师角色、同事角色、作者角色、家庭角色等。克雷欣指出,"角色可能以人的持续或长期特点为条件——性别、年龄、在家庭中的地位、社会地位、职业(例如丈夫、父亲、领导者、同行等),也可能受制于由情境决定的暂时性的特征,如作为乘客、顾客、患者等"(克雷欣,2011:337)。在言语交际中话语双方的社会角色和角色之间的关系在很大程度上影响了话语的构建和理解,话语的角色包含了话语主体的社会职能、文化和心理特征,尤其是其社会角色对应的言语特点。

克雷欣认为,社会角色受到人在特定社会群体内和特定交际情境中的地位制约,前者如上级和下级、教师和学生、指挥员与士兵、父亲与儿子、经理与员工,后者如演讲者与听众、售货员与顾客、司机与乘客、医生与患者等,"社会角色成对出现是最典型的人的角色互动形式"。(克雷欣,2011:337)克雷欣把每一对角色之间的相互关系分为三种:角色 A 的地位高于角色 B 的;角色 A 的地位等于角色 B 的;角色 A 的地位低于角色 B 的。角色 A 的地位高于角色 B 的,意味着角色 A 在特定的社会群体内或特定的交际情境中制约着角色 B;反之,角色 B 受角色 A 的制约;当不存在制约时,角色 A 的地位等于角色 B 的。个体的社会角色从 A 到 B 的转换意味着行为模式的转换,在这一社会角色转换过程中,往往伴随着言语的转换,因为社会角色的互动大多是通过口头进行的,于是,言语交际的成功则取决于交际双方对于当前情境的把握。"从社会角度看,对不同社会角色的掌握首先就意味着掌握那些对应于特定角色的言语行为模式。当我们不得不承担不属于自己的异类角色时(也就是自己不曾掌握的角色),我们首先会感到不舒服,这是因为我们不知道扮演这个角色是该怎样说话的。"(克雷欣,2011:340)

因此,语言获得就是掌握某种语言并能够按照语言规则恰当地构建适合情境的话语能力。言语交际的社会性和动态性决定了交际主体社会角色的选择和调整,交际主体之间的社会角色(话语角色)的选择和调整总是同言语的动机、交际的目的、话语的预设效果是一致的。社会角色通常都是由制约角色向被制约角色进行调整,即由制约关系向平等关系调整;角色关系的调整总体是由高到低、由远及近、由不和谐到和谐。

苏联时期报纸的报道模式体现了主体与客体、社会角色 A 与角色 B 的关系,主体地位高于客体,角色 A 的地位高于角色 B 的,即说话者和受话者是一种发号施令、我说你听的关系,语言的使用也体现了说话者的意志。现代俄罗斯报纸的报道模式体现了从主体与客体到双主体、社会角色从 A 到 B 的转换,角色 A 的地位≤角色 B 的,即说话者与受话者是一种平等交流,以读者为中心的关系。在这一社会角色转换过程中,同样伴随着言语的转换,语言的使用规范不再是角色 A 的特权,而是要说出角色 B 想说和想听的话,取得与受话者的同一,诱发受话者采取行动。

3.3.2　语言的变化和发展与社会的相互作用

语言的社会制约性问题是语言学中关注最多的问题之一,语言反映了社会现实,语言的发展速度取决于社会变化的速度。社会变化幅度越大,语言就变化越大,研究者对语言与社会问题的关注就越多,相关的研究速度也就更快。可以说,社会因素对语言的发展起到了很大的推动作用。20 世纪俄罗斯先后经历了十月革命、卫国战争、苏联解体等重大的事件,对社会政治形态、社会意识形态、人与人的社会关系、经济和文化都产生了巨大影响,所有这一切无不在语言中得到了相应的体现,突出地反映了社会对语言发展的深刻影响。莫斯科语言学派创始人福尔吐纳托夫指出,"语言受社会和社会状态制约,社会阶层和其中的变化(如不同的职业)都在语言中有所体现,因此在历史发展中结合社会因素研究语言是语言科学的任务和方法"(郅友昌,2009:332)。在语言和社会的联系中最突出的表现形式就是语言的社会分化现象,语言反映了社会的结构,语言的社会分化是社会语言学研究的主要内容之一。社会结构的变化主要反映在社会层级的变化中,因此社会分层决定了现代语言的社会分化现象。

社会分层可以从不同的维度来实现,如收入、财富、权力、职业声望、教育程度等。(麦休尼斯,2009:294)当社会发生剧烈变化时,社会阶层结构处于相互渗透中,语言的社会阶层分化处于不稳定状态,社会阶层的语言会从一个层面渗透到另一个;而当社会处于稳定阶段,社会阶层趋于稳定时,语言在不同阶层间的渗透变得不很活跃。(克雷欣,2011:245)

从社会语言学的角度看,语言的使用者都分别归属于各自的社会层级,他可以通过自身的努力或在社会剧变时改变自身所处的分层,他所使用的语言同时也会由于层级的变化而变化。因此,从宏观层面讲,语言的社会分化现象表明语言和社会是共变的,"社会的变迁引起语言的变化,语言的变化同时也反映社会的变迁"。但从微观层面讲,并不能把语言的社会分化与社会分层进行简单而严格的对应,"语言的社会分化不仅能反映不同社会阶层的社会现实,还能反映出不同发展阶段的社会层级及其特点的社会现实,因为,有时候语言的发展速度可能落后于社会变革的速度"。(王仰正 等,2008:36)

语言的社会制约性研究的另一个方向是语言发展和使用的社会条件,波利万诺夫认为,"语言的发展和使用中,语言内部因素、纯外部因素、社会因素之间的互动是很复杂的"。"社会因素并不能改变语言进程的性质,但是能够决定究竟是否会发生这种或那种的语言演变和语言发展起始点的变化"。(克雷欣,2011:255)社会因素对语言的影响方式不是直接的,社会因素的变化改变了语言使用者的构成,即社会基础,由此引起了语言演变的发生。从中可以看出,语言的社会分化现象是社会的变化改变了语言使用者的社会层级,进而推动并促进了语言的分化。说话人的社会群体定位与其社会地位和威望相关,威望越高,其语言被模仿的可能性越大。

波利万诺夫认为,语言系统的各个成分对社会因素的敏感度是不同的,词汇和成语对社会变化的反应最大。在社会活动领域最初是通过新的词汇、词组、外来词、缩写词、成语改造等得到体现的。社会变化决定语言的变化和发展,这种变化在语言系统的各个成分之间是不均衡的,而且在不同的语境中也是有区别的。保守的知识分子群体在面对着业已发生的社会变化,仍然遵循旧的语言规范,而追求时尚的年轻人群体在语言使用中打破了旧的规范,这类群体的言语中出现了标准语与非标准语的混合。

语言的社会制约性问题还涉及语言的社会和功能分化。现代俄语的社会分化是指现代俄语的变化反映了社会分层的变化,同时社会分层的变化决定着现代俄语的变化。现代俄语的社会分化体现为俄语的各种变体,其分属不同社会层级的说话人,可以分为:标准语、方言、俗语、社会隐语(集团隐语、行业隐语、青年隐语)等。现代俄语的社会功能分化体现在功能语体的划分上。现代社会语言学认为,在社会活动的不同领域中语言的变化和使用机制存在统一与矛盾的斗争规律,即二律背反。最为重要的二律背反包括:说话人与听话人、系统与规范、代码与篇章、规律性和表情性。说话人与听话人是矛盾的统一体,对于说话人便利的"简化"的语言手段,对于听话人则可能造成理解上的困难,如说话人话语中缩略语的频繁使用;系统与规范之间的二律背反要么有利于言语的规范性,将不规范的言语从标准语中滤掉,要么有利于系统,在语言系统中接受不符合语言规范的言语;代码与篇章的二律背反意味着语言符号体系与符号构成的篇章之间的对立,符号体系越小,篇章的长度越大,否则相反;规律性与表情性的二律背反与语言的信息功能及表情功能有关,规律性指信息功能通过简单的、标准化的、有规律的语言手段来实现信息传递,表情功能的表达需要语言单位具有一定的感情色彩、成语性。二律背反是语言发展变化的最普遍的规律,但并不影响语言受社会制约的客观现实。

　　语言对社会功能的分化体现在语言在各种社会交际领域的使用情况,在现代俄罗斯报纸语言中,报道的内容涉及人们社会生活的各个方面,包括国际国内大事、经济状况、社会热点问题、政治活动家、公众人物、百姓生活、自然灾害、违法犯罪等。因此,报纸报道的语言同样涉及各种公众人物的话语,以及各行各业用语,在报纸语言中就会出现地域方言、俗语、行业隐语、集团隐语和青年隐语,报刊政论语体内部呈现出多种语体的渗透和融合。苏联时期,各功能语体对语言使用有严格的规范,报刊政论文中极少能见到方言、俗语、行话、黑话等,因为它们不属于标准语,同时也因为在苏联体制下报纸对社会问题和热点问题的报道很少。

3.3.3　社会语言学相关观点在报纸标题研究中的应用

　　现代俄罗斯报纸是俄罗斯大众媒介的一种,报纸语言反映了俄罗斯社会各领域的现实和变化;同时,它受到俄罗斯各种社会因素的制约,其中包括社会、政治、经济、文化、民族、阶层、信仰等,社会各因素的变化导致了报纸语言的社会分化,在报纸语言中体现了社会结构的分层现象,反映了各阶层人们的思想、观念和价值观。从历时角度看,现代俄罗斯报纸在不同历史时期所体现的价值观是完全不同的。雷萨科娃认为,苏联解体后俄罗斯报纸的标题是"摆脱极权的社会政治和文化的一面镜子。很难尽收眼底的出版市场中,各个集市调色板反映着思想的多元化、人们和党派的差别"。(Лысакова,1993:239)现代俄罗斯报纸发展经历了从严格受限、极度自由、有限自由的发展历程,同时在报纸报道现实的价值取向上也从单一走向了多元。

　　(一) 不同历史时期的报纸标题呈现出不同的时代特点

　　苏联时期,报纸作为苏共喉舌,主要进行灌输式宣传苏共的各项方针和政策,报喜不报忧,在报道苏联国内社会、政治、经济和文化等内容时,几乎都是异口同声从正面进行粉饰性及歌颂式报道,而对社会中存在的问题则避而不谈,因此,这一时期的报纸可以被看作党及其领导人的宣传机器。报纸报道的目的"不是为了传递信息,而是为了对广大劳动群众说教,让他们在党的指引下组织起来,去实现党规定的目标"。(施拉姆 等,2010:169)苏联时期报纸的鲜明特点体现在大量使用名词性称名结构的标题,标题的信息性严重缺乏,口号性、标语性、套语式标题普遍。如:

Нерушимое единство партии и народа(Известия 4.01.1980)(例1)

Больше товаров высокого качества(Известия 8.01.1980)(例2)

Высокое доверие народа(Известия 9.01.1980)(例3)

从上述示例中可以看出,苏联时期《真理报》的标题基本属于标语式的套话,主要使用了表示抽象概念的名词词组称名结构。例3中"人民崇高的信任"可以适用很多内容,只要体现人民对党和国家等机构的信任就能与标题相符,标题的信息性不足。例2"更多高质量产品"和例1"党和人民的团结牢不可破"属于口号式的标题,反映了苏联那个时代的特色。

苏联解体前,在戈尔巴乔夫提出的"公开性"(гласность)原则指引下,苏联报纸开始报道苏共内部和社会中存在的问题和阴暗面,如贪污腐败、官僚主义、卖淫、走私等问题。1990年签署的《苏联报刊与其他大众传媒法》规定报刊和其他大众媒体是自由的,公民享有通过报刊和其他传媒工具发表意见和见解,以及寻找、选择、获得和传播信息的权利。这一时期虽然报纸的报道内容和风格出现了一些变化,但这一时期的报纸发行仍然受到一定程度的新闻检查(цензура)。1991年签署的《俄罗斯联邦大众媒体法》宣告了苏联运行数十年的书报检查制度的寿终正寝,该法规定:"禁止对大众媒体进行报刊检查,官员、国家机关、组织、单位或社会团体不得要求预审媒体和编辑部的报道以及相关材料(作者或被采访人是公职人员时除外),不得禁止报道、否定材料及其中部分内容。禁止成立任务和职能包含对大众媒体进行报刊检查的组织、单位、机构或职务,不得为上述机构提供经费。"(Закон о СМИ,1999) 可以说,在戈尔巴乔夫时期,苏联大众媒体被桎梏的大脑得到了解放,获得完全自由。该时期的报纸标题无论从内容还是从形式上都脱离了旧的束缚,出现了以读者为中心、以市场为导向、以党派集体利益为驱动的报纸报道模式。报纸标题从词汇、修辞、句法都出现了很大变化。

2002年《俄罗斯联邦大众媒体法》修正案对大众媒体做出了相关要求,要进行自我约束,强化媒体的社会责任感,它宣告了俄罗斯大众传媒极度自由期的结束。经过整顿和改革后的媒体基本上有了统一的声音,在追逐经济利益的同时为国家服务。在普京执政期间,大众媒体的报道只要不对国家安全和政治安全造成负面的影响,媒体就是自由的,可以理解为大众媒体自此进入了言论自由正常的稳定发展期。如:

Единодушная поддержка (Известия 11.01.1980)(例1)

Превратим завершающий год пятилетки в год ударной ленинской работы (例2)

А ты такой холодный, как айсберг в океане. Но если ты уйдешь, тогда заплатишь мани（КП 30.08.2005）（例 3）

Жизнь стала сладкой, как малина! Не обойтись без гуталина？（КП 23.08.2005）（例 4）

Россияне не хотят выводить доходы из тени（КП 19.11.2007）（例 5）

从上述示例中可以发现，苏联解体前与解体后在报纸标题的词汇、修辞、表情色彩、句法结构以及内容上都有很大的不同。在苏联时期《消息报》例 1 和例 2 中"万众一心的支援"和"我们要把五年计划收尾年变成列宁突击工作年"都是鼓动和号召人民如何做在词汇使用上，Единодушная、завершающий 具有很浓的书面语色彩。

例 3 中"你像海洋中的冰山那么的冷，但是如果你要离开，就付钱"，在例句中出现了音译的英语词汇 айсберг 和 мани，无论是用词还是标题语义，都很难会在苏联时期报纸标题中出现。例 4 采用了分割结构，分割结构具有比较强的对话性，而且使用了比喻辞格，表情色彩浓厚。例 5 中 не хотят 一词直接表达了作者的评价色彩。以上示例中所用词汇很多是口语词汇，这从另一个侧面反映了报纸标题的报道模式，即以读者为中心。上述所展现的标题特点在苏联时期的报纸标题中很少见到。

从现代俄罗斯报纸发展嬗变中可以看出，报纸语言的变化与社会因素的发展变化密不可分，社会因素的变化决定了报纸语言的变化，以及报纸的报道模式和价值取向的变化。因为报纸语篇的创作不仅涉及语言学、传播学、认知学，还涉及了社会学和文化学、心理学等多个学科的知识。报纸标题是报纸语篇的重要组成部分，概括和浓缩了语篇的内容，反映了语篇的思想和观念。标题的作用之一是向读者推销语篇，通过语言和非语言手段吸引读者的眼球，引导读者阅读后面的语篇，久而久之，读者对报纸的黏性得到加强；同时，报纸标题向读者报道信息，传递作者的思想和情感，建立作者与读者的对话关系，进行交际活动。尤其是报纸的标题系统，能够更加完整地报道所指语篇的内容和观念，反映报纸标题创作者的情态。

（二）报纸标题反映出报纸的社会定位和价值取向

报纸标题表面显示了报道的客观公正，然而在标题言语中，从字里行间到表达的方式和手段都是作者选择的结果，都有一定的倾向性。这种倾向性所反映的话语权并不在作者，作者只是拥有话语权的利益集团、党派、机构等的代表。即使是新闻标题也并不具有客观性，对同一事件的报道，仍然可以从多种角度、多个侧面或避重就轻，或极度放大，达成报道的某种情态性，满足某种利益集团。作为读者，分属不同的社会阶层，拥有不同的收入、财富、权力、职业、受教育程度等，因此，报纸及其标题针对的是不同的受众，不同的社会角色。从收入高低来看，读者可以分为高收入、中等收入、低收入群体；从社会阶层上划分，读者还可以分为社会精英阶层、中产阶层、工人阶层、社会底层。当然从职业、受教育程上看,读者也归属于不同的群体。不同的读者群所关心和关注的焦点也不相同,社会精英阶层比较关心社会政治和经济生活中事件,社会底层所关心的则是社会保障、医疗、住房等方面的问题;从事社会经济活动的读者更关心经济领域的相关事件。因此,报纸及其标题具有各自的信息定位特点、信息类型,以及不同的语篇组织模式,反映报纸的价值观取向,实现报纸传播的目的。

现在所有的报纸及报道都有自己的思想定位,这种定位根植于办报的目的,服务于自己的读者心理。没有中性的报纸,没有纯娱乐性的报纸,没有中性的报道,所有信息都是有选择性的,都是自己思想定位和读者心理定位下的产物,都是为了实现自己报纸的办报目的。尤其是《论据与事实》,这个报纸本身就是揭露性的,讽刺挖苦型的,语言深刻有力。所有报纸都力求成为读者的代言人,为此为读者反映现实并追踪报道,直到有结果。

各种报纸都有各自的定位和价值取向,根据报纸受众群体的地理分布,报纸可以分为全俄发行的报纸和地方性报纸。根据报纸对现政权的态度可以分为三种:反对政府的报纸,至少在2—3个政治活动领域对政府持批评态度;相对中立的报纸,至少在政治活动的一个领域支持或批评政府;亲政府的报纸,至少在2—3个政治活动领域支持政府。

我们还可以根据报纸的社会角色定位,即读者群的受教育程度、经济基础、社会地位、是否积极参与社会活动等,把报纸分为大众报纸和高质量报纸。大众报纸是面向所有人、报道所有事的,大众报纸针对具有不同品位和兴趣的广泛受众,包括不同性别、年龄、职业、收入、教育水平等的读者,所以大众报纸也被称为"普遍兴趣"报纸。大众报纸的目标受众是最广泛的受众,包含社会各个阶层的人,它决定了大众报纸属于综合类主题的报纸,关注社会生活的各个领域。大众报纸的社会角色定位要求报道模式和内容都要贴近最广泛的受众,受众的受教育程度、知识背景、经济能力、职业、年龄等各不相同。大众报纸是否能够吸引受众的最普遍兴趣,使受众在经济能力不是很高的情况下去购买并阅读报纸,是大众报纸成果的关键。因此,大众报纸在报道政治、经济和社会问题等严肃内容时,并不常采用深入分析、刨根问底式的报道,通常使用形象易懂的语言简化报道,但具有鲜明的情感和评价色彩,并不弱化问题的复杂性和矛盾性。为了满足各种受众的需求,大众报纸更多关注流行文化、热点问题、世俗题材、家庭关系、实用建议等主题,解决普遍受众所关心的问题。目前,全俄发行的主流大众报纸包括:《论据与事实》《共青团真理报》《莫斯科共青团员报》《劳动报》等。

高质量报纸是面向具有较高社会地位和经济能力的文化阶层,主要报道受众所关心的政治、经济、社会等方面的问题。高质量报纸从报道内容看,可以分为综合性分析类报纸和专门性分析类报纸,这是由报纸的社会角色定位决定的。高质量报纸所面对的是具有较高教育水平、经济能力、社会地位以及不同职业的受众,因此,对报道内容的深入剖析和追踪报道以及信息通报是这些报纸吸引受众的关键。高质量报纸是受众参与的特殊"传媒议会"和公共论坛,它在"政权机关与社会以及不同利益群体之间扮演了冷静的观察者、理性的批评者和积极的中间人的角色,在社会政治进程的全体参加者之间扮演了组织对话的、互动式沟通者的角色"。(扎苏尔斯基,2015:205)高质量报纸与受众之间的关系不是主体与客体的关系,而是两个或多个主体之间的对话,作者在报道中也参与到了对话中。作者的情感和评价、思想和观点在与受众的对话中都得到明确的表达。综合性分析类高质量报纸包括:《消息报》《新消息报》《俄罗斯报》《独立报》,它们以社会政治题材为主,同时包含其他领域的内容;专门性分析类高质量商业类报纸包括:《导报》和《生意人报》,高质量"左"派报纸包括:《真理报》《苏维埃俄罗斯报》《明日报》。

现代俄罗斯报纸无论是大众报纸还是高质量报纸,除了《俄罗斯报》是俄罗斯政府的报纸外,其背后的所有人都是各种利益集团、财团、党派、团体和个人,虽然有些财团和利益集团以及团体的股权中国家也占有一定比例的股份,但总体上都属于私有形式。报纸在参与激烈的大众传媒市场竞争的同时,也代表着报纸所有者的立场和观点,所以报纸所秉持的思想、观念和价值取向都不尽相同。与苏联时期不同,现代俄罗斯报纸的报道模式是以受众为中心、在平等原则基础上的对话式报道,作者有目的、有针对性地选择适宜的内容,使用恰当的表达手段与读者进行对话,诱发读者接受作者的态度和看法,并采取行动。因此,报纸及其利益所有者的最高目标是通过报纸的报道,引导受众的行动,使之参与国家政治活动和选举,并能对结果产生一定影响。

大众报纸是针对所有受众报道所有主题的报纸。受众的社会角色的多样性和多层次性,决定了报道内容包罗万象,涉及政治、经济、休闲娱乐、家庭关系、健康、旅游、公众建议等,即通过大众报纸的语言映射出一个多姿多彩的现实社会。同时,在报道各种社会热点问题时,作者通过报纸的标题和语篇或直接或间接表达了自己或其背后利益集团的态度和评价,因此,报纸中不时出现针砭时弊、讽刺挖苦、攻击政治对手的报道。大众报纸的标题作为报纸中最醒目的符号,很好地反映了报纸的这种价值取向。如:

Кот Путина стал любимцем японского губернатора (КП 26.04.2017)(例 1)

Евроненавидение (КП 24.03.2017)(例 2)

上述例句,体现了大众报纸内容广泛,语言通俗、幽默和风趣的特点。例 1"普京的猫成了日本省长的红人",这个标题狠抓读者眼球,照常理讲,普京访日,谈的应该是国家间的关系,而不是普京的宠物。

例 2 中 Евроненавидение 一词是 Евровидение 的改造词。Евровидение 是一档欧洲国家流行乐坛大赛,轮流在欧洲各国举办。Евроненавидение 一词的后半部 ненавидение 的意思为憎恨,通过一个自创词"欧洲的恨"表示乌克兰禁止了俄罗斯姑娘参加竞赛。

高质量报纸也被称为精英类报纸,主要针对受教育程度高的、具有一定社会地位的社会活动的积极参与者,他们普遍具有高等教育背景、经济基础以及分析和逻辑思辨力。此类报纸为社会精英提供了讨论、分析、交流具有现实意义事件的平台,其中作者作为交际的一方参与其中,而各交际方,如政府机构和社会不同利益群体之间就具体问题展开广泛讨论,进行互动沟通。此类报纸的报道模式并不是说教式的,不对读者采用教训口吻,没有主体与客体,在平等的原则上进行沟通和交流,读者可以从高质量报纸中寻求观点、意见,并与自身观点进行比对。因此,此类报纸要求信息的全面完整,而全面和完整不仅体现在事实方面,而且也包括对事实的态度上,这样才能展开多方的讨论。在讨论中并不排斥不同的立场和态度,不同的立场和态度正是读者参与讨论的前提,这样读者在讨论中得到了观点的比对和印证。以下例句中的标题体现了报纸的价值取向。如:

Россия отправит зерно нуждающимся странам по программе ООН（Известия 1. 06. 2018）（例 1）

Владимир Путин поставил задачи по защите безопасности и прав граждан（Известия 1. 06. 2018）（例 2）

Кредит без отрыва от производства（Известия 3. 04. 2018）（例 3）

Чистое небо над Крымом（Известия 3. 04. 2018）（例 4）

从上述例句内容可以看出,高质量报纸《消息报》的四个标题所涉及的内容都比较严肃,缺少了大众报纸的嬉笑怒骂、幽默风趣,标题的信息性强,表情性较弱。这体现了高质量综合类分析性报纸的一个特点。

每个党派、团体办报都是为了宣传自己,扩大影响力。因此,他们的报纸在报道内容上,均以本党派的政治纲领、其自身所推崇的"主义"围绕着特定的社会问题、政治事件进行自我宣传报道,批驳政治对手和执政党,揭露社会矛盾和问题,言辞犀利,具有鲜明的评价色彩,引导受众,争取受众的支持,为本党派服务。例如俄共报纸《真理报》沿用了苏联时期的名字,虽然内容和风格发生了一些变化,但也能看出苏联时期报纸及宣传报道的影子,与其他报纸相比,常会以昔日的报道体裁、报道方式,甚至是报道语气来进行报道。如:

Миллиарды растут как на дрожжах（Правда 6. 09. 2018）（例 1）

Солидарность с рабочими России（Правда 6. 09. 2018）（例 2）

Ложь и провокации нас не испугают（Правда 12. 01. 2018）（例 3）

上述示例中,列举了《真理报》的三个标题,例1"亿万富翁像发酵一样成长",指俄罗斯的改革政策不得民心,而只是得到了富豪的支持。从例2"与俄罗斯工人团结在一起"和例3"谎言和挑衅没有让我们害怕"可以看到俄共论战的风格。

3.4 大众传播学相关观点

在印刷术发明前,口头传播占据绝对优势,古希腊和古罗马时期广受欢迎的修辞术是当时传播的一种主要手段。廉价报纸作为最早的大众传播媒介,真正面向大众是在 18 世纪工业革命后发生的。之后,随着技术的快速发展,大众媒介也得到了蓬勃的发展,报纸、杂志、电视、广播、电影、互联网、自媒体作为大众媒介成为人类现代社会生活的一个组成部分。同时,对大众传播理论的研究也在不断深入,对大众传播的功能和效果的研究成为学者关注的重点,这是由于大众传播是面向自己的受众,对受众发挥广泛影响的。

美国传播学家拉斯维尔提出了著名的"5W"传播模式(Who Says What in Which Channel to Whom with What Effect),在这个模式中,最后一个要素是取得什么样的效果。拉斯维尔指出,大众传播有三种社会功能:社会监测功能、社会协调功能、社会遗产传承功能。查尔斯·赖特认为,除了拉斯维尔的三种功能,还包括娱乐功能。

社会监测功能是指大众媒体能够监测社会环境的变动,并将监测信息向受众进行报道。这一功能源于人们对自身安全的需求,人们需要了解自身所处的环境对自身的影响;社会协调功能主要是指社会内部各组成部分间的沟通和协调;社会遗产传承功能是指人类一切行为方式的总和代代传承;娱乐功能就是指大众传播娱乐受众。威尔伯·施拉姆在拉斯维尔和查尔斯·赖特关于大众传播社会功能的基础上提出了自己的观点,他认为,大众传播的功能包括社会雷达、管理、传授和娱乐功能,从中可以看出威尔伯·施拉姆是将上述两位学者的观点进行了凝练,使之更加通俗,易于理解。

学者刘海龙考察了与大众传播相关的传播话语,他认为,大众传播是传递、控制、游戏、权利、散播、共享和互动,传播是信息的传递;传播是传者控制受者的过程;传播是传者进行的一种主观游戏。传播是交际双方进行的平等对话,在对话中交际双方取得理解和认同。(刘海龙,2008:30)

大众传播模式和功能的研究揭示了大众传播的本质属性,即传者通过选择性报道,取得受者的认同,诱发受者做出行动,达到对受者的控制。报纸语篇所反映的现实都是一种选择的结果,做出一种选择时,自然而然就放弃了其他的选择,选择代表了一种态度,对所报道内容的态度,也是想让读者认知的态度。大众传播的"5W"传播模式,其中谁(Who)是大众传播中的核心,而其他四个 W 都是为传者服务的。因此,在分析报纸标题和语篇时,需要关注传者的情态,即传者对报道内容的态度和评价。在大众传播的传播效果理论中,欧美学者提出了几种传播效果模式。

3.4.1 魔弹论

魔弹论问世于 20 世纪 20 年代,这一理论并不是当时学者的研究成果,而是大众传媒的记者提出并极度夸大了媒介的宣传效果,他们认为,大众媒介就像枪弹打在靶子上一样,对受众产生巨大影响,只要魔弹射出,受众就难以抵抗。魔弹论源于公众的恐惧,在一战的宣传中被广泛应用,二战中被极度放大。魔弹论主要建立在行为主义的理论模型上,即刺激与反应。在报纸媒介的报道中,常常使用极度刺激感官的标题,形成对读者的视觉冲击,引发读者的心理反应,促使读者做出行动。(洛厄里 等,2009:13)

3.4.2 有限传播论

哥伦比亚大学研究学者认为,大众媒介的传播效果有其局限性,这是由大众媒介的性质及其社会地位决定的,同时,决定受众的思想和行为的因素并不只有媒介因素,"大众传播的效果都受到很多因素的影响,包括媒介的因素、传播情景因素、人的影响、团体和阶级的属性以及社会组织"。(施拉姆 等,2010:191)

3.4.3 使用和满足论

使用和满足论与魔弹论和有限传播论的最大差别在于,它是从受众的角度研究大众媒介,而魔弹论和有限传播论是从传播者的角度进行研究媒介的使用。

美国学者卡茨认为,受众由于社会的因素和自身的心理因素,产生了对大众媒介传播信息的期待和需求,这使得受众开始接触或使用各种类型的媒介,在使用媒介的过程中受众的需求得到满足,并且这种满足在多数情况下是无意识的。(刘海龙,2008:271)

人们可以在以下三个方面从媒体中获得满足:媒体的内容、媒体接触和使用过程、导致接触媒体的社会环境。从媒体的内容获得满足与媒体接触和使用过程并不相同,阅读报纸本身也会给读者带来快乐,而非报纸的内容;在一个读报的群体中养成读报习惯而不是收听广播习惯会给读者带来满足。

3.4.4 说服论

自亚里士多德时代到今天为止,对说服论的研究一直贯穿于传播过程的研究中。亚里士多德认为,修辞是发现特定情况下说服手段的能力,并提出了说服手段的三种形式:人格、情感和逻辑证明,即通过说话者的人格魅力与受话者的情感认同,从逻辑证明所述思想和观点,说服受话者。多温·卡特赖特通过他对战争公债推销活动的研究,认为说服包括以下几个步骤:引起受众注意;对传播信息的适合性进行评估;对机会大小进行评估;是否做出行动。卡特莱特与亚里士多德在各自的说服论中关注点不同,前者关注的是受众的变化,后者关注的是传播者的能力。(施拉姆 等,2010)

卡尔·霍夫兰等(2015)认为,如果受众根据所获信息内容改变其自身的立场或行为而可以获得正反馈和回报,那么他就会被说服;如果相反,受到惩罚或者结果不理想,则不会被说服。卡尔·霍夫兰实际上采用了行为主义的刺激反应模型。

对大众传播说服方面的研究中,社会心理学的重要原理认知不协调理论起到了很大作用,该理论的预设是个人总是努力追求认知上的连贯和意义,认知不协调理论是指当个人的认知与他人不一致时,会采取某些方式来减少和消除由于认知不协调产生的不快。学者海德尔提出了平衡理论,它是最早的认知不协调理论。

平衡理论认为,人们为了达到认知上的一致,经常选择与自己态度相一致的信息,而回避与那些不一致的信息,如果实在无法避免信息的不一致性,同时又不愿接受信息的不一致,就会采取各种手段来达到一致,以恢复平衡。这种认知上的不协调可以使用在说服过程中,如果说服者能够制造不协调,并且引导受众接受某种态度和行为,就可以取得预想效果。(刘海龙,2008:136)

在说服论中,还有一种理论为学者所关注,扎伊翁茨提出了纯粹接触说,该假说认为通过重复某种刺激就能够导致受众对刺激产生正面评价。

3.4.5 大众传播学相关观点在报纸标题研究中的应用

从大众传播的几种模式来看,魔弹论、有限传播论和说服论是以传者角度为出发点,使用和满足论是以受者为出发点考虑大众传播的功能。报纸作为大众媒介之一,在实现自身的作用和功能过程中,大众传播的相关理论仍然具有各自的现实意义。虽然魔弹论是20世纪20年代提出的,但在某些具体的报道中仍在发挥作用,尤其体现在就某一恶性事件的连续追踪报道,如金融危机、连环凶杀案、局部冲突等,报纸标题对于事件的每一次报道都会强化读者对事件发展的预期,对读者心理产生很大影响。魔弹论的作用是让人恐惧、惊慌失措,最后使人屈服,基于共同认知基础上的耸人听闻的标题对读者的视觉和心理冲击会产生很大影响,魔弹论之所以被称为魔弹论,是因为它所指的内容将极大作用于人的心理,让人惊悚,因此魔弹论并不适用于所有内容的报道。

使用和满足论落脚在报纸标题上,读者可以不阅读语篇而直接从报纸标题中获取一定的信息量,满足读者对信息的需求。从读者角度而言,有时,阅读本身也可以满足读者的心理需求,并不在于一定要了解语篇的内容,而是简单浏览报纸的标题。每种报纸都有各自对社会角色的定位,读者手中的报纸代表了读者所从事的行业领域,就如同男士手腕上的名贵手表代表了男士属于社会精英,阅读本身就会给读者带来愉悦;除此之外,报纸的社会角色定位,能够为读者创造与相同读者群交际接触的条件。

现代俄罗斯报纸从报道模式到语言表达手段的选择,无不体现着报纸的说服性。报纸的报道模式从以我为中心逐渐过渡到了以受众为中心,使用受众惯用的言语,说着受众想听的话语,契合了受众的认知不协调心理,满足了受众的心理需求;在语言表达手段的选择上,针对受众的社会属性、价值取向、思想观念、社会心理,选择适合情境的语言表达手段,获得受众的认同,诱发受众做出说话者预期的行为。作者有意识、有目的和有针对性地选择语言手段创作报纸语篇时,是在与读者不断地对话,期望说服读者,以获得读者对自己思想和观点的认同。

现代俄罗斯报纸标题作为语篇的压缩形式,是语篇的凝练和概括,也是语篇思想和理念的体现。报纸标题的语用功能是向读者报道事实、传递情感,进而感染读者。报纸标题在实现感染读者、取得读者的认同上,需要对读者群进行准确的社会角色定位,即读者群的心理定位,文化程度定位,价值观、理念定位等,而社会语言学理论正好解决了读者群的社会定位问题。作者与读者取得认同的过程是一个交际双方的对话过程,作者通过报纸标题报道事实、传递作者的情感和评价,通过具有表现力的手段去吸引读者的注意,运用口语化的结构拉近自己与读者的心理距离,激发读者的情绪;而读者可以通过报纸标题去预测语篇的内容,读懂作者通过标题想要表达的思想和理念,以及感知作者对报道内容的态度。作者和读者通过对话,在标题报道的内容和思想上达到同一,取得认同。大众传播相关理论为报纸标题向读者心理施加影响和作用提供了理论支撑,因为报纸标题是针对读者的兴趣、爱好、价值取向等向读者传递信息,表达情感和评价,以及作者的思想理念的,拉近作者与读者的心理距离,进而对读者施加心理影响和作用,最终使作者与读者取得同一,达到认同的目的。

3.5　报纸标题研究的理论框架

在现代俄罗斯报纸标题的研究中,本书采用了新修辞学的同一理论、巴赫金的对话理论、社会语言学和大众传播学的相关观点,其原因在于同一理论、对话理论、社会语言学和大众传播学的相关观点犹如一个桌子的四条腿,它们共同支撑起一个理论框架,能够全面、系统和深入地分析研究现代俄罗斯报纸标题的特性、结构和功能。同一理论、对话理论、社会语言学和大众传播学的相关观点,它们相互关联、相互作用,构成了有机的统一整体。同一理论在理论框架中处于核心位置,指出了交际双方的交际目标;对话理论是实现交际目的的途径和手段;社会语言学的相关观点支撑着交际双方的对话,让对话能够顺利地实施,它把交际双方放在社会现实语境中,使对话具有很大的针对性;大众传播学的相关观点从感染受话者心理的角度出发使交际双方的对话更加有效地开展。

同一理论提出了交际双方需要达到的最高目标,它追求的是作者与读者、说者与听者之间的认同,并让读者或听者做出行动,它的实现是建立在情感同一、认知同一和行动同一的基础上的。交际双方因具有相似或相同的思想、理念、情感和评价,在某些方面拥有共同的对立面,这些同一都能表达说话者在话语中传递的情感、思想、理念和评价,而且说话者的情感、思想、理念和评价也都希望得到读者的认同。交际双方通过心理的对话方式和表达方式作用于对方，使对方给予思想、情感，乃至行动上的认同和反应。从中可以看出，同一理论的最高理念是交际双方取得认同，认同是最终的结果，而在抵达认同这一终极目标的道路中需要交际双方的互动和沟通，即对话。

巴赫金的对话理论正好解决了交际双方的对话问题，交际双方如果不发生对话性接触，也就无从谈到交际双方的同一，即达到相互认同。可以说，对话理论是达到交际双方实现思想和情感同一的手段，没有对话就无法实现交际双方的同一。对话理论认为，每个人都生活在别人的话语世界，他/她的全部生命就是理解这个世界并对别人的话语做出反应。对话不仅存在于口头对话中，而且也存在于书面语篇中，甚至在独白中也体现了我与内在自我的一种对话。对话理论中的对话并不是发号施令式的对话，而是平等的、双主体（或多主体）的对话。现代俄罗斯报纸标题体现了交际双方（或多方）的多重对话关系，在报纸标题创作前，存在着四种对话关系，即作者（我）与他们（作者群体）的对话、作者（我）与读者群的对话、作者（我）与第三方的对话、作者（我）与作者（我）的对话；报纸标题的创作过程中与创作前相比，增加了一种对话关系，即作者与作者（报纸中的其他作者）的对话；在报纸标题创作完毕后，面向读者群的标题呈现出三种对话关系，即读者与作者、读者（我）与读者（我）、读者（我）与他人（第三方）。现代俄罗斯报纸标题中所体现的对话具有双向性、过程性、多主体性、多功能性，交际双方（或多方）通过多重对话，充分和深入地交换彼此的情感、观点、意见、评价、态度，彼此间获得了认知和情感的同一，最终达到交际双方的认同。可以看出，对话是手段，认同是目的。

社会语言学的相关观点解决了交际双方对话中作者对读者、说话者对受话者准确的社会角色、心理、价值取向、思想、理念等方面的定位，这为交际双方顺利进行对话打下了坚实基础。作者在通过报纸篇章的标题与读者进行心理对话时，他必须首先要了解自己面前的读者，了解读者的知识文化背景、年龄、性别、心理和各种需求，只有这样，对话才能顺利进行。现代俄罗斯报纸语篇的作者是以读者为中心，以读者熟知的语言叙说着读者想听的话，进行有针对性的报道。不同的报纸针对不同的读者群，有不同的社会定位。因为读者群的年龄、性别、角色、地域、文化背景、心理、价值理念等是不同的，所以他们对报纸和报纸标题的需求和理解程度同样不同，这就需要作者在创作报纸标题时考虑到上述因素，进行有针对性的创作，这样才能顺利地实现与读者之间的对话。报纸语篇的标题是作者与读者直接进行对话的首要场所，因为读者在阅读报纸时首先关注的是标题，只有交际双方通过标题顺利实现对话，也就向交际双方达到相互认同迈出了关键一步。社会语言学的相关观点为交际双方——特别是交际行为的发出方，即作者或说话者——顺利对话提供了很好的理论支撑。

大众传播学的相关观点，如魔弹论、有限传播论、使用和满足论与说服论都是从影响读者或受话者的心理出发，感染读者或受话者，使交际双方的对话更加有效地开展，最终达成交际双方的同一和心理认同。可以看出,大众传播学的相关观点与社会语言学的相关观点都在一定程度上推动着交际双方对话的成功实施。传播是传者进行的一种主观游戏,即说话者通过选择性报道,与受话者进行对话,取得受话者的认同,使他/她做出行动,这种选择性的报道对受话者有针对性的影响,而说话者的选择性报道包括报道内容、报道形式、语言的选择与组合、言语的格调和语气。说话者通过选择性报道与受话者发生有效的对话,进而影响并感染受话者的心理,最终达到交际双方心理上的认同。

可以看出,同一理论明确地指出了交际双方(多方)进行交际行为的目的,即交际双方达到心理上的认同;对话理论确立了交际双方(多方)的多种对话关系,交际双方(多方)的对话是达成认同目标的有效途径,同时,交际双方(多方)为了能够达成心理上的认同,引导着对话的方向;社会语言学和大众传播学的相关观点解决了如何更加顺利并有效地实现交际双方(多方)的对话,并最终实现交际行为的目的,即交际双方(多方)心理上的认同,它们是沟通对话、实现目的的有效方法。综上所述,同一理论、对话理论、社会语言学和大众传播学相关观点有机地构成了一个完整的理论框架,该框架既有目的又有实现目的的途径,还有方法。基于此理论框架,可以很好地阐释现代俄罗斯报纸标题的特点、结构和功能。理论框架见图1。

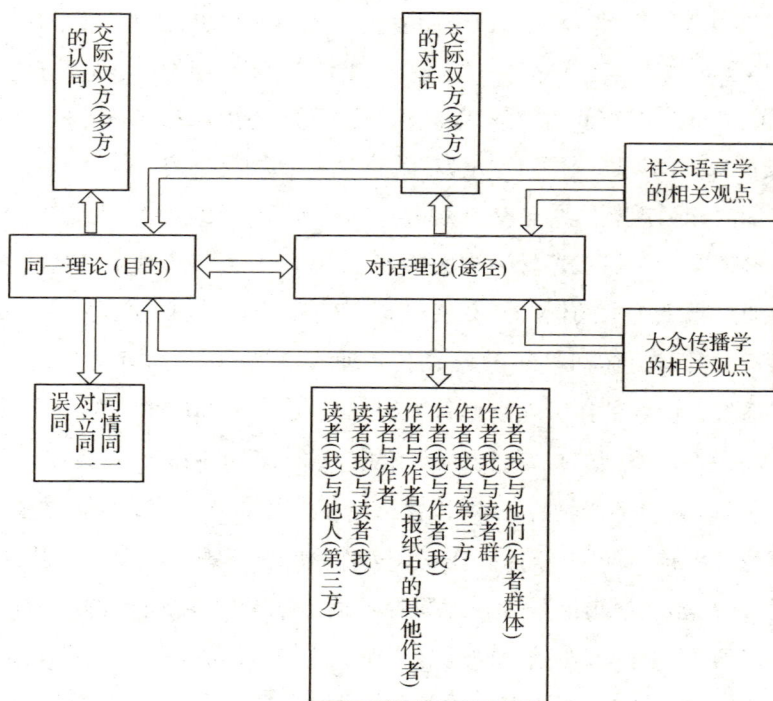

图1

3.6 本章小结

本章主要论述了现代俄罗斯报纸标题研究所涉及的新修辞学理论、巴赫金的对话理论、社会语言学和大众传播学相关观点。在论述新修辞学理论时主要对肯尼斯·伯克的同一理论或认同理论进行了阐述。下面对各个理论的观点及其对报纸标题研究的指导意义进行表述。

肯尼斯·伯克对新修辞观的核心是说话者通过与对方的同一,使对方改变态度并采取行动。伯克的同一修辞观包括三种同一方式:同情同一、对立同一和误同。现代俄罗斯报纸的报道模式是以读者群为中心的,针对读者的社会角色定位、价值取向、心理定位,选择适宜的语言表达手段来追求与读者群对报道内容的同一,诱导读者群改变态度并采取行动。

巴赫金的对话理论认为,对话是交际双方或多方意义场的更替,在对话中两种或多种意义场相遇,它们之间就产生了对话关系。独白也是一种对话,是说话人与自我的内在对话。任何语篇都具有对话性,对话关系贯穿了人类社会的全部话语。现代俄罗斯报纸标题也是一种表述,其本质特性就是对话性,具有多种对话关系。

社会语言学的观点认为,语言的变化与发展受到社会因素变化的制约,社会分层产生了语言的社会分化。由于语言的社会分化,出现了标准语、地域方言、俗语、行业隐语、集团隐语和青年隐语等。同时,语言的获得受到社会因素的影响,语言获得包括对语言规范的掌握以及按照语言规则恰当地构建话语,而恰当的话语受到交际双方所处的语境的制约。现代俄罗斯报纸标题中,出现了以往未曾出现的方言、俗语、行话、黑话等表达方式,这是由报纸标题的适宜性,也就是针对性决定的,它针对读者群的社会角色定位、角色心理定位和价值取向定位。

关于大众传播学的观点,本章主要论述了几种主要的传播模式:魔弹论、有限传播论、使用和满足论、说服论。现代俄罗斯报纸标题在不同程度上体现了这四种理论的思想,尤其是说服论。目前,俄语报纸的标题创作是以读者为主,通过与读者的同一,说服读者改变态度,最终双方取得认同,产生共鸣。

为现代俄罗斯报纸标题的研究构建了完整的理论框架,以同一理论所提出的交际双方(多方)心理上的认同为最高目标,以对话理论所明确的交际双方(多方)的对话为途径,通过社会语言学和大众传播学相关观点对交际双方(多方)的对话进行有力的支撑,顺利和有效地实现对话,最终达成交际双方(多方)在心理上的认同。

第四章　现代俄罗斯报纸标题的语言特点

现代俄罗斯报纸经过 20 世纪末的转型变化和 21 世纪初期的发展,已经进入了稳定期。报纸的分类也趋于细化,形成了行业报纸,如《教师报》《医学报》;大众报纸,如《论据与事实》《共青团真理报》;社会政治报纸,如《消息报》《生意人》《苏维埃俄罗斯》;官方报纸,如《俄罗斯报》等不同的类别。划分报纸类型的依据是由报纸不同的定位决定的,即思想定位、社会定位(人员定位、职业定位、收入定位等)、办报的风格定位,以及对国家行政活动监督方向的定位等。这一时期的报纸标题呈现出称名性标题,尤其是一格称名结构的标题大幅减少,而信息性标题大量增加。标题的表现力手段多种多样,词汇、修辞、句法结构、图示游戏等手段为报纸标题增强了表情和评价色彩,提升了对大众的吸引力和感染力。此时的报纸开始倾听读者的心声,反映他们的诉求,满足他们的心愿,实施对社会责任的承担。报纸报道的内容要尽力符合读者的口味,为此,报纸标题使用传统语言手段和无拘束的口语句法结构等进一步提高了标题的对话性。

4.1　现代俄语报刊政论语体的特点

语言是社会的一面镜子,语言反映了社会的现实。现代俄罗斯报纸语言随着社会的发展和变化,自身也发生了嬗变。苏联时期报纸作为党的喉舌,苏联共产党的宣传和鼓动工具,在报纸语言、内容、格式、报道模式等方面都具有鲜明的时代特点。报纸报道模式主要是以苏共和国家领导人为中心的说教式报道,苏共对书报有严格的审查制度。报纸主要报道苏共的政治方针和政策、纲领性文件和各种指令,以及国内发生的重大事件,大多以正面报道,很少出现报道社会问题的负面内容。在这样的大背景下,报纸语言程式化严重,大量使用惯用语和套话,尤其体现在报纸标题中,即使在使用先例文本时都是不加改变地原封不动引用。报纸标题主要完成称名功能,报道功能受到弱化。报纸标题以使用名词一格称名句为主,通常使用崇高语体的词汇或书卷语,读者只有在阅读完语篇才能了解标题所指的内容和思想。在标题系统的使用上,引题和副标题使用得不多,主要以栏目题为主。

4.1.1　报纸语言的变化及其原因

报纸语言在 20 世纪末经历了俄罗斯社会剧烈变化的时期,如苏联解体后的社会动荡包括政治上的变革,经济上的变化,各种意识形态的对立,甚至对抗,民族矛盾突出,车臣战争爆发,经济濒临崩溃,进入 21 世纪后,俄罗斯的社会、政治、经济、科技等各个方面发生了很大变化,出现了大量新事物、新技术、新现象和新理念,这些变化在大众媒体的言语中都得到了及时的反映,尤其是政治民主化与经济私有化对媒体的转型发展产生了巨大的影响。俄罗斯新的大众媒体法给了媒体很大的自由,书报检查制度被取消,报纸从国家公器变为私器,为各大财团、利益集团、各种机构和组织、党派等利益说话和服务,同时,要参与到激烈的大众媒介的市场竞争中。报刊语言作为反映社会生活的一面镜子,折射了现代俄罗斯社会发展变化的轨迹。语言作为一种特殊的社会现象,对社会的发展变化十分敏锐,反应也非常迅速。报纸作为传统的大众媒介之一,其任务是及时有效地向受众全方位宣传和报道社会关系领域的信息,并使受众能够接受并认同信息内含的理念,产生共鸣。同时,报纸作为言语产品传播途径的大众媒介,对语言的发展变化也具有一定的引导作用。

由于人们逐渐适应了社会经济变化,动乱的心态趋于平和,社会发展进入平稳期等,所以俄罗斯社会进入相对的稳定期。人们在追求民主化和自由化的同时,大众媒体也从苏联时期的僵化模式进入自由多元的媒体时代。因此,报纸的报道模式不再是苏联时期以苏共和国家领导人为中心,而是以人民大众为中心,用读者的语言说读者想听的话,进行有针对性、有目的性和有感染力的报道。报纸的社会定位不同,针对的读者群就不同;读者群的心理不同,接受心理就不同;年龄、性别、角色、地域、文化背景等不同,对标题的需求就不一样,就造成报纸标题形态结构也就不同,对标题的功能要求也不同。报纸标题在规范性和表现力之间,更多采用带有表现力的手段,标题所使用的词汇不再像以往的套话和程式化结构,出现了新词、旧词新意、自创随机词、成语变体、先例文本的变体、行业用语、青年隐语、口语词汇等,而口语词汇和行业用语向政论语体的渗透也间接说明了读者群社会地位的变化。

报纸语言在口语和书面语之间的关系发生了变化:两者之间牢固的边界被打破,语体间的融合更加积极。报纸语言具有鲜明的多语体特点,年轻人对言语时髦进行追逐,言语中有意识地偏离标准语规范,因此报纸语言中出现了大量非标准语词汇。报纸语言在词汇方面呈现出以下特点:

1) 中心词汇层与边缘词汇的相互穿插运动,反映苏联现实的词汇和意义趋于边缘化,而取而代之的历史词汇、复古词、崇高性宗教类词汇得到了激活;

2) 意义的评价成分发生改变,积极、中性、消极词汇的评价色彩相互之间发生了改变,许多苏联时期的词汇丧失了意识形态成分;

3）词汇的修辞色彩发生了变化,出现了词汇意义的专业化,术语词汇的非专业化,行话和黑话的修辞色彩的改良;

4）借助外来词对词汇的扩展,如俄语的英语化;

5）言语创作和构词的积极化;

6）热点语言单位语义的改变,词汇语义结构的扩展,隐喻化的加强。

报纸语言的这种变化可以从社会语言学角度加以解释,语言的发展与变化受到社会各种因素的制约,社会变化的速度决定了语言的变化速度,社会结构的分化产生了语言的社会分化。社会因素通过政治、经济等因素的变化导致语言使用者的结构变化,从而导致语言上的变化。语言使用者的社会群体定位体现了他们的社会地位和社会威望,具有较高社会威望的社会群体所使用的语言就成为全社会成员模仿的对象。社会阶层变化可以产生不同的语言社会分化,如标准语,由苏联时期认定的标准语内涵发生了巨大变化。社会制度的变化,政治角色的变化使得昔日的老百姓有了选举国家领导人的权利。语言历来是人民创造和使用的。在这一时期,人民大众获得了社会前所未有的尊重,于是他们喜闻乐见的语言就登上了正式的场合,而一改昔日的低俗、不规范的帽子。语言的大众化基于政治的民主化。

科斯托马罗夫（Костомаров）(1994)认为,报纸语言同时具有书面语和口语的特点,这种双重定位使得报纸语言中出现了极化语言单位。报纸语言的这种语体特征在词汇层面表现突出。报纸语言的书面语特征表现在吸收外来词汇、古斯拉夫词汇、崇高词汇、宗教礼仪性词汇和术语词等。社会政治词汇在报纸语言词汇空间占据了重要位置,国家的重大政治事件往往是人们关注的重点,在这一领域所产生的词汇更多,使用也更积极。报纸语言的口语性特征表现了报纸语言中口语的扩张性特点,它可以加强报纸语篇的对话性,促进与读者的交流和沟通。在词汇层面,报纸语言的口语特征表现在口语词汇、俗语、行话的使用上。报纸语言中的口语词汇和情感评价性词汇可以使言语变得生动、随便和无拘束,为读者营造一种便于接受报纸语篇内容事实和内容观念的信息。索尔加尼克（Солганик）(2003)认为,报纸语言中出现了新的表达风格,其特点是自由思维和语言手段的选择,抛弃思维定式,扩宽报纸词汇,积极使用口语成分、街道语言、黑话。

科斯托马罗夫和索尔加尼克虽然揭示了报纸语言的特点,但没有从根本上阐释其原因。因为苏联对标准语的划分是基于官方当时的认定,他们把语言划分为标准语和非标准语,同时把标准语划分为书面语和口语,而把非标准语划分为方言、俗语、行话、骂人话,并规定了语言使用的领域。这种把语言划分为三六九等的做法已不符合时代发展的需要,虽然现在还没有统一的语法,但人民大众的语言成了时髦,报纸语言体现了大众的追求。

因为,报纸的生存依赖于大众的购买,如果报纸不能用大众的语言来向大众传播信息,满足大众的需求,就根本卖不出去,体裁和题材的情况亦是如此;讨好买者,买者是上帝,并想之所想,说之所知,用他们自己的语言说他们自己的事,才会有读者。社会人群的多样性决定了使用语言的多样性。他们所喜欢的就是规范。

4.1.2 现代俄语报刊政论语体的特点

巴拉斯(Барлас)(1978)认为,报纸全面而充分地体现了政论语体,因此报纸语言和政论语体这两个概念是相同或近似的。在现代大众交际研究中常常使用报纸语言这一术语,传统上人们把报纸语言划归为报刊政论语体。从严格的术语学意义看报刊政论语体与报纸语言并不一样,但同时从非严格的意义上讲这两个概念由于报纸语言是政论语体的核心而完全可以互换。报刊政论语体用于社会活动的各个领域,如政治、经济、社会、文化、科技、教育、体育、娱乐、广告等,其表现可分为口头和书卷语两种形式:口头形式如广播、电视、演讲、会议讲话和自媒体等,书卷语形式有报纸语篇和杂志文章,具有丰富的语言表现力和强烈的感情色彩,其任务是让受众接受作者的内容和观点,达到认同,产生共鸣。报刊政论语篇作为一种重要的大众交际领域的言语产品,内容包含了国际国内政治、工农业经济、金融、文化、科技、军事和国际热点等各领域的问题,涵盖了大众社会活动的各个方面,因此,报纸语言被称为全民族的语言。研究现代俄罗斯报纸语言,不能仅从语言学角度来观察报纸语言,还需考虑报纸的受众、类型、意识形态、创办者、赞助人、广告商等因素,并由此划分出了不同的报纸类别:亲政府和反对派报纸、高端人士报纸和大众报纸、传统性报纸和通俗性报纸、年轻人的报纸和专业类报纸等。

俄语报刊政论语体的报纸语篇区别于其他语体,如科学语体、公文事务语体、文艺语体和日常口语体的语篇,有其自身的特点。报纸的出版发行时限很短,报纸的出版发行和报纸语篇的创作并不是由一个人来完成的,需要许多记者和撰稿人的共同努力,还必须顾及各种社会因素。报纸语篇的内容非常宽泛,可以说涵盖了国际、国内社会生活全部领域,不同的报纸,其社会定位也不相同,有全俄发行的报纸有地方报纸,有专业性报纸,也有通俗小报,因此,报刊语体具有鲜明的特征。

报纸作为承载着报刊政论语体功能的一种大众媒介,它面向现代俄罗斯社会各个阶层的受众,反映公民社会生活的各个领域的信息。社会因素的变化同样影响和制约着报纸语言的变化和发展,俄罗斯政治的民主化、经济的私有化、文化的多元化、传媒的自由化等等,对报纸语言产生了很大的影响。报纸的社会角色定位、角色心理定位、价值取向定位都要求报纸语言要有针对性地、有目的地选择适宜的语言手段进行报道。因此,报纸语言中出现了口语化倾向,在遣词造句上与以往相比有了很大的变化,报纸语篇的体裁和题材也随着时代的发展呈现出多样性。

首先,从词汇方面看,在报纸语篇中出现了许多新词,它是通过吸收新的外来词语和方言、旧词复活、旧词新义、行业用语大众化、造新词、按需新造缩略语、网络和自媒体产生的新词语来实现的。报纸语言具有鲜明的时代性,反映了一个时代的变化和发展,描述了这个时代的特点,报纸语篇中的词汇集中体现了这种发展和变化。现代俄罗斯报纸语篇中词汇的发展变化是社会、语言、人的心理相互作用的结果,它反映了俄罗斯的时代变迁、政治的多元化、经济的私有化、社会的信息化、报纸功能和报道模式的变化以及大众与媒体人求新求异的心理。这些词汇方面的新特点,同时在报纸标题中也得到了鲜明的体现。如:

Города оценят по"интеллекту"(Известия 3.08.2018)(例 1)

Девушки, для дела обнажите тело!(КП 8.02.2006)(例 2)

Малый бизнес — большие проблемы(АиФ 12.10.2005)(例 3)

Дуракам《умные》дороги не помогут(Известия 1.06.2006)(例 4)

从上述例子中可以看到,这四个词 по"интеллекту"("按照智力")、обнажите("裸露")、Малый бизнес("小生意")、Дуракам("傻瓜")出现在报纸标题中反映了一个时代的特点。例 2 中"姑娘,为了事业请裸露身体"中的裸露一词,在苏联时期的报纸标题中很难遇到;例 3 中"小生意面临大问题"反映了市场经济中私有制经济的一些问题。

从修辞角度看,俄语报刊政论语体"兼具表现力与程式化"。苏联时期报纸作为苏联共产党的喉舌,具有深深的时代烙印,对报纸内容有严格的审查制度,报纸语言要完全符合俄语标准语的要求,报纸语篇中很少出现行话、黑话、方言等词汇,口号式的程式性言语结构在报纸语篇的标题中经常出现,主要发挥报纸的报道和鼓动宣传功能。在报纸语言词汇中政治类和经济类占比较大,用词体现了严肃、庄重的特点。苏联时期报纸语言的政治性很强,集中宣扬苏共的纲领、方针、政策,反映社会各行各业进步的内容占据了绝对优势。在报道苏联国内社会、政治、经济和文化等内容时,几乎都是异口同声从正面进行报道,而对社会中存在的问题则避而不谈。因此,这一时期的报纸可以看作国家的宣传机器。现代俄罗斯报纸语言的表现力更加突出,表现手段也更加多样,而报纸语言的程式化特点也随着时代的发展而不断减弱,语言的表现力则在加强。报纸最为基本的功能是报道功能和感染功能,其终极目标是让受话人接受并认同说话者所说内容,产生共鸣。

作为报刊政论语体的言语作品——报纸,其功能定位要求决定了它的语体特点。报刊政论语体具有公开的思想性、广泛的信息性、事实的罗列性、信息的及时性和传播的广泛性,同时还拥有十种语言外特性:报道的现实性、报道的形象性及形象的多样性、报道的普及性、信息评价的鲜明性、报道的论战性、报道的简明性、信息的准确性、信息的大容量性、报道的程式化、报道的感染力。学者王福祥等认为,报刊政论语体的特点是:确凿性、严谨、郑重、概括性。科任娜认为,报刊政论语体的特点是现实性、严谨性、概括性和论据性。报刊政论语体的特点在不同的时代背景、不同的体裁和题材中它们的表现都并不一样。如社论、指令性文章、决议、普及性文章、述评、分析性文章倾向于采用分析综合性叙述,其语体特点接近于公文事务语体和科学语体,同时又鲜明地体现了报刊政论语体的评价因素;其他一些体裁,如人物传记、小品文、速写等接近于文艺语体,但同时又体现了政论语体的特点。苏联时期报纸体裁中社论、指令性文章、决议、理论性文章非常普遍,语言严谨、确切、庄重,而现代俄罗斯报纸语篇中类似体裁的文章较少。由于报纸有各自的定位,诸如上述体裁的文章多出现于《俄罗斯报》中,该报纸属于唯一的政府性报纸,政府官方文件,如决议、法律法规等文件大都刊登在该报纸上。

体裁不是永恒不变的,这是一个不争的事实。目前,俄罗斯报纸语篇的体裁处于动态变化中,对话性的体裁逐渐占据主流,社论、特写、讽刺小品被信息性和分析性体裁,如访谈、对话、评论文章等排挤,报纸语篇的对话性趋势日益明显。报纸体裁中对国内各领域及国际事务进行评论的述评性文章获得了越来越广泛的普及性。

索尔加尼克认为,俄罗斯报纸体裁发生了很大变化,苏联时期的社论、特写和小品文很少出现在报纸中,而且体裁之间出现了相互渗透现象。(Солганик, 1996:18)

苏联时期报刊中经常出现的社论和各种激情澎湃的政论性抨击文章在现代俄罗斯报纸中的确已经很少见,在报纸上很难看到具有鲜明的阶级性和意识形态的批驳性的文章,取而代之的是更为理性的分析评论性文章,即使在俄共的党派报纸《真理报》中,也不见了这样的文章。它反映了报纸语言的时代特点,社会政治的民主化带来语言的大众化。

报纸的体裁和题材是一个动态变化的过程,各种语体的特点在报纸语言中交会,题材内容也在不断发生变化,这与社会、政治、经济、民族文化、民众心理和需求都密切相关。体裁和题材的变化同时也影响报纸标题的形式与结构。通过数据统计可以看出,苏联时期的报纸标题多以概念性的称名结构为主,通过标题很难判断语篇的具体内容,只能在读完文章后才能了解标题所示内容和思想。现代俄罗斯报纸标题,尤其是标题系统,使用称名结构的标题并不多,特别是在报纸头版,即使是使用了称名结构作为标题,但通过标题系统也完全可以预测出标题所讲内容,极大地节约了读者的时间,更好地实现了作者与读者的互动。

4.2 现代俄罗斯报纸标题的语言表现力手段

20世纪末,俄罗斯的社会政治和经济的变革加速了语言发展的进程,语言向着民主化、自由化和口语化方向发展。大众媒体的语言以及言语产品及时反映了俄罗斯社会的变化,媒体语言的变化在很大程度上是由语言外因素引起的,如书报检查制度的取消,出版和言论的民主自由,社会意识形态的分层,大众媒体间的竞争都对媒体语言产生了深远的影响。苏联时期的报刊政论语体的词汇使用上,书面语词汇占据了绝对优势,报刊采用程式化的规范性语言进行报道。

现代俄罗斯报纸标题中常常采用各种语体风格的词汇和修辞等手段,如外来词、旧词复活、旧词新意、方言的吸收、行业用语的大众化、新造词、网络新词等,来加强报纸标题的表现力和情感色彩,以吸引读者的注意力,同读者建立交际接触,对读者施加影响。现代俄罗斯报纸标题主要使用的语言表现力手段有:词汇手段、辞格手段、韵律手段、图示游戏手段等。

4.2.1 标题中的词汇手段

现代俄罗斯政治的民主化、经济的私有化、思想意识形态的多元化使报纸语言更加贴近民众,报纸语篇的作者在有意识、有目的地针对读者的兴趣、爱好、心理需求选择适宜的语言创作标题。因此,在报纸标题中经常会出现具有表现力色彩的词汇,如外来词、旧词新意、缩略语、俗语词、行话、口语词汇、自创随机词、成语变体,甚至是低俗词等。如:

Self made дирижер(Коммерсант 17.08.2008)

ФАС на монополистов(Коммерсант 17.07.2008)

Не в то *BTO*(Коммерсант 04.09.2008)

Welcome,граждане!(Коммерсант 18.09.2008)

Поколение *NEXT*:без цензуры(Коммерсант 09.10.2008)

Армии все параллельно и перпендикулярно(Коммерсант 06.05.2011)

Слабое место сильного пола. Здоровая печень—и ты *мачо*!(КП 20.03.2008)

ВЭБ пересаживают с *Airbus* на *Superjet*(Коммерсант 11.07.2013)

现代俄罗斯报纸语言的鲜明特点是在报纸标题中广泛使用了随机词和成语改造手段来加强语篇的表现力,突出标题中的重要交际成分。随机词和成语改造手段的实现是有意违背通用的表达方式,破坏稳定性,在标题中引入意想不到的词汇来达成目标。报纸标题中使用带有社会热点和民族特色含义的自创词和成语变体可以赋予报纸标题生动形象和时髦的特点,同时也能激发读者去阅读语篇。如:

Не дадим им *сесть в калошу*(Независимая газета 28.03.2007)(例1)

Вся жизнь—театр,а люди в нем—《вахтеры》(АиФ 13.09.2007)(例2)

Евроненавидение(КП 24.03.2017)(例3)

例1中的 сесть в калошу 是一个成语,意义为"出丑,受窘",示例中表示"我们不会让他们难堪"具有鲜明的主观情态,直接抒发了作者意见。这种标题能够很快从心理上拉近作者与读者的距离,取得读者的认同。

例2是俄罗斯政论家特洛茨基的名言 Весь мир—театр,а люди в нем вахтеры 的改造,作者移花接木做了小的改动,使标题形象、生动,具有了更强的表现力和表情色彩。

带有先例文本成分的标题可以把具有文化联想的上下文语义附加在标题意义上,受话人能否理解标题的含义取决于受话人是否具备相应的文化背景和知识。这些文化知识包含在人类社会文化活动历史的产品中,从民间故事到电影、文学、歌曲等。巴赫金在强调他人的话是指惯用语、格言、成语、熟语、引语和其他流行的名言时说:"我生活在别人的话语世界,我的全部生命是理解这个世界,是对别人的话语的反应。"先例表述所包含的形象意义可以让作者在互文性标题中构建某种评价性想象,对语篇中事件、现象或人物形成一定的态度。互文性标题可以激发作者与读者之间的共鸣,产生共同的联想,进而对语篇的理解产生一定的促进作用。互文性标题能够很好地在作者与读者之间建立联系和对话,它具有非常丰富的文化内涵,即使在很短的标题内都可以蕴含大量的读者能够察觉或熟知的信息,为作者与读者架起一座沟通的桥梁。

奇吉琳娜(Чигирина)(2007)认为,现代俄罗斯报纸标题中的先例现象是苏联时期的两倍,苏联时期的报纸标题常常使用引用,而俄罗斯时期则使用伪引用。苏联时期的报纸语言程式化较强,表现力不足,比较墨守成规,在使用先例文本上往往原封不动地照搬照用。现代俄罗斯报纸语言更加贴近民众,在报纸标题中经常出现具有表现力色彩的词汇,如旧词新意、自创随机词、成语变体、口语词汇等。因此,报纸标题中先例文本的伪引用就不难理解了。现代俄罗斯报纸标题中的先例文本主要来源有:文学作品、民间创作、流行歌曲、历史性格言和口号、艺术电影、古代文学、《圣经》和电视作品。

互文性标题中也经常使用具有民族文化知识的成分,如成语、熟语、格言和源自著名文学作品的引语及其变体,来达到吸引读者注意的目的。这些互文性标题的文化内涵是建立在受众认知基础上的,能使标题更加形象和有力,以吸引读者的注意,从而邀请读者进一步认识报纸语篇的内容。如:

Горе ума (Завтра 20.08.2008)(例1)

Без винила виноватые (Новая газета 1.04.2004)(例2)

Пошла спасать губерния (Коммерсант 26.12.2008)(例3)

在例1中"智慧的痛苦"借用了俄国作家的戏剧作品《聪明误》的题目(《Горе от ума》),很容易让读者联想到报纸标题的含义,形象生动地将作者的思想传递给了读者。

例2中借用了大众耳熟能详的俄国剧作家奥斯特罗夫斯基的《无辜的罪人》(《Без вины виноватые》)来说明不是唱片的错,让读者能够对标题的内容和思想一目了然。互文性标题的使用增强了标题的表现力。

例3中的标题来自俄国作家果戈理的作品《死魂灵》中乞乞科夫的一句台词 пошла плясать губерния,表示全部都动起来了。从例3中读者联想到了果戈理的经典名句,将会预测语篇内容是否也在讲述官员所谓的忙乱。标题调动了读者的情绪,激活了读者的思想,进而促使读者进一步去阅读。

4.2.2　标题中的辞格手段

语言游戏,指创造性地使用语言手段,能产生对读者意想不到的影响力。语言单位的语义是最丰富的游戏源头。作者在报纸标题的创作中选择使用词或词组,借助于它们的直义和转义,常常出现意想不到的效果。现代俄语修辞学把语义辞格理解为词的转义用法,目前对语义辞格有四种认识,语义辞格的狭义理解是完成修饰功能的隐喻与借代,广义理解分为三种:第一种认为反语、夸张、缩小、曲意等属于语义辞格;第二种认为任何带有两个层面语义的语言手段,如隐喻、借代、双关语,还包括带有转义的言语辞格,如反语、代替、象征、提喻等,与是否完成修饰功能无关;第三种认为所有完成修饰功能或完成如隐喻、借代、双关、对比功能的语言手段列为语义辞格。分析得出,语义辞格是为了生动形象地表达作者的某种思想和抒发情感。通俗讲就是言语中的张冠李戴。在报纸标题中使用各种语义辞格,是为了通过生动形象的表达,引起读者的关注,激发读者对语篇内容的情感,从而影响读者。

1) 带修饰语的标题,可以形象地说明对象的特征,传递对所述对象的评价,建立某种氛围和情绪,常常使用形容词作为修饰语。如:

С сентября внешнеторговое сальдо страны выросло на *рекордную* величину (НГ 10. 11. 2008)

Голливудская улыбка, преобразившая Монако (МК 13. 10. 2008)

Европейский привет от нижегородской бабушки (Труд 20. 10. 2008)

Кукольные итоги (НГ 16. 10. 2008)

2) 带有重复词汇的标题,可以起到广告功能,能引起读者的注意,加强标题的表情色彩。如:

Арабеск за *арабеском* (РГ 01. 10. 2008)

Этот неправый *правый* (РГ 01. 10. 2008)

Сравнить *несравненное* (НГ 17. 10. 2008)

Брат заплатит за *брата* (Коммерсант 18. 02. 2009:)

История *историка* (Известие 30. 10. 2008)

3) 带有对比辞格的标题,可以引起读者的注意。如:

Получите *голой бабы* с постера *билет* бесплатный без компостера! (КП 17. 10. 2000)

В сто раз лучше отдаваться этим *усачам*, чем *слюнявым* ленинградцам или москвичам? (КП 01. 09. 2005)

А ты такой холодный, как *айсберг* в океане. Но если ты уйдешь, тогда заплатишь мани. (КП 30.08.2005)

Жизнь стала сладкой, как *малина*! Не обойтись без гуталина? (КП 23.08.2005)

4）带有夸张辞格的标题。如：

Вода как *стекло* (КП 10.02.2010)

Нарастила девица ресницы—Те загнулись до *поясницы*! (КП 26.10.2000)

5）带有拟人辞格的标题。如：

Россияне не хотят выводить доходы из *тени* (КП 19.11.2007)

Если доллар *упадет* до... (АиФ 21.11.2007)

Кризис *раскалывает* мир (НГ 10.11.2008)

Америка уже *голосует* (НГ 27.10.2008)

6）带有反语和双关语的标题，可以揭示不同现象的特征，表达评价。反语和双关语的特殊交际功能使其成为标题中使用最频繁的修辞手段之一。如：

Терпение и труд лишний жир *перетрут* (КП 17.01.2007)

Сытый голодного не *понимает* (НГ 27.10.2008)

В *розовых очках* кризис не так страшен (НГ 21.10.2008)

Туристов просят《*бдить*》(АиФ 28.08.2008)

7）带有隐喻辞格的标题，有简洁、形象、生动以及间接性的特点。标题中采用隐喻能够吸引读者，浓缩文章信息，引导舆论。标题隐喻来源于人们熟知的领域，所以选择隐喻时要照顾到读者的平均水平。如：

*Горюч*ая угроза (РГ 22.11.2007)

Маслины и оливки: *близнецы* с одной ветки (АиФ 21.11.2007)

Йогурт—*долгожитель* (АиФ 21.11.2007)

Арктическая гонка (НГ 7.11.2007)

8）具有创意性的标题，通常以标题的词汇和语义组合，赋予标题新的意义，使读者耳目一新，增强了标题的表现力和感染力。如：

Онии *гнобили* науку (РГ 22.10.2008)

Разукрупнить и *разофицерить* (НГ 15,10.2008)

Черное солнце (Ведомости 26.08.2005)

Рукодельная войнушка (Новая газета 27.10.2008)

9）带有讽刺幽默辞格的标题。如：

*Бизнес **малый**，а проблемы **большие*** （АиФ 17.11.2006）

Кнут и пряник**—**пытка и подкуп （НГ 22.08.2002）

*Хуже не будет，но и лучше—**тоже*** （НГ 10.04.2002）

10）带有对照辞格的标题。如：

***Новое**—это добытое из сундуков **старое**!* （КП 24.11.2000）

*Две цивилизации：**Человек и паразиты*** （КП 18.09.2008）

***Маленький** соперник **ведущей** державы* （НГ 27.10.2008）

4.2.3　标题中的韵律手段

报纸的节奏性标题指标题具有一定的韵律。标题突出醒目的字体与和谐的韵律往往会给读者留下深刻印象。这样的标题朗朗上口，节奏感强，受到受众的喜欢；这样的标题易懂好记，对受众阅读理解语篇帮助很大。如：

***Дуэль**，кончившаяся **ДУЭ**том* （КП 04.06.2007：8）

ГАЗ** на предза**КАЗ （Коммерсант 17.12.2008）

***Поедим**—и тоску **победим**!* （АиФ 30.07.2005）

*Дамы при **власти** разыгрывают **страсти*** （Коммерсант 25.02.2005）

*Сыновья **воюют**，а《сынки》—**жируют*** （Завтра 27.08，2008）

*Чтобы ребенка **ВОСПИТАТЬ**，суперняней нужно **СТАТЬ**!* （КП 23.05.2007）

*Готовишь **ОКРОШКУ**？Забудь про **КАРТОШКУ*** （КП 30.05.2007）

4.2.4　标题中的图示游戏手段

现代俄罗斯报纸标题为了吸引受众的注意使用了独特方式——标题的图示效果，图示效果是对语篇包含的信息进行一定的直接和视觉上的解释。报纸标题是语篇独特的向导，是语篇重要性的指标。报纸标题通过自己的尺寸和位置让读者明白，编辑是如何看待语篇的重要性或趣味性的。借助标题完成了报纸的装饰任务，因为报纸的标题系统把各种语篇进行了切分，并赋予报纸版面一定的特色。借助报纸标题字体尺寸、创意缩略语、位置等，标题能够吸引读者的注意，表达作者的情感和对语篇内容的态度，完成与受众的交际。如：

*《**Ч**》＋ **24*** （РГ 27.082008）.

*Как до **П**иться удвоения ВВП？* （АиФ 19.05.2009）

Чехи загружаются в *Sunrise*（МК 18.12.2009）

Программа *second hand*（Российская газета 27.08.2003）

Катастрофа *made in USA*（Завтра 16.07.2008）

Вырулить на *ШОС*е（Российская газета 28.08.2008）.

Алла Пугачева стала *ГЕЙ*шей（КП 01.10.1999）

4.3　现代俄罗斯报纸标题的结构特点

4.3.1　现代俄罗斯报纸标题的类型

20 世纪 60—70 年代,语言学家关注标题的研究,并把标题看作书面语篇和报纸语言的最典型的表现,对标题的研究主要集中在标题的句法和修辞特点,以及标题的语用功能上。在俄罗斯学者的研究中,对标题的语法属性的定义出现两种极化的方法,即标题是句子或标题不是句子,这两种对立的观点是基于标题多数是以称名结构产生的。维诺格拉多夫认为句子总是对应着现实和交际行为,句子包含着某种情态和时间特征;他认为简单句最重要的语法特性是述谓性,据此可以把所有标题分为句子和非句子,具有述谓性的称为句子,否则就不是句子。

巴格达诺娃（Богданова）（2012）通过对 17—20 世纪末英国作者文学作品的研究,建立了标题结构语义的分类。他把标题分为:称名结构（专有名词和普通名词）、主从和并列词组、句法短语以及双部句标题。在研究标题与语篇之间的关系特点时,研究者区分出了几组标题:指称行为人、行为地点、行为时间、事件情节和主要思想。巴格达诺娃通过分析得出,在题目中使用专有名词的占 16%,普通名词的占 12%,主从词组的占 56%,并列词组的占 8%,句法短语的占 3%,句子的占 5%。

普罗霍洛娃（Прохорова）（2001）把标题系统分为述谓结构和非述谓结构,并对这两种结构进行了详细的划分,其中,非述谓结构包括:

（1）称名结构,称名性的名词或名词化形容词结构

- 使用不广泛的称名结构（名词—格）

- 使用广泛的前置和后置称名结构（以名词—格为主的词组）

- 称名结构的主要词语是名词化的形容词

（2）副词结构（以副词为主）

（3）数词结构（以数词为主的结构）

（4）代词结构（主要词语是代词）

（5）碎片结构

普罗霍洛娃认为,碎片结构包括句子部分结构（如从句）、以单独名词间接格为主（二格组合、包含比较级形式的结构、感叹结构）的句子结构。述谓结构包括简单述谓结构和复合述谓结构,复合述谓结构包括复杂句法整体,他把标题系统看作复杂句法整体。

报纸标题作为独立交际单位的表述可以看作具有语法述谓特征的句子结构,同时作为称名单位,即作为语篇的名字,标题还可以是一种表达命名的结构,因此标题形式和内容的冲突关系是标题的特点。从形式上说,可以把标题分为称名标题和动词标题,而任何结构的标题都结合了称名行为和述谓行为。不论标题是什么结构,它首先是称名,只不过不是以名词表达称名,而是以其他形式。然而,在标题的表层结构上这些范畴的表达并不相同。科任娜认为,在标题的形式结构中外部功能占据主导地位时,标题具有述谓性,形成动词结构,当标题结构中以称名性为主的内部功能占据优势时,标题使用称名结构,不表达述谓性。

巴哈列夫（Бахарев）（1970）认为,报纸标题属于句法结构,并根据报纸标题的特征把标题分为了以下十种结构:称名标题,自由句法形式标题,带有动词或名词性谓语的双部句标题,带有述谓句法形式的双部句标题,带有无形式主语的标题,单要素非称名句,谓词由名词或副词形式、前置词格构成的标题,无主语和谓语标题,复合句标题,对话标题。

俄罗斯学者还从不同的标准出发,对报纸标题做出类型划分。加利别林（Гальперин）（1981）按照标题中的内容事实或内容理念信息把标题分为:（1）象征标题;（2）提纲标题;（3）引语标题;（4）报道标题;（5）暗示标题;（6）叙述标题。

科马罗夫（Комаров）（2003）从语用方面划分出三种类型的标题:事实标题,它是事实对象逻辑信息的载体;判断标题,表达作者对现实和现象思考的结果;指示标题,它是对现实和现象的理解和思考的结果,并激发读者完成具体的非言语行为。

波波夫（Попов）（1966）从结构方面把标题划分为:对话和谈话言语的结构标题、碎片式标题和称名结构（一格名词或以一格名词为主的词组）标题。

现代俄罗斯学者还从报纸标题信息的饱和度,把标题分为标题简讯、标题概要和标题引语;按照标题的形式,把标题分为韵律标题、同音重复标题、色彩标题、口号式标题和互文性标题;标题还可以分为疑问、祈使、感叹类标题;从结构上标题还可以分为分割结构、问答式结构、肯定疑问结构、截短结构。

俄罗斯学者从句法结构对报纸标题进行了分类,巴格达诺娃把标题分为:称名结构、主从和并列词组、句法短语以及双部句标题。很显然,巴格达诺娃没有把复合句标题以及特殊句法结构的标题纳入分类,虽然这样的标题所占比例不高。而且她把称名结构与名词词组对立的做法也不利于对标题句法结构的划分。普罗霍洛娃把标题系统分为述谓结构和非述谓结构,又对述谓结构和非述谓结构进行了详细的划分。她把名词和名词化的形容词一格列入了称名结构,而把数词、代词结构与称名结构对立,不利于标题句法结构的研究,而且,普罗霍洛娃把名词间接格和分割结构划到碎片结构,统一归为非述谓结构。实际上,现代语言学家把名词间接格结构划归称名结构,而把分割结构单独划入非述谓结构也有不妥之处,虽然分割结构孤立地看并没有述谓成分。巴哈列夫从不同角度对标题句法结构进行了分类,其中包括对话标题,很显然,这种划分标准不统一造成分类内容的交叉。

可以看出,俄罗斯学者们对报纸标题的句法属性分类并没有取得一致意见,他们从不同的角度出发,把标题看作词或词组、称名句、双部句、述谓结构、非述谓结构。部分学者对标题分类过于笼统,无法全面解释报纸标题中语言现象,而部分学者对报纸标题的分类则非常详细,标题类型有时相互交叉,类型复杂,如巴哈列夫把标题按句法结构分为十种类型,这样不利于理论对实践的指导,难于掌握标题制作的方法。

本书认为报纸标题可以是任何一种句法结构,它具有不同的功能并完成一定的交际任务。在意义方面,报纸标题对事件做出报道和指示,如果标题内容是对事件的称名,那么标题的形式组织就是作者对事件的解释。报纸标题可以从句法结构角度分为以下几种类型:简单句标题(称名句、其他单部句和双部句)、复合句标题、特殊句法结构标题。其中简单句标题包含:确定人称句标题、不定人称句标题、泛指人称句标题、无人称句标题、不定式句标题、称名句标题、成语化结构句标题;复合句标题包括并列复合句标题和主从复合句标题,并列复合句标题中各分句间的意义有联合、区分、对别和对比四种关系,主从复合句标题包含说明、限定、比较、时间、条件、让步、原因、目的、结果复合句的标题。特殊句法结构标题包括分指结构、残余结构、提位复指结构、问答结构、分割结构标题,它们是口语化的句法结构,每种句法结构的标题都有一定的针对性。

4.3.2 现代俄罗斯报纸标题的句法结构特点

作为交际单位的报纸标题,具有报道功能。报纸标题承担报道功能的可以是简单句,也可以是由简单句组成的复合句,还可以是称名句。在现代俄罗斯报纸标题中不同报纸、不同体裁和题材的语篇标题,其表现形式各有不同,句法结构也有很大差别,标题所完成的具体功能同样各有侧重点。我们在研究了现代俄罗斯主流报纸,如《消息报》《俄罗斯报》《共青团真理报》《独立报》《生意人报》《真理报》《论据与事实》《莫斯科共青团员报》等2000多个报纸标题的基础上,根据俄语句法理论把报纸标题分为以下几种类型:简单句标题、复合句标题、口语化结构标题。

根据对所采集标题的粗略平均统计,在现代俄罗斯报纸标题中,使用最多的句法结构形式是简单句,主要出现在主标题中,约占84.3%;其次是复合句,约占9.2%,复合句标题广泛使用于报纸标题系统的副标题中;最后是口语化结构,由于其具有明显的口语性,也用作标题,加强标题的对话性特点,约占 7.5%。简单句标题在现代俄罗斯报纸主标题中占据主导地位,称名句标题占到简单句标题的 33.8%。对于不同类型的报纸,其标题的句法结构的分布也不一样。如《生意人报》的主标题中简单句标题占到约 95%,称名句标题只占简单句标题的 9.5%。

（一）简单句形式标题

简单句是所有报纸标题使用最多的结构。在统计分析的各类报纸中,报纸标题使用简单句占据了绝对优势,这与报纸标题的语用功能密不可分。现代俄罗斯报纸常常使用标题系统,而完成称名功能的主标题只是标题系统的重要成分,标题系统还包括副标题、提要题、引题等多个标题。因此,主标题对语篇和读者而言,其重要的功能不是完整报道语篇内容,而是完成对语篇的称名,以吸引读者的注意,建立与读者的心理接触。使用简单句标题的目的是压缩性报道语篇内容,通过语言表现力手段吸引读者注意,为读者继续阅读做好铺垫。

（1）单部句形式的标题

现代俄罗斯报纸标题中使用简单句做标题的类型包括单部句和双部句,其中单部句标题的句型有确定人称句、不定人称句、泛指人称句、无人称句、不定式句、称名句、成语化结构句。

● **确定人称句形式标题**

单部句的确定人称句与使用人称代词（я、ты、мы、вы）做主语的双部句非常类似,单部句确定人称句中没有主语,这就凸显了动词的行为意义,在修辞色彩上简洁、生动,具有丰富的表情色彩。如：

Выбираем качественную сантехнику（КП 6.01.2015）

Пока предупреждаем（Правда №60.2018）

Доем после вас новогодние салаты（КП 21.01.2015）

● **不定人称句形式标题**

不定人称句形式标题虽然具有行为主体,但没有明确地表示出来,只强调动词所表示的行为,而并不在意行为的发出者,报纸标题中常常用来表示受众众所周知的行为主体。在报纸标题中不定人称句实现了两个语义内容:在称名方面,不定人称句表示事件的某种状态,这时并没有确定的行为主体,在交际方面,它指出了事件与时间和结果的关系。不定人称句形式的标题主要用于社会活动和法律诉讼程序范围,这说明不定人称句形式的标题是在作者与读者的统一认知基础上进行的。如：

Вернулись героями（Известия 27.02.2018）

Города оценят по "интеллекту" (Известия 3. 08. 2018)

Возьмут курс на роботов (Известия 3. 08. 2018)

- **泛指人称句形式标题**

泛指人称句大多用在成语、谚语、熟语、格言、俚语中，以及用于普遍真理和现象，报纸标题使用此类句型做标题，可以加强标题的广告效果、表情色彩和影响力。如：

Рим, теретьим будешь? (Новая газета 29. 03. 2004)

Больше видишь—целее будешь (КП 12. 09. 2008)

- **无人称句形式标题**

无人称句形式标题的概念，主要沿用了传统语法概念，在无人称句形式的标题中可能有明确的主体或人称。这类标题表示的语义非常丰富，可以表示自然现象和自然状态，表示人的心理感受，表示事物的存在与否等，因此，这种标题具有一定程度的表情色彩，能够反映作者对报道内容的态度和评价。如：

Иногда мне страшно от самого себя (МК 18. 10. 2008)

Не, надо кошмарить бизнес? (МК 23. 12. 2008)

Нужна ли студентам картошка? (РГ 25. 09. 2008)

- **不定式句形式标题**

这类标题中的主要成分由动词不定式表示，可以表示行为必然发生和不可避免，或表达可能、不可能、需要、应该等行为，还可以用于祈使句中表示命令、指示等。不定式句在报纸标题中经常与疑问代词、疑问副词和疑问语调一起使用，这样，标题就具有鲜明的表情色彩和评价，直接与读者进行对话。如：

Что пить в Новом году? (МК 28. 12. 2001)

Сравнить несравненное (НГ 17. 10. 2008)

Где лучше хранить сбережеия? (КП 6. 01. 2015)

Как встретить праздники счастливыми (КП 6. 01. 2015)

- **称名句形式标题**

称名句的主要成分由名词或名词词组一格形式，以及带前置词的名词间接格形式构成。称名句形式的标题具有称名功能和很好的广告效应，根据标题语义功能的不同，可以分为纯称名句标题和情感评价称名句标题。纯称名句标题指出后续语篇的主题，情感评价称名句标题表示句中评价伴随着称名意义。情感评价称名句分为两种，包括评价称名句和情感评

价称名句,其中,评价称名句成分中含有评价性定语。如:

Горькая доля наших экспериментов（МГ 28.04.2004）

情感评价称名句包含感叹词或情感评价语气词。如:

Ай да Пуськин!（Коммерсант 16.02.2002）

报纸标题称名句的语义(词汇语法)类型有:事件称名结构、特征性称名结构、概念称名结构。事件称名结构的表层结构中的主要成分是由动名词和物体名词表达的,它可以让读者进入一定的情景中。如:

Поддержка на триллион（Известия 18.09.2018）

Контролируемое кровопролитие（Завтра 28.10.2008）

Тепловой удар（Правда №60.2018）

Уголовные выборы（Правда №101.2018）

在特征性称名结构中名词主格往往伴随着定语,这时与活动情景的关系正是借助特征来传达的,它具有表征意义,并嵌入特征性称名结构的主体述谓语义中。如:

Любовный многоугольник（Советская Россия 30.10.2008）

Последний офис（Известия 3.08.2018）

概念称名结构不仅表达现实,而且反映语篇的主要话题。如:

Витамин счастья（МК 6.12.2008）

Батька на выданье（МК 23.12.2008）

Фактор стабильности（Известия 12.07.2018）

这种类型的标题可以对现实世界某些现象进行称名,表达作者的主要(评价)思想,在这个意义上这种标题接近于文学语篇的标题。带有这类标题的语篇常常是带有分析性成分的信息类体裁,这类标题具有很强的概念性。

- **成语化结构句标题**

成语化结构句标题指标题结构中各要素的关系和整个结构的语义都是独特的,无法用一般语法规则解释,因已约定格式,有鲜明的民族文化色彩,因此具有丰富的表情色彩和评价意义。成语化结构句可以分为名词性成语化结构句和动词性成语化结构句。如:

На курс и цвет товарищей нет（МК 23.12.2008）

Спецназ воевал с вирусами（АиФ 15.12.2004）

На поляков не подействовал немецкий кнут и брюссельский пряник（РГ 26.06.2007）

（2）双部句形式标题

在报纸标题中也常使用双部句标题,在称名方面双部句把语篇的话题作为某种事件报道。在交际方面,双部句指出所述事件与时间及因果关系。从语篇话题名称方面看,双部句标题可以划分为:完全指出报道事件的所有参与者的句子和未完全指出的句子,第一种情况,谓词具有必须性和可选性的题元。如:

Завершается расследование катастрофы А-310 в Иркутске（Коммерсант 26. 10. 2006）

《В США сейчас идет охота на ведьм》（Известия 14. 05. 2018）

《Крымчане показали свою приверженность России》（Известия 20. 03. 2018）

第二种情况,谓词不包含全部必须性的题元,这样就出现了某些语义不完全的情况。如:

Иномарки не помешали（Ведомости 9. 01. 2008）

Тюрьма научит（Коммерсант 26. 10. 2006）

Российские биржи вновь затонули（МК 7. 10. 2008）

前者,语篇内容得到具体化,后者,标题句的意义需要在提要题中得到补充,但不是以具体化的形式,而是通过填充各种评价,补足报道的内容,激活省略的题元。

现代俄罗斯报中以双部句表示的标题中,常以概括的方式进行报道,而信息的具体内容则在接下来的副标题、提要题和语篇中逐渐展开。因此,读者通过阅读双部句标题逐渐进入具体的情景中。

（二）复合句形式标题

复合句形式标题在语法上,各分句相互联系,而并立的分句则是独立的。从交际角度看,简单句形式的标题只能报道一个单独的情景,而复合句形式的标题则一般表达两个或两个以上的情景及其相互关系,有时复合句形式的标题也可能报道一个事件及作者对事件的态度。复合句中各分句之间的联系可以分为并列复合句或主从复合句,并列复合句形式的标题对所报道内容及意义关系的揭示能力比主从复合句弱,因此,在报纸标题中主要是副标题、引题和提要题中常常使用主从复合句形式的标题。分句作为复合句的组成部分,没有完整的语调和信息内容,各分句的情态性也是相互影响的,并在此基础上形成了复合句的情态意义,表现出复合句内容与现实的相互关系。根据之前的统计,复合句形式的标题在报纸标题中的占比为9.2%,而且不同的报纸,复合句形式的标题使用的频率也不同,这是由报纸的社会定位、角色的心理定位等多种因素决定的。

（1）并列复合句标题

并列复合句中各分句在语法上是平等的,并没有从属关系,并列复合句中各分句间的意义有联合、区分、对别和对比四种关系；并列复合句的第二个分句会受到第一个分句的影响，有时会变成不完全句，这也是报纸标题的经济特性要求的，并列复合句的使用能够使标题的信息饱和度更高，发挥标题的报道功能，同时也可以加强标题的情感表现力。如：

Владимир Соколин: Пить стали меньше, а работать—больше (РГ 24.06.2005)

Учиться меньше—платить больше? (АиФ 15.12.2004)

Готовь сани летом, а на курсы записывайся осенью (КП 10.09.2008)

Он улетел, но обещал вернуться? (НГ 9.10.2008)

Тина Канделаки заработала миллионы, а Алла Пугачева закрывает проект за проектом (КП 6.01.2015)

У меня две квартиры, но живу на спортивной базе (КП 6.01.2015)

Крым останется российским, а Украина распадется на 3 части (КП 4.02.2015)

Дикие, но симпатичные (КП 4.02.2015)

（2）主从复合句标题

主从复合句中各分句在句法上具有主从联系，即一部分在句法上从属于另一部分，叫从句，处于主导地位的分句叫主句，主句与从句之间的关系包含说明、限定、比较、时间、条件、让步、原因、目的、结果等。在报纸标题中，主从复合句标题的优势在于能够向读者揭示语篇的内容和思想，报道更多的信息。

- **带有说明句的复合句标题**

带有说明句的复合句标题特点是：主句语义并不完整，通过从句加以说明。在这种标题中主句有表示言语、思想、感受、情感的动词或者名词、形容词等，要求从句来说明具体内容，因此，这类标题表达的信息比较完整，情感鲜明，缺点是不够简练。如：

Француз признался, что у него был секс с Мариной (КП 4.02.2015)

Правительство решило, кого будет спасать во время кризиса (КП 11.02.2015)

В польше показали, как можно поделить Украину (КП 11.02.2015)

- **带有限定句的复合句标题**

带有限定句的复合句标题特点是：主句有名词或者指示代词，从句说明名词或代词所指事物的具体特征和内容。此类标题的信息性强，能够直接揭示标题所指内容和思想。如：

Тонька—пулеметчица: Я не знала тех, кого расстреливаю (КП 21.01.2015)

10 продуктов, которые вы ели неправильно (КП 21.01.2015)

Киркоров продает квартиру, где жил с Пугачевой, за $1000000 (КП 4.03.2015)

- **带有比较级句的复合句标题**

带有比较级句的复合句标题特点是:从句通过比较和比拟来说明主句。此类标题生动、形象,能够表达鲜明的情感和作者的评价,而且并没有降低标题的报道功能,同时对读者具有一定的吸引力。如:

Чем соседу хуже—тем мне лучше (АиФ 26.10.2005)

- **带有时间从句的复合句标题**

带有时间从句的复合句标题特点是:从句用来说明主句行为发生、进行、完成和结束的时间。此类标题的报道功能比较显著,可以向读者传递语篇的内容。如:

《Вдохновение приходит, когда его не ищешь》(Известия 17.08.2018)

Я восемь лет ждала, когда мой будущий муж разведется (КП 21.01.2015)

Когда нас много—мы должны быть под охраной (КП 4.03.2015)

- **带有条件从句的复合句标题**

带有条件从句的复合句标题特点是:从句说明主句行为发生或可能发生的条件,可以表达现实条件和虚拟条件。因此,也具有鲜明的表情和评价色彩。如:

Не было бы счастья, да неправда помогла (КП 4.02.2015)

Он мог бы стать первым человеком на Марсе, если б не бросил жену (КП №151. 1999)

Если шпион любил мед, конец его будет кровавым (КП №220. 1999)

- **带有让步从句的复合句标题**

带有让步从句的复合句标题特点是:从句的行为不会影响主句行为的实现,主句行为即使在从句行为发生的情况下都能够照常进行。此类标题同样反映了作者对标题所报道内容的态度,具有一定的情感表现力。如:

Дебаты по поводу гимна России продолжались, хотя решение о нем было принято... (РГ №42. 2001)

Пусть санкции США будут хоть вечными, Крым мы все равно никогда не отдадим! (КП 18.02.2015)

Деловой климат в России улучшается, несмотря на ограничительные меры США (Известия 20.06.2018)

- **带有原因从句的复合句标题**

带有原因从句的复合句标题特点是：从句说明主句行为的原因。此类标题逻辑性强，同时也能传递作者的情态，具有很好的信息性。

《Не ушли, потому что видим перспективы》（Известия 31.08.2018）

Не было заботы—купили порося...（КП 21.01.2015）

Папа в порядке после катастрофы, он—сильный человек（КП 7.03.2015）

Толя сознательно выпил большую дозу лекарства—он не хотел больше жить（КП 7.03.2015）

- **带有目的从句的复合句标题**

带有目的从句的复合句标题特点是：从句表示主句行为的目的。这类标题可以向读者揭示作者的情感，以及作者对所报道内容的态度。如：

《Жители многих стран хотели бы, чтобы Путин был их президентом》（Известия 28.05.2018）

《Мы бы предпочли, чтобы санкций не было》（Известия 12.07.2018）

Чтобы спастись от вымогателей, мужику пришлось стать моржом（КП 7.03.2015）

- **带有结果从句的复合句标题**

带有结果从句的复合句标题特点是：从句用来表示由主句行为而出现的结果或结论，从句与整个主句发生关系。这类标题同样反映了作者的情感和态度，具有一定的信息性。如：

Одернуть руку, что тянется к Фейсбуку（КП 18.02.2015）

Я сделал смерть такой популярной, что она теперь у меня в долгу（КП 14.03.2015）

(三) 口语化结构的标题

在现代俄罗斯社会，人们日常生活中使用的口语逐渐走进了标准语的行列，口语中无拘束的语言结构形式进入了报纸标题中。现在记者常常使用各种名词间接格形式的组合作为标题，这样的标题具有明确的主位和述位实际切分。标题句法结构的实义化表现在标题句法结构是对标题具体交际目的的辅助，它把言语报道的实质区分为已知和未知，借助于句法手段的实义化可以在情感上区分报道的重要内容，便于读者理解。口语化的句法结构还可以增加标题的吸引力，它更符合大众的言语习惯，可以拉近作者与读者的心理距离，有利于读者预测和解读标题和语篇内容。

报纸标题为了完成作者与读者的交际功能，更多采用口语性的句法结构，从形式上看没有拘束,结构也显得较为松散;而从读者角度看,这样的标题更具有对话性、非正式性和口语性。使用这种标题具有丰富的表情色彩,能够吸引读者把注意力集中在重要的信息上。从语法结构上看,标题各成分相互联系,又相互制约。正是口语句法结构为报纸标题的创作提供了特别丰富的素材。现代报纸标题中的口语化结构可以加强报纸对读者的亲和力,报纸标题的语言不再是抽象的概念性标题,而是用老百姓自己的话讲着老百姓所关心的事。因此,在现代俄罗斯报纸标题中,尤其是大众报纸的标题中,使用口语化结构更普遍。如:

Молодое кино молодого города（Новая газета 18.02.2009）

Зуб за зуб，банк за банк（Коммерсант 19.03.2004）

Карантин в школах：это только начало（Коммерсант 15.02.2010）

Весна пришла.　Весна Данииловна（КП 4.02.2015）

Что делать в кризис? Учиться!（КП 4.03.2015）

Чиновник богат? Значит，воруют!（КП 3.03.2015）

在现代俄罗斯报纸标题中主要包括以下几种口语化句法结构形式:分指结构、残余结构、提位复指结构、问答结构、分割结构。

- **分指结构**

分指结构是为了加强言语表现力和报道效果,用冒号和破折号将话语结构分成两部分,前一部分以名词第一格或间接格形式为主,后一部分可以扩展为简单句。分指结构属于口语结构,符合人的口头言语习惯,先提出主题,而后在思考过程中进行扩展、解释、补充。破折号和冒号分别将分指结构的不同语义进行了区别:使用破折号表示之前部分是主题,之后为述题;带有冒号的标题,通常冒号前的部分说明总体情况,第二部分则对第一部分进行补充和明确。如:

《Наша цель—доставлять посылки за сутки》（Известия 28.05.2018）

В школу—без мобильника（Правда №101.2018）

Карантин в школах：это только начало（Коммерсант 15.02.2010）

ЖКХ：живи как хочешь（Правда №60.2018）

- **残余结构**

残余结构指句子主要部分被分割后而剩下的用作句子次要成分的、可以独立使用的部分。残余结构可以是名词间接格或带前置词的间接格、副词,甚至是从句等。法吉娜认为,报纸标题句法结构中的残余结构多种多样:名词表示的句法结构中的残余成分,在句中有状语和补语功能;形动词短语和形容词表示的残余成分在句中有定语功能;副动词短语和主从复合句的从句部分的残余成分在句中有状语功能;分割句也可以作为残余结构。

残余结构原来在句子中充当定语、状语、补语等次要成分,而在报纸标题中广泛使用,给人以新颖、简练、醒目之感。这类标题的信息性不是很完整,主要是调动读者的情绪,吸引读者注意力。如:

В магазин за деньгами (Известия 12. 07. 2018)

Если выбираешь путь борьбы (Правда №60. 2018)

За Москву социалистическую! (Правда №60. 2018)

- **提位复指结构**

提位复指结构是指代前指代成分的结构,其结构特点是:将结构中的某一成分提到话语开头,而后在句子结构中再用代词或代词结构进行复指。提前的部分被称为提位部分,可以用标点符号隔开。提位复指的口语结构符合人的思维和表达习惯,人在口头交际中总是先说已知内容,后对其进行补充和解释。这种结构用于报纸标题,能够加强作者与读者的心理沟通,传递作者的情感和态度。如:

Протез человечества. Вот что такое ген (Завтра 19. 02. 2003)

Переходный период. Не затянется ли он? (КП 03. 12. 2004)

Демократия—это не бордель (АиФ 12. 08. 2006)

- **问答结构**

问答结构的标题是由疑问句和回答两部分组成的,这种结构常见于口语对话中的一问一答,具有浓厚的口语色彩。随着语言的民主化带来的语言的大众化,老百姓的日常会话进入了报纸语言。因为报纸是面向大众的,所以口语化的句法结构和形式深受大众喜欢,而且具有很强的感染力。问答结构有时不需要回答,答案就包含在疑问句自身的结构和语义中。问答结构标题具有很强的交际功能,它直接向读者发问并给出自己的答案,引发读者的思考,使之进入深层次对话。如:

Что делать в кризис? Учиться! (КП 4. 03. 2015)

Чиновник богат? Значит, ворует! (КП 3. 03. 2015)

Не, надо кошмарить бизнес? (МК 23. 12. 2008)

WADA разрешало американским спортсменам использовать запрещенные препараты? (КП 14. 09. 2016)

· 分割结构

分割结构是把句中的某些成分使用句号分割出去,使其成为一个独立单位,被分割出去的可以是句子成分、简单句、分句、从句。博戈亚夫连斯卡娅(Богоявленская)(2013)认为,报纸标题的分割在标题的正确理解中起到重要的作用,句号可以区分标题中重要的信息片断。分割是从交际修辞方面构建语篇的特别方式,能够对读者加强情感、互文和信息的作用。从句法角度看,分割结构是把句子分割成几个交际单位,而主要部分与分割部分之间用句号隔开,拿掉句号后就恢复合句结构。分割句在语义和句法方面完全等同于未分割句,在修辞方面,分割结构是为了建立一定的修辞效果。

俄语报纸语篇标题中分割结构(парцелляция)的使用始于 20 世纪 50 年代。叶尔然诺娃认为"分割是建立标题的主要手段之一"(Ержанова,2010:6)。分割是把一个句法结构的句子切分开,这时句法结构表现为几个语句。(Иванчикова,1977:279)读者在阅读分割结构的标题时,肯定希望"猜到谜语"并读完整个语篇,同时也就完成了作者的主要目的。

楚马列夫(Цумарев)(2003)指出,报纸标题中的分割是实现标题广告表情功能的重要手段。分割是构建鲜明标题的有效手段,这种标题可以引发读者的兴趣,促进读者对报纸语篇的理解。分割结构的标题分为两个部分,语义关系上紧密相连,分割部分通常是对句子的主要部分进行解释、明确和补充,这种结构的标题更接近口语特征。它可以使读者的注意力集中在重要的事件上,激发读者去积极理解所报道的内容,可以更加清晰明确地表达作者对现象和事实的态度。如:

Белый дом уступил ЦБ полномочия. По регулированию страховщиков и НПФ (Коммерсант 20.02.2013)

У Олега Михеева накапливаются дела. Уголовные и партийные (Коммерсант 11.03. 2013)

Китай переводит торговлю с Японией на юань. Отвязываясь от курса доллара (Коммерсант 30.05.2012)

Рубль приходит в себя после испуга. Но поводов для паники на валютном рынке становится все больше (Коммерсант 08.06.2012)

《Семерка》 становится 《восьмеркой》. Без России (Коммерсант 22.01.1999)

《Ангстрем》 поделится рисом. С AF-Group (Коммерсант 13.02.2013)

选择何种句法结构作为报纸标题,与报纸类型密切相关,而大众报纸可以使用所有类型的句法结构,因为大众报纸内容包罗万象,涉及社会生活的方方面面。标题的报道功能首先是通过完整的双要素陈述句实现,也可以由复合句和不定人称句完成。副标题使用最多的句法结构是双部句和复合句,根据交际目的,所有报纸的副标题主要使用陈述句,祈使句几乎不用,这是由副标题功能决定的。根据标题的交际目的,陈述句使用最为频繁,疑问句和祈使句对于读者有很大的针对性,它是标题对话性的表现。标题的广告功能具有表现力、评价和情感作用。表现力主要是通过疑问句、带有疑问代词和疑问副词的陈述句、省略结构和分割结构、问答结构实现,评价则是通过评价称名句、带评价词语的双要素句和复合句实现,情感主要是通过带有情感色彩的感叹句或包含感叹词的句子完成。

4.3.3　现代俄罗斯报纸标题系统的结构特点

索尔加尼克认为,现代俄罗斯报纸语言发展的主要趋势之一是报纸体裁和标题系统的变化,以及报纸标题中称名性的名称被动词类名称替代,促进了标题信息性的加强。现代俄罗斯报纸与苏联时期报纸相比,标题系统的使用频率大大增加,这是由多方面的因素决定的。苏联时期的报纸主要作为苏共及其领导人的宣传工具,对受众进行说教式报道,并没有站在受众的角度去思考受众的兴趣和需求,当时报纸的报道模式是一种我说你听的说教式和口号式报道。因此,在报纸标题的创作上以概念性的称名结构为主,在标题系统的使用上并不频繁,读者通常需要面对的是简短标题下的大篇幅的文章。而现代俄罗斯报纸参与了激烈的市场竞争,读者成了报纸服务的对象,报纸都有各自明确的读者群定位,报纸的报道模式是以受众为中心的,是对话性的,作者与读者是一种双主体的对话关系,作者要使用受众的语言就受众关心的问题展开与受众的对话。因此,作为报纸语篇的浓缩物的标题就需要尽可能多地向读者传递信息,表达作者的情感和态度,以及作者的思想、理念和价值观,这样,作者在与受众对话的过程中就能够取得一致,得到受众的认同。

标题系统具有双重属性,一方面,它与其报道的大语篇构成了一个完整的语篇,另一方面,它与所报道的大语篇从空间上进行了分隔,在语义上具有了自足性,因此,标题系统可以看作相对于大语篇的小语篇。古斯利亚科娃把俄罗斯报纸标题系统根据功能划分为五种类型:单一信息型(主副标题完成报道功能);单一评价型(主副标题完成评价功能);单一激励型(主副标题完成激励功能);单一广告型(主副标题完成广告功能);多功能型(主副标题包含上述功能)。从古斯利亚科娃对标题系统的类型划分可以看出,她主要从功能角度对主标题＋副标题的组合进行了研究,但是,她的研究成果的不足之处是报纸标题系统并不只有一种组合,而且所承担的功能也不是非此即彼,是完全切分的。

现代俄罗斯报纸标题由栏目题、引题、主标题、副标题、提要题、插入题构成。对于报纸语篇而言,标题系统常使用主标题、副标题、提要题、引题和插入题五个标题,并由这五种标题进行多种组合,构成不同的标题系统,如:主标题＋副标题、引题＋主标题、引题＋主标

题＋副标题、主标题＋副标题＋提要题、引题＋主标题＋提要题、主标题＋提要题等十多种
结构。各种组合的标题系统的使用和办报风格、报道的内容、报纸的社会定位、语篇篇幅的
大小及其内容与形式的复杂程度等方面有关。如俄罗斯综合类大众报纸《共青团真理报》，
它有 32 个版面，面向的是普通大众。对于篇幅较大、内容比较复杂和重要的语篇，往往采用
主标题＋副标题＋插入题＋提要题，这种标题系统的信息性最强，能够让大众在短时间内了
解语篇的话题、内容、作者的态度和想法，达到沟通交流的目的；对于篇幅次之的语篇，往往
使用主标题＋副标题＋提要题、主标题＋提要题＋插入题。这种标题的信息量也比较大，能
够很好地传递信息，表达作者的思想和理念；对于篇幅比较小的语篇，通常使用主标题＋提
要题，这种语篇的主标题在版面中并不特别醒目。所有上述组合的标题系统的对话性比较
强，作者可以通过这些标题系统表达自己的情感和评价，获得读者的心理认同。需要强调的
是，在《共青团真理报》中极少使用到引题，这与引题自身的功能相关，引题往往烘托主标题
的背景，并引出主标题，对主标题的解释和明确作用不明显。

综合类分析性报纸《俄罗斯报》与大众报纸《共青团真理报》在使用标题系统上有明显
的区别，《俄罗斯报》的标题系统经常使用的组合是引题＋主标题，它的标题系统非常简
单，使用副标题、提要题、插入题的标题系统并不多。《俄罗斯报》是俄罗斯政府办的报纸，
报道内容比较严肃，报道风格简洁，它所针对的并不是普通大众，而是具有一定社会地位、
经济收入和文化程度的读者，它的报道内容具有一定的权威性。《俄罗斯报》的读者群是
主动、有目的地在与作者进行对话，期望在作者的报道中找到所需的信息，来满足自己的
心理需要。

综合类分析性报纸《消息报》的标题系统与《俄罗斯报》并不一样，虽然它们都属于综合
类分析性报纸。《消息报》的标题系统经常使用的组合是：主标题＋副标题＋提要题、主标题
＋提要题。通常篇幅比较大的语篇使用主标题＋副标题＋提要题，这种组合的标题系统具
有较强的信息性，能够较为完整地向读者报道事实，传达作者的观点，与读者开展对话；而主
标题＋提要题主要用于篇幅不大、主标题在版面中并没有凸显的语篇。《消息报》中很少使
用插入题和引题，它属于分析性报纸，报纸的社会定位要求读者在不借助插入题的情况下也
可以快速准确地把握语篇的内容。

在标题系统的各种组合中，总体上主标题＋副标题＋提要题构成的标题系统使用得较
多，而且，提要题与其他标题不同，如主标题、副标题、引题、插入题、栏目题，它可以是由几个
简单句和复合句构成。因此，研究者一般选取主标题＋副标题＋提要题结构的标题系统进
行研究，这种标题系统对于许多俄罗斯报纸而言非常典型。

副标题的功能是为了对主标题进行解释和确切，意味着副标题主要具有报道功能。副
标题是以概括的形式传递较为完整的信息的，常使用双要素简单陈述句或复合句。主标题

和副标题作为报纸标题系统的成分,相互处于自身语义和结构语义关系中,主标题和副标题之间的纯语义关系类型有:说明具体化关系、因果关系、说明评价关系。主标题和副标题之间的结构语义关系通过分割的并列复合句表示。如:

（副标题）Бывший директор оштрафовал свой завод

（主标题）А новым хозяевам это не понравилось（Коммерсант 20.12.2001）

还可以用主从复合句表示(通常带条件、目的、说明、原因从句)。如:

（副标题）Владимир Яковлев пойдет на третий срок

（主标题）Если Юпитер не подведет（Коммерсант 19.12.2002）

还可以通过分割结构表示主标题和副标题之间的结构语义关系。此时,主标题和副标题尽管可以从文字上进行切分,很多时候通过标点符号分隔,但是它们是结构语义统一体。主标题和副标题之间是结构和语义的联系。

提要题是标题系统的第三个成分,它处于语篇正文的第一段,并用黑体字凸显。提要题实际上是许多报纸标题系统都有的成分,从语言学角度看提要题具有不同的属性,如果提要题是通过单独的句子或几个独立的句子表示,那么提要题可以看作句法单位。如:

（主标题）Комплексный подход

（副标题）Владимир Путин обсудил реализацию гособоронзаказа с руководством Минобороны и ОПК

（提要题）На гособоронзаказ в 2018 году выделено 1,5 трлн рублей по линии Минобороны, сообщил президент Владимир Путин на очередном совещании с представителями военного ведомства и предприятий ОПК в Сочи. Глава государства напомнил исполнителям о персональной ответственности за соблюдение сроков производства и графика поставок. При этом он подчеркнул, что от разработчиков ожидают прорывных решений, которые позволят быстрее и дешевле создавать новое оружие.

（Известия 18.05.2018）（原文见附录3）

提要题的主要目的是以极度压缩的形式报道语篇内容,因此提要题首先要完成报道功能和广告功能。提要题作为标题系统的成分,相对独立,实际上它与副标题的联系较弱,因为标题系统各个组成部分具有不同的方向性:副标题倾向于主标题,并与其在语义上,尤其是在结构语义上相互联系,这是由副标题的功能所致;提要题指向语篇,它的主要任务是表达简短的语篇信息,完成报道功能。

根据提要题与语篇的关系可以把提要题分为两种:

第一种提要题表示语篇的开始,意思是可以把提要题看作语篇的部分,而不是标题系统的部分。这种提要题可以用篇首提要题表示。如：

Представители компаний смогут удаленно открывать в банках счета и получать кредиты уже в следующем году. Об этом «Известиям» рассказал близкий к ЦБ источник, информацию подтвердили два банкира, знакомых с ситуацией. Предприниматели будут идентифицироваться через единую биометрическую систему. В Банке России сообщили, что такая схема может быть реализована после оценки подобного механизма в отношении граждан, который начнет действовать этим летом. По словам экспертов, новация особенно важна для тех, кто ведет бизнес в отдаленных регионах. (Известия 3.04.2018) С 2019 года представителям компаний не придется... (Известия 3.04.2018)(原文见附录4)

第二种提要题更宽泛，它可以划分为五种类型的提要题：

1）纯提要题，把读者引导至所讨论的内容。如：

В ДНР в прямом эфире прошла первая «Прямая линия» жителей Донбасса с главой республики. Спецкоры «КП» собрали наиболее интересные выдержки из ответов на самые неудобные вопросы. (КП 12.05.2015);(原文见附录5)

2）简评提要题，介绍语篇的简要内容。如：

Категорически не согласен с теми, кто называет действующего президента США Дональда Трампа непредсказуемым. Более предсказуемого американского политика такого уровня давно не видел. Это прекрасно понимают и его оппоненты, даже не пытающиеся переманить или перетащить его на свою сторону. (Известия 6.09.2018)(原文见附录6)

3）预告提要题，介绍能够在语篇中找到答案的问题。如：

Что необходимо для того, чтобы Россия вошла в клуб стран «80＋»? Почему для повышения продолжительности жизни недостаточно только медицинских технологий? Какие меры предлагают регионы? Все эти вопросы будут обсуждаться на XII Всероссийском форуме «Здоровье нации—основа процветания России», который пройдет в Гостином Дворе в Москве с 30 мая по 1 июня. Об особенностях предстоящего мероприятия «Известиям» рассказал руководитель исполнительной дирекции форума, вице-президент Лиги здоровья нации Виктор Антюхов. Виктор Николаевич, каждый год у научной программы форума есть главная тема. Какой она будет в этом году? (Известия 17.04.2018)(原文见附录7)

4）情节提要题，以某种意外的、不理解的信息吸引读者。如：

«У каждой сложной задачи есть простое, понятное и неправильное решение». Это ироничное высказывание американского журналиста Генри Луиса Менкена лучше всего иллюстрирует суть такого явления, как популизм. (Известия 21.02.2018)(原文见附录 8)

5）主题提要题，提出语篇的问题。如：

Суть происходящей на наших глазах смены технологического уклада заключается в ускоренном развитии прямого цифрового производства. Физические объекты изготавливаются почти без участия человека — на основе информации из файла данных под контролем компьютера. Один из наиболее известных сегодня классов технологий прямого цифрового производства — аддитивные технологии（АТ）, или в просторечии 3D-печать. (Известия 12.07.2018)(原文见附录 9)

提要题往往是上述五种类型提要题的融合，每种报纸都有自己经常使用的提要题类型。纯提要题、简评提要题、预告提要题主要实现报道功能，尤其是简评提要题；情景提要题实现广告功能；主题提要题和篇首提要题可以实现报道功能或广告功能，这取决于语篇的主题或特点。在采访体裁的语篇中，提要题是其标题的系统的必备成分，因为纯提要题或预告提要题具有良好的信息特征。

4.3.4　《消息报》和《共青团真理报》标题系统的结构比较

在对 2018 年 4 月份《消息报》的统计中，标题系统约占 95%，单标题（主标题）约占 5%，统计排除了总标题（通栏题），因为在报纸的每个版面都有版面的通栏题。统计结果显示，《消息报》中标题系统的主要特征是：几乎每个标题系统都有提要题，而且带有多成分标题系统的语篇占据较大版面，都作为版面的主要语篇。这种标题系统的结构为主标题＋副标题＋提要题。统计显示，主标题＋副标题＋提要题约占标题系统的 29%，主标题＋提要题约占 65%，引题＋主标题约占 4%，其他类型的标题约占 2%。标题系统中所使用的字体明显比单标题的字体要大，非常醒目。在对 2015 年 3 月《共青团真理报》的统计中却发现完全不同的结果，除通栏题和栏目题外，标题系统约占 86%，单标题约占 14%，栏目题除外是因为报纸中几乎所有标题都列上了栏目题。《共青团真理报》中的标题绝大多数都属于标题系统，具体为：主标题＋副标题＋插入题约占 58%，主标题＋副标题＋提要题＋插入题约占 14%，主标题＋副标题约占 12%。在《共青团真理报》中，标题呈现出以下特点，如果列上栏目题，报纸中所有标题都是标题系统；如果不把栏目题列入，标题系统也占绝对多数；在标题系统中大量使用了插入题。

从《消息报》和《共青团真理报》的统计结果可以看出，两种报纸使用的标题系统数量都占绝对多数，区别在于：《消息报》使用的标题系统比较简单，大多有提要题，而《共青团真理报》的标题系统丰富,大都含有插入题。究其原因,主要体现在两种报纸针对的读者群的社会角色有一定的差异,而且报纸在体裁和题材内容方面,以及报道风格方面都不尽相同。《消息报》属于社会政治类型的严肃性报纸,分析评论性文章较多,针对的读者群主要以知识分子和社会精英类为主,因此在报纸标题创作方面注重了报纸标题的经济性和简洁性,以及报纸标题的信息性,相对而言报纸标题的广告功能较弱。《共青团真理报》针对的读者群很广,属于社会大众性报纸,报道内容包罗万象,通俗易懂,报道方式轻松,并配以大量的彩色图片,最大程度地满足社会各阶层的读者。报纸标题系统大量使用栏目题、副标题和插入题,使读者能够快速定位,找到所需内容,最大限度满足不同读者的需求。这种报道模式可以大大增加读者的黏性。

4.4 本章小结

每个时代都具有自己的语言品位和特色,现代俄罗斯报纸语言正好反映了俄罗斯社会的现实。本章论述了现代俄罗斯报纸标题的句法结构及其特点,并分析了报纸标题系统的结构及其特点,描写了报纸标题中使用的各种表现力手段,最后详细阐释了标准标题系统的情态性和对话性。

本章论述了现代俄语报刊政论语体的语言是动态的,不断发展变化的。苏联解体后,俄罗斯社会各个领域都发生了剧烈变化,这些变化对报刊政论语体的语言特征产生了重要影响。报纸语言的程式化减弱,表现力加强。报纸标题中出现了具有表现力的词汇和修辞手段。

本章简述了俄国学者对俄罗斯报纸标题的类型划分,俄国学者按照标题的内容理念、信息饱和度、语用功能、结构对标题进行了各种分类。本章认为,根据标题的句法结构对标题进行分类更加有利于研究标题。

现代俄罗斯报纸标题分为简单句、复合句和口语化结构的标题,简单句标题包括单部句标题和双部句标题,其中单部句标题包含确定人称句标题、不定人称句标题、泛指人称句标题、无人称句标题、不定式句标题、称名句标题、成语化结构句标题。复合句标题包括并列复合句标题和主从复合句标题,并列复合句中各分句间的意义有联合、区分、对别和对比四种关系,主从复合句标题的主、从句之间的关系包含说明、限定、比较、时间、条件、让步、原因、目的、结果等。口语化句法形式结构,即特殊句法结构形式包括分指结构、残余结构、提位复指结构、问答结构、分割结构,它们是口语化的句法结构,可以加强标题的交际功能和对话性。

现代俄罗斯报纸标题的多功能性和特性多样化,使得标题具有很强的表现力和情感评价色彩,因此,报纸标题中使用了多种语言表现力手段,如词汇手段、辞格手段、韵律手段、图示游戏手段等。

现代俄罗斯报纸标题系统具有双重属性，一方面，它与语篇构成了结构语义整体，另一方面，标题系统所处的位置与语篇分隔，同时又具有语义的独立性，因此可以看作相对于所指大语篇的小语篇。标题系统的特性使其具有多重对话关系，即作者与作者群体的对话、作者与读者群体的对话、作者与第三方的对话、作者自我的对话，而且在标题系统创作过程的不同阶段，具有不一样的对话关系。

报纸言语作品是作者选择的结果，报纸标题系统的创作是作者有目的、有针对性地选择适宜的语言表达手段进行的语言运作。选择就是态度，代表了作者的情感和评价。现代俄罗斯报纸标题系统的情态性体现了标题系统中词汇、句法结构、修辞特点等。

第五章　现代俄罗斯报纸标题的功能研究

　　在社会历史发展过程中,报纸在大众媒体中具有重要的地位和作用。报纸成了人们社会生活的组成部分,"这与报纸广泛的日常易获取性有关,也与每期报纸内容的多样性、报纸信息的灵活性、报纸材料以便于使用者的形式记录有关"。(Васильева,1982:7)现代社会实践中一个重要的工作就是通过大众媒体信道的信息进行处理和传播,而公众报刊是大众媒体的信道之一。

　　今天报纸是现代报道方式中强有力的一环,通过报纸社会实现了精神和物质价值的交换。报纸包含社会活动各领域的信息,并形成独具特色的报道和传播模式,社会的政治制度、经济关系和经济利益决定了报纸生存发展的路径。古代的城市不具备报纸传播的条件,城市对消息的所有需求只有通过宣布人或布告来满足,只是在罗马统治时期才出现了早期的报纸,这是统治阶级为了了解城市中发生的事情,更好地管理城邦而产生了对早期报纸的需求。

　　报纸作为传统大众媒介之一,报道人类社会活动领域发生的各类事件,协调社会阶层的各种关系,并传承社会文化知识和文明成果,满足大众的物质和精神需求,因此,报纸语言一直吸引着语言学、社会学、政治学、传媒学等领域专家学者的关注。报纸语言的发展变化受到各种因素变化的制约,如政治、经济、文化、民族、社会等,社会的剧烈变化造成了语言的社会分化,语言的社会分化反映了社会分层和社会结构的变化。报纸语言作为沟通和协调各种社会关系的桥梁,成为社会各阶层进行对话和交际的平台。各种社会角色都能在报纸语篇中找寻自己的所需,在交际和对话中形成民意和舆论。现代俄罗斯报纸通过对话的方式,在平等原则的基础上,以读者为中心,引导着大众的观点。报纸的经济和政治属性决定了报纸对经济利益团体、党派和国家机构的依附性。报纸承载着报道信息、与大众进行互动、影响大众,获得认同,促使大众采取预期行动的诸多功能,以满足各方对各种信息的需求。

　　在报纸的传播过程中,报纸语篇在语言规范和表现力之间找寻着自身的平衡点,它成为记者和读者进行交际接触的领地,而报纸标题顺理成章地成了交际双方的切入点、初始点,因为报纸标题承载着称名、报道、广告、预测、表情、构建、交际和影响等功能。报纸标题在某种程度上作为报纸的门面,它是语篇经过极度压缩的第一符号,直接呈现在读者的面前,吸引读者的注意,揭示语篇的内容和思想。因此,报纸社会功能的实现在一定程度上取决于报纸标题的成败。

5.1　现代俄罗斯报纸标题的功能

"报纸是时代的一面镜子,它与时代一起前进和发展",因此,学者们在研究某一阶段的历史时,往往会从报纸中寻找关于代表那个时代的事实、事件、演讲等的报道,"报纸保存了它所表现的那个时代的味道。"(Васильева,1982:7)政论文是"讲述当前社会生活的热点问题和现象的一种作品,政论文起到了重要的政治和思想作用,影响社会机构的活动,是社会教育、鼓动和宣传的手段,以及组织和传达社会信息的方法"。报纸的特点是其社会交流的情境,报纸作为报道和说服的手段,面向大众和各种读者,保持着他们的关注。通常,阅读报纸是人们获得信息的稳定渠道,并不依赖时间和空间的制约,如在交通工具上、饭后、工作闲暇之余都可以阅读报纸。报纸政论文信息的组织必须能够保障信息的快速和简捷的传播,报道主要内容,并对读者施加一定的情感作用。报道和影响构成政论文的主要实质。

现代俄语报刊政论语体在不断变革、发展和扩展自己的边界,在报纸语言的程式化和表现力之间的天平上向表现力方向倾斜。口语性的各种表达,特别是俗语、行话、粗俗等词汇的使用对报纸语言产生了很大影响,因此报纸语言正在时代的背景下逐步发展,并形成符合时代要求的新的生动的报纸语言。自苏联解体至今,虽然语言发生了巨大变化,但新的规范和认定还未形成。俄罗斯学者们目前对报纸标题的功能也还没有统一标准,不同的学者对报纸标题的功能看法也不一致,还没有一个统一的标准来划分报纸标题的功能,而且对实现报纸标题功能的语言手段首先是标题的句法手段,还没有很完善的研究。报纸标题的功能与标题的句法特点、标题句的结构语义和功能类型、报纸语篇的类型、报纸的类型都有联系,因此报纸标题不能孤立地研究,而要与报纸及其语篇共同研究。

对标题和语篇的关系,绝大多数学者认为两者为一体,互为存在,一个完整的语篇包括标题,而标题又是语篇的高度浓缩和透视读者的眼睛,整个语篇都是在细说、分析、评价标题,而标题为语篇预设了具体的内容。

加利别林(Гальперин)认为,"标题是没有展开的语篇内容,是隐含的、最大程度压缩的、力求展开的内容理念信息"。(Гальперин,1981:87)

扎列弗斯卡娅(Залевская)指出,"标题和关键词是理解语篇的支柱"。(Залевская,2001:136)

维果茨基(Выготский)认为,标题是"它自身所决定的故事全部结构的主要部分"。

（Выготский，1997：206）

菲利波夫（Филиппов）（2003）认为，从语言学观点看，现实是被表述的世界。标题具有双重性：一方面，它是语篇的成分，另一方面，它是"语篇前"的单位。报纸标题的一个功能就是描述现实世界，他把语篇看作说话人具体意向实现的工具。

卢金（Лукин）（2005）认为，标题是语篇的一部分，是语篇的意义和结构组成部分。标题是依据语篇作者的主要思想构建的，它是最初与读者进行交际的单位，是读者开始理解语篇的第一个成分。然而，标题具有足够的独立性和具体的语法语义特征。作为语篇的必要部分，标题向外部世界介绍语篇，代表着语篇整个被称名的现实世界，同时，标题还反映自身的内部现实世界。

俄罗斯学者对报纸标题主要秉持的观点是，他们认为报纸标题具有双重属性，一方面，标题是提前预报语篇的语言结构，因此标题可以理解为处于语篇以外并具有一定独立性的言语成分；另一方面，标题是享有同等权利的语篇成分，属于语篇成分并与语篇的其他成分发生联系。现代俄罗斯学者在研究报纸标题时，往往把标题看作语篇的单独片段，对读者具有独立影响力和特殊功能，标题的结构和语义相互作用，每种具体的报纸标题都具有各自的功能。

本书认为，报纸标题是语篇不可分割的成分，与语篇其他成分构成结构语义整体性，标题是语篇内容的凝练和压缩，标题的功能映射出了它与语篇的相互关系，标题可以为语篇命名（称名功能）；报道语篇的内容（报道功能）；建立作者和读者之间的交际性接触（交际功能）；在标题中反映作者对报道内容的态度（表情功能）；用来吸引读者对语篇的关注（广告功能）。

5.1.1 俄罗斯学者对报纸标题功能认知的分歧

报纸作为大众媒介之一，其功能是报道社会活动各领域的相关信息，并感染信息的接受者，达到信息接收者对信息发送者思想和观念的认同，报纸标题在实现报纸功能上起到了举足轻重的作用。报纸标题的产生也是由于其功能需要·需要为语篇进行命名并对其内容进行一定程度的报道。报纸标题的功能决定着标题的结构，有什么样的功能，就需要什么样的结构与之相适应，标题结构不同，标题的修辞色彩也不同。

维诺格拉多夫在以语言的社会功能为依托来描述语体时，指出语言具有报道功能、交际功能和感染功能，在报刊政论语体中执行的是报道功能和感染功能，科任娜完全认同维诺格拉多夫的观点，并在《俄语功能修辞学》（2008）中指出，政论作品是感染功能和报道功能的结合体。语言的这三种功能，并不处于一个层面，报道和交际是达到感染对方的手段，对于言语作品而言交际功能是通过报道实现的。在研究现代俄罗斯报纸标题的功能方面，报道功能和感染功能虽然抽象性更高，但现阶段报纸功能更细化，针对性增强，于是多功能化就成为必然。因此,两功能观不能完全体现报纸标题的功能特色。

20 世纪 60 年代开始,学界就对报纸标题的功能展开了广泛讨论,对报纸标题的功能都做出了不同的界定,从两功能到十二功能不等。有时学者划分标题功能的数量一致,但功能却不相同。

(1) 两功能观

俄罗斯许多学者对标题功能分类进行了不同的界定。科斯托马罗夫(Костомаров)(1965)在《报纸语言观察:报纸标题》一文中认为报纸标题具有广告功能和指示称名功能。库哈连科(Кухаренко)(1976)认为,标题除了称名和报道的主要功能外,标题通过各种方式表达了语篇的主要思想或主题。

(2) 三功能观

波波夫(Попов)(1966)在《现代报纸标题句法结构及其发展》一文中提出,报纸的每个标题都具有三种功能:称名功能、信息功能、广告功能。波波夫详细分析了每种功能,其中标题的信息功能与其他学者相比更为宽广,包括标题的指示性和情感性。

博伊科没有界定标题功能数量,但强调了称名功能是第一功能,他认为,"标题除了其他主要功能外,具有称名或报道称名功能,这一功能是标题不可分割的一部分,是第一功能"。(Бойко,1989:7)

利亚布(Ляпун)(1999)同样提出报纸标题的三种功能:称名功能、报道功能、语用功能。他认为,称名功能是语篇的符号,报道功能是传递关于语篇的信息,语用功能是对读者——信息的获取者——的理智和情感产生影响。利亚布的语用功能指的是感染功能,是对读者的理智和情感施加影响。他认为,报纸标题的语用功能包含广告和情感成分,标题是为周围世界称名的指示系统,但区别在于报纸标题与自己的指称对象具有共同的属性,都属于言语现象。报道功能与语用功能紧密相连,广告功能比语用功能对于报纸标题而言更具特色,因为报纸标题的任务不仅是向读者报道信息,而且还要引起读者对语篇内容的兴趣,广告功能为出现、强化预期的效果创造了前提,信息越少,各种语言和文字手段起的作用越大。

(3) 四功能观

沃姆别尔斯基(Вомперский)(1966)在《报纸标题句法结构研究》一文中指出标题有四种功能:交际功能、感染功能、表情功能、文字区分功能。

(4) 五功能观

穆热夫(Мужев)(1970)在《论标题的功能》一文中以英语、俄语和法语为例阐释了标题的五种功能:称名功能、报道功能、表情感染功能、广告功能、区分功能。穆热夫认为,标题的所有功能都相互关联、相互作用。其中一种功能的优势会引起另一种功能作用的减少,甚至是缺失。穆热夫指出,标题功能的存在及其重要性取决于政论文的言语风格和种类。

（5）六功能观

诺沃谢洛娃和谢利娅尼娜（Новоселова，Селянина）（1989）把报纸标题定义为报纸语篇所含信息的精华（квинтэссенция），并划分了标题具有以下功能：报道功能、定位功能、激发读者的兴趣和关注的功能、评价功能、压缩功能、形成社会舆论和社会心理的功能。

（6）七功能观

拉扎列娃（Лазарева）（1989）在她的专著《报纸标题》中指出了标题具有以下功能：标题命名并表示语篇（称名功能）；通过激发读者的兴趣、报道某些内容来激活读者思维的运转（报道功能）；通过各种不同的文字手段吸引读者无意识的关注（文字分隔功能）和有意识地对语篇的关注（广告功能）；帮助读者理解语篇的意义（意义整合功能）；对语篇的切分进行了预测（结构功能）；对读者施加情感影响（表情评价功能）。

（7）八功能观

诺兹德琳娜（Ноздрина）（1982）在《语篇功能》一文中对标题功能进行了总结，指出标题有八种功能。他认为，标题的某些功能是由标题在语篇中的特殊作用决定的，标题是读者最先接触的语篇的第一成分，是语篇意义的主要部分，这些都决定了语篇中标题的功能，在它们中可以指出标题的称名、信息、表情、诉诸、广告、说服、概要、区分或限定功能。她指出，标题功能的重要性是动态变化的，对于不同语篇和体裁其标题的第一位功能是不同的。

（8）十二功能观

菲利丘克（Фильчук）（2011）认为，报纸标题的功能有：信息、广告、整合、影响、表情、符号、美学、称名、评价、象征、文字区分和意义构建功能。

（9）报纸标题的两组功能

哈扎格洛夫（Хазагеров）（1984）在《报纸标题修辞格的功能——以〈共青团真理报〉为资料》一文中根据标题的双重性对标题进行了分类，考虑到标题的语言学本质划分为两组功能：自主功能和受制约功能。哈扎格洛夫指出，报纸标题的自主功能的特点是指标题作为独立的报道，标题的受制约功能是指标题作为语篇不可分割的成分。他认为，属于自主功能的包括报道功能、表达功能和描述功能（即描述作者对言语对象的态度）；受制约功能包括对语篇内容的报道功能、描述作者对语篇态度的功能、描述言语强调的功能、表达和称名功能。

俄罗斯学者从不同角度出发，对报纸标题功能进行了划分，他们的观点不一，从功能的数量和种类都存在分歧，从不同的学科及本人研究的成果他们分别给出了不同的报纸标题功能，从两种到十二种不等，但是不论从什么角度研究，称名功能和报道功能都是报纸标题的共有功能。认为报纸标题的四功能观的学者沃姆别尔斯基与六功能观的学者诺沃谢洛娃和谢利娅尼娜都没有列出标题的称名功能，后两位学者把称名功能看作压缩功能，而在沃姆别尔斯基的四功能观中只有交际功能中才能看到称名功能的影子。其他学者都把称名功能作为标题的重要功能之一,标题首先是用作称名,为语篇命名。

波波夫等学者的三功能观与拉扎列娃的七功能观中缺少了报纸标题最为重要的感染功能,报纸标题的称名、报道、广告、交际、表情、整合等功能都是为达到终极目标——感染——而采取的手段,报纸标题的感染功能是其最后的目的,它要通过与读者情感、思想、观念的沟通,诱发读者的态度发生变化,进而能够采取作者期待的行动。

穆热夫的五功能观更加具有实践意义,他指出,报纸标题的功能并不是同时存在的,各种功能的表现有强弱之分,标题功能根据报纸语篇的言语风格(语体)和体裁而此消彼长。当然波波夫的三功能观概括了每个报纸标题所必须具备的功能,但他没有对报纸标题所具备的如文字区分功能、表情功能做出阐述。

诺兹德琳娜提出的语篇标题八功能观对标题功能进行了细致的划分,与穆热夫一样,也指出了报纸标题的功能强弱取决于语篇的功能语体和体裁,但是诺兹德琳娜的语篇标题功能划分得过于详细,有些功能,如表情功能、诉诸功能、广告功能、说服功能在某些方面的意义出现相互交叉,在言语操作实践中并不具备很强的指导意义。拉扎列娃从报纸语篇的认知理解的角度划分报纸标题的功能具有一定的合理性,但是她把报纸标题功能严格限定在三个阶段似乎有些不妥,如信息功能、表情评价功能并不是只出现在对语篇的理解阶段,在没有开始阅读语篇前,这些功能就已经得到了体现。

菲利丘克提出的标题十二功能观则太细,他是从不同视角将标题的一种功能做出了两种表达,如标题的符号、美学、象征功能就与其他功能产生了重叠。

报纸标题虽然具有多种功能,但并不能够在一个标题中同时得到体现,标题的各种功能在不同的标题中有不同的表现,其功能的发挥与报纸的社会角色定位、报纸自身的定位、作者的意向、报纸语篇的体裁和题材等方面相关。如信息类标题,它往往更加凸显的是报道功能;还有的报纸标题注重的则是广告功能、交际功能和感染功能。因此,报纸标题的功能是开放性的系统,可以根据不同的报道内容来突出不同的功能组合。

5.1.2 现代俄罗斯报纸标题的功能

我们首先从报纸标题的创作来看报纸标题的功能,报纸语篇可以看作说话者(作者)按给定意义所做的言语合成。根据意义,说话者合成言语,说话者的言语意义处于语篇的深层区域,属于信息的核心。作为信息核心的意义量子并不是线性排列,它存在于我们的意识中,形成多级结构,而意义量子的实现层面的言语是线性结构的,因此,要从多级结构的意义空间来构建线性的连续性,这样言语的合成实际上是从意义到语篇的过渡。说话者创作语篇的过程就是把自己的意向和思想通过语篇的形式和内容贯穿到语篇中,其中也包括语篇的标题。因此,在标题中,尤其是在标题系统中凝结了说话者的思想和情感,以及评价指向。

报纸标题成为报纸语篇的首要组成部分,它自身凝结了语篇的主要意义,并完成报纸的大部分功能:报道功能、感染功能、广告功能、娱乐功能、教育功能、构建功能等,作者为了使标题实现其自身功能,在制作标题时常常在一定程度上违反语言规范。标题在空间上与语篇的独立和语义上的自主体现了标题的双重性,因此,标题的功能也受到标题双重性的制约。

我们认为,俄语报纸标题一般具有八种功能:感染、交际、报道、称名、广告、表情、预测和构建功能。报纸标题的八种功能之间是相互关联、相互依赖和互相补充的,各功能之间曾出现此消彼长、你强我弱的态势,并不是任何一个标题都具有这八种功能。标题功能的选择与报纸的社会定位、角色心理定位、语篇的体裁、作者的言语风格等密切相关,每个标题的功能选择都有不同的侧重点,在强化某些功能的同时,就弱化了其他的功能。称名功能为语篇命名,通过报道向读者传递语篇信息,报道中使用了各种语言表现力手段,表达了作者的情感、态度、思想和理念,以吸引读者的注意,完成标题的广告功能和表情功能;读者通过标题可以预测语篇的内容和思想,并通过标题的形式与意义构建整个语篇。作者通过标题的上述功能,实现了与读者的交流与对话,感染读者,获得了读者的认同,达到在思想、理念、价值观等方面的同一。

（一）感染功能

感染功能是指通过标题对读者施加影响,使之朝预期目标变化。作者通过标题对读者群施加一定的影响,在交流和对话中与读者互动,达到感染读者的最终目标。标题对读者感染的效果不仅取决于标题的内部意义,还依赖于标题的外部形式、标题在语篇中和在报纸版面中的位置、标题大小和鲜艳性、标题字体、标题信息的饱和度和其他参数。标题的感染功能是标题最终要达到的效果,而标题的称名、报道、广告、表情、预测、构建和交际功能是达到作者与读者同一的手段。

标题的感染功能是在各主体的交际过程中完成的,标题的感染功能主要是通过在交际中对受话人的认知心理施加作用实现的。受话人对接收到的信息进行处理,即"新知识"传递给受话人并被引入受话人的世界认知模式,而受话人接受这个知识并与已知的知识进行比较。认知不协调理论认为,个体总是追求认知上的连贯性,当他的认知与他人不一致时,他就会采取措施减少和消除认知不一致产生的不快。受话人更愿意接受与自己一致的认知,如果认知不一致,受话人经过自我调整,消除不一致带来的不快,最后就完成了标题的感染功能。实现认知一致或消除不一致的策略主要是通过说话人和受话人的同一完成的,交际双方的同一体现在三个方面:一是说话人通过标题所反映的思想、情感、观念和价值与受话人取得一致或相似;二是说话人通过标题所表达的语义为双方树立共同的敌人或共同反对的人或事或观点等;三是说话人通过标题内容和思想使受话人错误地认同说话人设置的观点。如购买名牌手表的人误将自己与广告中的成功人士等同起来,觉得奢侈的名牌手表就是成功人士的象征,从而做出购买行为。标题的感染功能的实现是说话人与受话人进行交际的结果,说话人通过标题表达的同一,诱使受话人改变态度(认知不协调)或进一步强化受话人的态度(认知协调),进而使受话人采取行动。

报纸语篇的任何标题都具有感染功能,甚至在纯粹的报道语篇的报道标题中,仍然存在着标题的感染功能,因为选择报道内容的过程本身就隐含着作者的态度。语言的功能就是报道和影响,其终极目标是通过交际,达到交际双方对事物、现象、观念和思想的认同。语言是工具,交际是手段,而认同则是终极追求。

(二)交际功能

为了实现感染的最高目标,交际功能就起着非常重要的作用,因为所有要报道的信息内容及其标题都必须是有针对性的,需要满足读者的心理需求。这就要求作者在信息流中选择自己读者群所喜欢的信息,以及对该信息进行合理适宜地命题,这就需要与读者的心理进行交际,在这种内部交际中摸清信息选择和对其命名的心理根据。只有这样才能得到读者的认同。想读者之所想,投读者之所爱是报纸在激烈的市场竞争中立于不败之地的关键。这也是巴赫金的对话性理论在报纸标题交际功能中的具体体现。

报纸标题的交际功能是指各交际主体通过标题建立接触,进行传递和交换信息,其中交际主体是指作者、读者和第三方,交际的内涵是对话,标题的交际功能体现了标题的对话性。交际功能也是语言的本质,作者和读者群的首次交际接触发生在报纸标题身上,这也要求报纸标题需要具有一定程度的对话性。巴赫金认为,语篇是主体组织的完结的言语报道,它被固定在一定的符号系统中,目的是吸引读者进入与作者、与其他语篇和上下文的对话中。显然,报纸标题的交际功能并不是各交际主体面对面的直接交流,而是通过标题建立交际接触,进行思想和心灵上的交流。报纸标题的称名、报道、广告、表情、预测和构建功能都是为了作者与读者进行交流和对话,就标题报道的内容、所表达的情感和评价与读者进行心理上的互动,最终要实现感染读者的目的。

在现代社会中,公众言语首先定位于交际参与者的编码截获区,如报纸。报纸作为大众媒介的一种,报纸语篇成为公众参与社会交际的场所之一。巴赫金认为人存在的方式就是不断对话的过程,与自己对话,与他人对话。科任娜认为,不仅日常生活中的口头言语具有对话性,各种功能语体的书面语篇也包含有对话性。在作者—语篇—读者的对话中,实现了报纸语篇的交际功能。报纸标题是语篇的组成部分,它直接面对读者,作者通过标题最先完成与读者的对话。报纸标题的交际功能依赖交际的领域、交际语境、标题的交际目的、交际手段、标题的言语交际功能。最为典型的交际语境包括报纸语篇的作者与读者。作者指通过缜密思考创作标题和语篇的说话者;读者指理解作者创作成果及其思想的听众;交流的对象是指某种事件、语篇内涵的思想;作者与读者的接触是间接的,接触的持续性取决于读者是否在短时间内浏览报纸标题后继续读完语篇。作者在交际中或者希望达到以言取效的目的，或者表达并赞同某种情感，使读者进入自己的轨道进行思考，即通过报纸标题对读者产生影响。作者通过标题吸引读者，而后向读者报道读者感兴趣的信息进而影响读者，改变或强化读者的社会政治观念，激发读者去完成既定行为。言语影响目标的达成可以通过逻辑论证和对读者的情感影响。如：

Виновата ли я?（РГ 31.08.2017）（例1）

Надо ли менять банкноты?（РГ 31.07.2018）（例2）

Сергей Безруков:"Иногда мне страшно от самого себя"（МК 18.10.2008）（例3）

例1和例2中"是我错了？""是否应该换钞票？"两个标题使用了疑问句形式，直接向读者发出提问，与读者进行思想上的沟通。问题的答案可能存在于语篇，读者需要在阅读中与语篇进行对话和交流，并形成自己的观点和答案。标题的交际功能是深层次的，即使不使用疑问句也可以完成标题的交际功能。

例3中"谢尔盖·别兹卢科夫说，'有时我对自己感到害怕'"，标题引用谢尔盖·别兹卢科夫的话，让读者感到身临其境，犹如与他在对话和交流，读者回想，为什么会对自己害怕，进而激发读者的兴趣。

（三）报道功能

报道功能是实现感染功能的重要渠道。通过有效的报道，实现与读者思想的同一是任何报纸的最基础的功能。这种报道功能既指选择读者喜欢的信息来报道，同时也指使用读者喜欢的表达手段创作标题来吸引读者的注意。报道功能是大众传媒的基本功能，也是大众传播相关理论的具体应用。

报道功能是指报纸标题对语篇内容和思想的揭示。报道功能体现了标题的特性——信息性，报纸标题需要向读者进行简要报道，协助读者理解语篇内容。标题的报道功能与正文的报道不同，标题是语篇内容的压缩，它浓缩着正文的内容和思想，正文则是标题的展开，是对标题所报道内容和思想的阐释。报道功能是报纸标题的典型功能，它的表现程度取决于多方面的因素，如作者的交际意图、作者对交际行为的态度、报纸语篇的体裁等。在阐述事实的标题中，除称名功能外，标题的报道功能是第一位的。报纸标题的报道功能通常表现在标题与语篇内容的关系中，标题不仅对语篇进行命名，而且可以传递压缩信息，报道语篇中所陈述的事件。标题的报道功能可以强化称名功能，使标题能够题文相符，因此有的学者给出了报道称名功能的结合体。报纸标题的信息性决定了标题的独立性程度，在某些情况中，标题还可以脱离开其所指，标题自身变成微型语篇。标题句的交际程度越高，标题的形式上的独立性和语义上的自足性就越强。标题的这种功能是由报纸标题的双重性决定的，一方面,标题作为语篇的言语单位与语篇共同构成了一个整体,另一方面,它处于篇章之外并具有一定的独立性,报纸标题的双重性赋予了标题的报道功能。应该指出,并不是所有标题的报道功能都很明显。苏联时期的报纸作为党的喉舌,主要面向民众宣传苏共的大政方针和政策,号令民众进行社会主义和共产主义建设,报道社会活动领域所取得的巨大成就,报纸标题往往使用程式化和概念性的称名结构,这种标题的信息性较弱。如:

Обслуживать лифты разрешат только профессионалам(Известия 5.07.2018)(例1)

Ночь русского бокса(Известия 3.08.2018)(例2)

Прежде и теперь(Правда 18.05.2018)(例3)

在上述示例中,从三个例句的句法结构看,例1使用了不定人称句作为标题,例2和例3采用了称名结构,按常理例1的信息性比例2和例3都要强,报道功能也应比其他两个标题好。例1"只让专业人士维护电梯"、例2"俄罗斯拳击之夜"、例3"以前和现在"很好地说明了这一点。

现代俄罗斯报纸标题通过向读者传递信息,帮助读者更好地理解标题所指。纯粹的报道功能往往出现在栏目题中,指出报纸版面的主题或体裁。在现代俄罗斯社会,读者关注的不仅是事实本身,重要的是期待对事实的评价,因此作者在标题中表露的情感和评价是作者与读者进行对话和交际的基础。

以上所述的三种功能(感染功能、交际功能和报道功能),它们是所有大众媒体都具备的功能,同时也是报纸标题最基本和最核心的功能。任何媒体,如报刊、电视、广播、互联网等形式的大众媒体,它们的目标都是通过有意识、有目的、有针对性的报道,与受众进行互动和交流,从而影响受众、感染受众,期望能够得到受众的认同,使受众做出预期的行为。我们知道,任何媒体都以感染或认同作为存在的最高宗旨和目的,高举感染之目的,通过交际这一有效途径,使用报道的方法来实现自身的存在价值,来传播自己的观点与价值观。感染或认同的实现,需要与受众进行心理和情感上的沟通与对话,并在此基础上提供他们喜欢的选择性的报道。可见,大众媒体亦具有感染功能、交际功能和报道功能,感染是目的,交际和报道是达成目的的手段,这三种功能并不在同一平面,感染功能属于上位功能,交际功能和报道功能都服务于感染功能。维诺格拉多夫从语言的社会功能出发,指出语言具有报道功能、交际功能和感染功能,感染、交际和报道功能是语言最基本和最核心的功能,这同时也印证了大众媒体具备的感染、交际和报道功能。现代俄罗斯报纸标题除了所有大众媒体具有的感染、交际和报道功能外,还具有其自身独特的五个功能,即称名、广告、表情、预测和构建功能,这五种功能能够反映报纸标题的独特地位和作用,它们是为更好地实现感染、交际和报道功能服务的。以下的五种功能[(四)至(八)项功能]则是实现上述功能的具体手段,即具体功能。

（四）称名功能

报纸标题的称名功能是指为语篇命名，也称作代表功能。报纸标题以词、词组和句子等形式来代表语篇的内容和思想。报纸标题的称名功能是其天生属性，标题的出现首先是为了称名，所有标题都具有称名功能，它并不取决于标题的结构和标题制作者的个人特点，这是报纸标题研究中形成的最初功能，标题的出现是为了对语篇进行命名。标题的称名功能是标题的第一功能，它的核心要求是题文相符，即标题的内容和语义符合语篇的内容和思想。标题只有具有了称名功能，才能实现其他的各项功能，同时标题的报道功能、广告功能也体现了标题的称名。

在现代俄罗斯报纸标题中，有时也会出现题不对文，题目和内容不符的称名功能弱化的现象，即报纸标题无法完成对语篇的命名。这种现象的出现是由大众传媒急速发展，新闻学专业人才的培养速度无法满足大众传媒的发展需求造成的。报纸标题的题文不符现象往往出现在地方性小的报纸。有些学者认为，"题不对文"的标题起到了报纸标题标新立异，迷惑读者并吸引读者注意的作用。然而，虽然这种标题能迷惑并吸引读者阅读报纸语篇，但在读完语篇后会感到被欺骗，进而取消对报纸的关注，因此，这种标题是不成功的。

许多报纸标题不仅有称名功能，还具有报道、广告等功能。但也有一些标题，它们仅指出政论文的体裁，而根本不涉及语篇的内容，如《Стих》《Рассказ》《Баллада》等标题，这类标题具有称名功能、预测功能，而报道功能在这类标题中较弱。如：

Победа！（Известия 1.06.2018）（例 1）

Хороший театр меняет мир（РГ 30.08.2017）（例 2）

在例 1 中"胜利了！"，标题完成了称名功能，但从标题语义无法预测到语篇的内容是关于何事，我们从标题旁的足球赛图片可以看出应该是球赛取得了胜利，对于喜欢和热爱足球的读者，这个标题极具吸引力。从例 2 中"好的戏剧改变世界"可以看出，这个标题比例 1 的信息更多些，给了我们预测的方向。

（五）广告功能

广告功能是指作者通过创作的标题吸引读者最大限度地关注标题所指的语篇，它是报纸标题的特色功能。广告功能也被称为吸引功能。广告功能要求报纸标题要新颖，能够牢牢抓住读者的眼球；广告功能犹如一块磁铁，能够保持报纸对读者的吸附力。广告性的标题可以激发读者的心理情绪，并由此激活读者的注意力，让读者关注报纸的相关语篇。报纸标题的广告功能的实现可以通过语言手段和非语言手段来完成。在通过语言手段取得标题新颖性效果并吸引读者阅读语篇时，往往采用违反语言规范、违背读者惯性思维、满足读者猎奇心理等方法来实现，在标题中常利用反常、对立、隐喻、省略、问答、设疑等方式设置悬念，还可以通过改造成语、俗语以及电影、歌曲、诗歌中的桥段来吸引读者,如改造后的成语用作标题具有丰富的表情力,能够吸引读者的注意力。标题的广告功能强调作者通过语言和非语言手段来吸引读者的注意,广告功能的实现离不开标题的报道功能,报道功能同样可以从语义和报道内容上吸引读者的眼球。广告功能是针对读者而言的,是为了吸引读者去阅读语篇。

标题的表情和评价在报纸标题的广告功能中发挥着很重要的作用。认知不协调理论认为,人们会为了认知上的连贯和协调,而主动选择与其认知一致的信息。报纸语言的社会分化现象导致报纸都要有自己的针对性和基本稳定的读者群,报纸对读者有一定的社会角色的定位。因此,在创作报纸标题时,要考虑报纸标题和语篇背后读者的所思所想,说出读者的心里话,或与读者预期结果反差巨大的言语,这样就更加能够调动读者的情感,激发读者阅读的兴趣。因此,报纸标题中都包含着作者一定程度的情态和评价,情态和评价在表达作者立场的标题中表现得非常鲜明,同时也起到了标题的广告作用。如:

Доверие без границ (Известия 4.09.2018)(例1)

Новый скачок цен (Правда 6.09.2018)(例2)

Цунами ненависти (Правда 18.05.2018)(例3)

例1"无限的信任"中的没有边界给读者以视觉冲击和思考,会想:是何人何事能够达到这种信任的境界,同时也表达了作者的态度。

例2"价格的新飞跃"中使用了突增和飞跃两词,而且涉及"涨价"老百姓最关心的话题,能够激发读者去探究语篇的内容,同时也反映出了作者对报道内容的评价。

例3"海啸般的恨"中海啸一词最为吸引眼球,感情色彩强,是何人何事能引发海啸式的憎恨。这个标题具有很强的广告性和与读者深层的对话性。

(六)表情功能

报纸标题的表情功能是指作者对所报道现实的态度,反映作者对报道内容的主观评价。报纸标题的表情功能是标题所固有的功能。表情功能是任何标题都必须具备的功能,作者的情感和评价首先是通过标题直接面向读者,与读者建立交际接触的。作者对所报道内容的态度包括:(1)同意或不同意,采纳或拒绝,语气可能是坚定果断的,或是程度轻微的、缓和的;(2)肯定或否定的评价,比如满意、愿意、喜欢或不赞成、非难、指责;(3)各种形式的意志表达,如决心、号召、警告、惊讶、困惑和不解;(4)认为某事是否符合实际,是否真实。报纸标题的表情功能反映了作者对所报道现实的主观态度,通过情感和评价去感染读者。表情功能传递了作者鲜明的情感和态度,能够吸引志同道合或持反对意见的读者去阅读,展开作者与读者心理上的交流与沟通,因此,表情功能有助于加强标题的报道功能、广告功能和交际功能。

我们认为,表情功能包括作者的情感(эмоция)和评价(оценка)两个部分,情感指作者的喜怒哀乐,评价指作者的褒贬认定。这两者虽然有一定的相关性,喜和褒相连,哀和贬相连,但有时喜并不会得到褒义的评价,哀也并不意味着一定是贬义。这是由人的世界观和价值观以及看问题的角度不同而决定的。

在现今的俄罗斯日报,报纸的思想定位和社会定位,以及自己追求的价值观都是公开的,反映的也是自己眼中的现实,根本不用,也不可能追求完全的客观。与过去不同的是,在报纸标题中作者现在不掩盖个人的情感,公开表明自己的立场,反映本报纸的思想追求,因此标题具有情感性。拉塞尔认为,语言有报道客观事实和表达说话者态度的功能,可以说,情感性是语篇的灵魂。伯克的"同一"理论认为,当作者与读者拥有某些共同特质时,更容易与对方达到一致的认同。作者与读者的认同是基于双方在思想、情感、价值、观念等相符或相似基础上的,或基于双方立场一致来反对共同的敌人。总之,作者是想读者所想,说读者所说,报纸标题在很大程度上表达了作者的态度和评价。同时,报纸标题的表情功能也反映在报纸的社会角色定位上。社会语言学理论认为,语言受到社会因素的制约,社会因素的变化形成了语言的社会分化和人们应用语言的特点,这种特点在报刊政论语体中表现得非常明显。一种报纸拥有自己特定的读者群,因为不同的读者有不同的诉求,它不可能满足所有读者的需求,如精英类报纸《生意人》发行量不大,主要针对在经济行业或从事相关工作的人。因此,作者在创作报纸标题时就会考虑到读者的统觉背景及其对报道事实的态度,根据自身意图进行有针对性的评价,引导读者产生共鸣。

表情评价性的标题也具有广告效果,可以引起读者阅读语篇的兴趣,这样的标题有利于读者对语篇的理解,并在一定程度上影响读者形成对语篇内容思想的态度,进而实现报纸标题的语用功能。在大部分情况下,这类标题多数包含带有正面或负面评价语义的评价类形容词。如:

Лучшие из высших (Известия 4.09.2018)(例1)

Кризис добрался до Госдумы (НГ 31.10.2008)(例2)

СНГ оформило развод с Грузией (НР 10.10.2008)(例3)

例1中选用了两个形容词最高级形式,表达了作者对报道内容最高程度的评价和肯定,能够激发读者的兴趣,调动读者的情绪,具有很强的表现力和感染力。

例2中"危机抵达国家杜马"采用了拟人的手法,使用了"抵达"一词,让本来非常严肃的话题具有了丰富的感情色彩。

例3"独联体与格鲁吉亚办理了离婚"中,"办理离婚"让非常庄重的外交事件变成了家庭事务,显得风趣和幽默,具有很强的表情色彩。

（七）预测功能

预测功能是指通过报纸标题的内容和语义提前推测出语篇的内容和思想。预测功能与报纸标题的报道功能相关，读者通过标题可以对所报道的内容和思想观念进行预测。报纸标题是压缩的语篇，语篇则是对标题的展开。报纸标题是语篇的重要组成部分，虽然它具有形式上的独立性和语义上的自足性，但仍为预测语篇的内容和思想提供了前提和基础。预测功能离不开标题的报道功能和表情功能，读者通过标题报道的内容，以及所表达的作者的情感和态度，来预测语篇的内容、思想和理念。预测功能主要从读者的角度去考虑标题的功能。

科雷特娜娅（Корытная）（1998）指出，标题对于语篇理解具有预测功能，它是通过对现象的预感而实现的。预感具有非单向性的特点，需要返回到最初图式，并通过语言手段表达的语篇所指来构建新的图式，对图式进行选择和修正。标题和语篇开头是理解语篇概念系统的起始点，因为标题是特殊关注的对象，是作品概念结构的一把钥匙。

索尔加尼克认为，报纸政论文的标题通常与报纸语篇的开始和结尾有着密切关系，在有些报纸语篇中，标题的中心词会在语篇中反复出现，起到连贯语篇、揭示语篇内容理念的作用。这样标题信息在语篇中得到具体和深入的发展。

报纸标题的预测功能与报道功能有所区别，它们各自的出发点不同。预测功能是从读者角度来看的，读者在阅读标题后是否能够预测出语篇的内容和思想，为进一步理解语篇做好准备。报道功能是从作者角度出发的，通过标题向读者报道语篇内容。不同时代、不同报纸的不同体裁和题材的标题，其预测能力也不尽相同。苏联时期的报纸标题多采用口号式、标语式的称名结构做标题，往往通过阅读标题无法理解标题所指，无法清晰、明确地预测报纸语篇的具体内容和思想。如：

Доверие миллионов（Известия 22.01.1980）(例 1)

Традиции великого почина（Известия 29.01.1980）(例 2)

Содружество побратимов（Известия 30.01.1980）(例 3)

在上述三个例句中，"无穷的信任""伟大的首创传统""兄弟团结"这三个标题并不能表示语篇的内容，适用范围广，因此信息性较弱，读者只能通过副标题或引题、提要题来明确语篇的内容和思想。

现代俄罗斯社会的报纸标题通常采用信息性标题，从标题的结构和语义完全可以预测标题所指。这种标题结构的采用与其所处的时代、社会、受众、报道的内容密切相关。在一个生活节奏快、信息量巨大、经济充分竞争的民主社会，如果只能通过阅读全文才能了解语篇的内容和思想，那作为传统大众媒介的报纸将逐渐失去其竞争力。如：

Заслуженный тренер России (Известия 6.03.2018)（例 1）

在例 1 中"俄罗斯功勋教练"虽然使用了名词词组的称名结构,但标题的信息性得到了充分的体现。

（八）构建功能

构建功能指报纸标题可以构建语篇的连贯性和整体性。构建功能也可以说是整合功能,体现了标题作为语篇的重要组成部分的特点,它与语篇构成了一个有机的整体,构建了语篇的整体性,因为"标题的语义具有扩展趋势,标题是为了容纳整个语篇的内容"（Лукин，1999:61）。克尔日然诺夫斯基(1931)在《标题美学》中把标题看作语篇的成分,也当作可以独立存在的最短的简短故事,他认为,书是展开到底的标题,标题是聚集成两三个词的书。报纸标题浓缩了语篇的内容和思想,语篇围绕着标题逐步展开,标题和语篇构成了结构语义整体。报纸标题的构建功能从作者的角度来看,它与语篇各个成分构成了一个整体;从读者角度看,读者通过标题对语篇内容进行一定的预测,形成自己对语篇的构建。

报纸标题可以通过以下方式构建语篇:(1) 标题在语篇开头的词汇重复;(2) 标题在语篇开头的语义重复;(3) 语篇开头对标题的提问;(4) 语篇开头对标题所讲内容的揭示;(5) 标题在语篇中词汇和等效词重复等。借助于标题的词汇和语义的间接重复,作者对语篇接下来的内容给出暗示。报纸语篇中标题的重复主要表现为接近与逐字逐句的重复,通常标题的重复成分的分布与语篇的整个中心部分在一定程度上是吻合的。报纸标题在语篇末尾的完全重复占三分之二,标题在篇首的词汇重复起到把语篇各成分连接为整体的整合功能,而标题在篇尾的完全重复是为了强调语篇的中心思想。

报纸标题在完成语篇的构建功能时,还起到与语篇文字的区分作用。标题位于语篇前,通常使用不同的字体、特殊格式和颜色,以及采用其他方式来呈现,使标题与语篇出现明显的形式上的分隔。同时,标题形式的突出也能够吸引读者的注意,让读者把注意力集中在相应语篇上面。应该指出,现代俄罗斯报纸经常使用字体带有颜色的标题,尤其经常在报纸头版使用各种颜色标注标题。这种方法不仅能吸引读者的注意,还能造成标题的色彩斑斓,使版面美观。

报纸标题的这八种功能并不是在同一时间、同一场合发挥作用的。报纸标题的各种功能处于竞争态势,报纸标题功能的发挥与报纸的社会角色定位、报纸自身的定位、作者的意向、报纸语篇的体裁和题材等方面相关。

5.2 现代俄罗斯报纸标题系统的功能

现代俄罗斯报纸标题系统也以感染功能、交际功能和报道功能为自己的功能基础。而鉴于标题系统和标题结构的不同,标题系统也具有自身的特定的功能:分隔定位功能和语篇功能(在 5.2.2 中将详细阐释)。

现代俄罗斯报纸标题系统作为报纸标题的一种形式,经常用作报纸语篇的标题。标题系统包括总标题(通栏题)、栏目题、主标题、副标题、引题、提要题、插入题。上一节对报纸语篇的主标题的功能进行了分析研究,报纸主标题在阅读报纸时处于最醒目的位置,根据阅读习惯,也是读者最先注意的内容。

我们知道,报纸标题一方面是语篇的组成部分,另一方面又具有语义上的自足性和形式上的独立性。而标题系统作为一个整体,具有语义上更大的自足性和形式上的独立性,标题系统与语篇的其他单位相比,占据了非常特殊的位置,虽然它是语篇整体结构的组成部分,但它也是完结的、独立的意义表述。

报纸标题具有感染功能、交际功能、报道功能、称名功能、广告功能、表情功能、预测功能和构建功能等。对于标题系统中各个子标题而言,除主标题具有语篇的称名功能外,标题系统的其他标题也具有报道、广告、表情、预测、构建、交际和感染功能,而且它们所承担的功能各有侧重点,有些功能得到了加强,有些功能则被弱化。

5.2.1 标题系统各组成部分的功能

由于报纸标题系统在报纸语篇中地位特殊,我们主要从标题系统各组成部分的功能和整体功能两方面来研究。我们在研究标题功能时已经划分出了八种功能,除了主标题具有的称名功能外,标题系统各组成部分都可以在这七种功能中找到各自相应的位置,下面将分别阐释标题系统中除主标题外的各个标题的功能特色,在此对于上一节标题的功能不再重复。

(1)总标题和栏目题

栏目题是处于页面、专栏或独立材料上的一行标题,标题系统的这个成分通常由明显的斜体字、黑体字、半黑体字体凸显,常常有横线、符号等进行标注。在栏目题下可以把两篇或以上内容相似的语篇放在一起,形成整体,帮助读者理解相关语篇的思想。栏目题的体裁结构可以多种多样,可以分为栏目题、专栏题和通栏题(横幅)。报纸标题系统中栏目题与主标题一样,使用非常频繁,起到帮助读者快速定位,找到读者所需内容或专题,帮助读者减轻语篇理解的难度,还可以为报纸版面打上标签,形成报纸的特色风格。

(2)引题和副标题

在标题系统中除了主标题外,其引题和副标题的作用也不容忽视。引题处于栏目题与主标题之间,副标题通常处于主标题与正文之间。副标题的主要作用是对主标题内容进行明确、注释、补充和印证,具有报道功能。副标题的报道功能主要是通过句法手段实现,很少用称名结构作为副标题使用。

引题所起的作用与副标题相同,同样具有一定的报道功能,对主标题进行明确和解释。在不同的报纸中使用主标题＋副标题或引题＋主标题的频率相差很大,《俄罗斯报》的头版绝大多数标题系统使用引题＋主标题的结构。在现代俄罗斯报纸标题中,常常使用副标题,这是因为报纸主标题要完成称名、广告或报道功能,作者使用信息性副标题(引题)揭示主标题的意思,主标题与副标题之间是通过纯语义关系和结构语义关系产生联系的,构成一个语义整体。虽然副标题和引题在功能上有相似性,但副标题和引题的功能也存在着一定的区别,引题一般用来交代背景,说明原因、烘托气氛、揭示意义等。副标题一般用来补充、注释、说明和印证主标题。如:

(引题)В ходе учений НАТО молдавские военные нарушили приказ президента (РГ 11.09.2017)

(主标题)Армия забродила (РГ 11.09.2017)(例 1)

示例 1 采用了引题＋主标题的结构,主标题"军队骚动了"与引题"北约演习中摩尔多瓦的军人违反了总统的命令"表明了军队骚动是由于摩尔多瓦军人违反总统命令引起的,引题对主标题起引导烘托作用,并能展现主标题所指内容。

(主标题)《Для этого мы и готовились к чемпионату》(Известия 6.07.2018)

(副标题)Футболист сборной РФ Александр Самедов — о шансах нашей команды в матче с Хорватией (Известия 6.07.2018)(例 2)

示例 2 中使用了主标题＋副标题的结构,主标题"为此我们做好了冠军赛的准备"和副标题"俄罗斯国家足球队队员亚历山大·萨缅多夫谈关于我们球队与克罗地亚比赛中的机会"中,通过副标题可以确认冠军赛是关于足球的,而且进一步确认俄罗斯国家队已做好了准备。

(3) 提要题

提要题是报纸语篇中字体凸显的部分,在语篇中常常使用黑体字、斜体字或半黑体字来表示,处于语篇开始位置,通过空白与语篇分隔。报纸提要题的主要作用是以极度压缩的形式表达报纸语篇的主要内容,行使报道功能。标题在功能方面的潜在能力毫无争议地依赖于它的语义结构,这种联系不是单方面的:标题还对标题结构的构建产生影响。可以看出,对意向性的研究成果证明,一定的意向取决于相应的句法形式,于是我们可以得出结论,在研究标题的功能时,同时要关注相应的句法结构。提要题可以通过各种语法结构来表达,可以是一个复杂句子,也可以是几个独立的句子,可以是一个段落,也可以是几个段落,它们构成了语篇的片段。

在现代俄罗斯报纸标题系统中,提要题除了报道功能外,有些提要题还具有报道功能、广告功能。在行使报道功能的提要题中很少使用口语化句法结构,而通常使用信息性强的双部句和复合句。当在提要题中使用主从复合句时,最重要的信息位于句子的主要部分。主标题、副标题和提要题是标题系统中最常使用的成分,它们作为标题系统的成分构成统一的整体,同时相互之间又具有语义的自足性,而提要题的语义自足性更大些。

提要题处于语篇开头,首先是面向语篇,与语篇的联系要比副标题的联系更加紧密。而同时由于主标题和提要题作为标题系统的成分,都是面向语篇,与语篇发生联系,因此主标题与提要题往往在功能上有一定的一致性,比如广告标题常常以广告性的提要题来吸引读者的注意。如:

(主标题)Торжественно и кратко

(副标题)Церемония инаугурации президента пройдет по традиционному сценарию, но займет меньше времени

(提要题)Церемония вступления Владимира Путина в должность главы государства претерпит небольшие корректировки по сравнению с 2012 годом. Программа должна стать короче—в связи с тем, что президентом избран действующий глава государства, рассказали 《Известиям》 эксперты по протоколу. Трансляция мероприятия продлится 50 минут вместо часа, как это было шесть лет назад, следует и из программы федеральных ТВ—каналов. Однако вне зависимости от деталей сценария у россиян это событие вызывает чувство гордости и воодушевление, отмечают социологи.

(Известия 7.05.2018)

上述示例中的提要题是四个复杂的句子构成组成的一个段落,报道了语篇的主题和内容。标题系统结构采用了主标题+副标题+提要题,从语义上看,副标题"总统就职仪式将按传统方案进行,但仪式时间将会减少"对主标题"盛大和简短"进行了简要的解释和说明。提要题"弗拉基米尔·普京总统对就职仪式与2012年相比做了小幅调整。礼仪专家向《消息报》讲,鉴于现任总统被选为总统,仪式计划应该更短。与6年前一样,各联邦电视台的节目活动转播应该持续50分钟而不是1小时。社会学家指出,这个事件会激发俄罗斯人的骄傲和奋进,并不是源于仪式的细节"的内容对主、副标题报道内容进行了一定的剖析,并主要向读者传递了语篇的主要内容。

(4)插入题

插入题,它是插入正文中的小标题,通常用其他字体进行区分,可以是词组,也可以是句子。插入题主要概括或导引其下面的正文内容,并进一步展开和扩展主标题和副标题的信息。因此,插入题具有承上启下的功能,它进一步阐释了主标题和副标题,同时概括了下文

内容,便于读者理解所报道的内容。如:

（主标题）Александр Захарченко：Порядок наведем—на войну ничего не спишется

（提要题）В ДНР в прямом эфире прошла первая "Прямая линия" жителей Донбасса с главой республики. Спецкоры "КП" собрали наиболее интересные выдержки из ответов на самые неудобные вопросы.

（插入题 1）О ГОССОБСТВЕННОСТИ

（插入题 2）О ВОССТАНОВЛЕНИИ

（插入题 3）О СПЕЦОПЕРАЦИЯХ

（插入题 4）О ПОСТАВКАХ НА УКРАИНУ

（插入题 5）О ХЛЕБЕ НАСУЩНОМ

（КП 12.05.2015）（原文见附录 5）

上述示例中,标题系统采用了主标题＋提要题＋插入题的标题结构,其中插入题有 5 个,即关于国有财产、重建、特别行动、向乌克兰供货、起码的生活资料。插入题分别从 5 个角度展开并阐释了主标题"整顿秩序——什么都不会因为战争而一笔勾销"中的主要部分"整顿秩序"的内容,同时又概括了各个插入题后的正文为容。作者利用插入题的承上启下功能,让读者在短时间内对语篇的信息精准定位,节省了读者的阅读时间;同时插入题能够使读者在短时间内了解语篇全貌,加强对语篇的解读,满足阅读需求。

5.2.2　标题系统作为整体的功能

报纸标题系统作为一个整体,它具有感染功能、交际功能、报道功能、分隔定位功能和语篇功能等,其中标题系统的语篇功能包含了标题的广告、表情、预测、构建功能,同时标题系统增加了分隔定位功能。

（1）感染功能

现代俄罗斯报纸标题系统的感染功能是标题系统追求的最终目标,其他如报道功能、广告功能、分隔定位功能和语篇功能都是为读者服务的。作者使用格式和结构多样的多层级的标题系统,向读者传递较为完整的信息,表达作者的情感和评价,期望获得读者对作者所述内容和观点的认同,达到感染读者,取得肯尼斯·伯克提出的双方同一的终极目标。

（2）交际功能

交际功能是指作者根据读者群的心理需求在海量信息中有针对性地选择出他们喜欢的信息,用合理适宜的标题实现标题系统的各种组合来满足读者群的需要。这就需要作者为了实现自身的感染目的去了解自己的读者群:读者的世界观和价值观以及他们的情感指向,并据此选择信息并设计标题系统来实现与读者群的心理同一。读者群的满意和认同是交际功能力求实现的目标。而巴赫金的对话性思想为报纸标题的交际功能提供了理论支撑。

（3）报道功能

报纸标题系统的信息性远远强于标题，它的报道功能是大众传媒的基本功能，也是大众传播相关理论的具体应用。报纸标题系统的报道功能的主要标准是关于政论文内容的信息传递。标题系统应该以浓缩的形式向读者报道言语的对象，如果标题系统包含了大量的信息，那么有可能就完全消除了对语篇内容的不确定性，进而读者就会失去继续阅读的兴趣，同时也违背了标题的经济性要求。因此，报纸的标题系统所包含的信息量应处于合理水平，能够满足不同读者的阅读需求，即作者通过标题系统可以为阅读时间有限的读者提供所述事件的梗概，以及作者的态度和评价，还可以对追踪分析事件的读者施加引导。

（4）分隔定位功能

报纸标题系统的分隔功能指在报纸总的信息流中把一个语篇与另一个进行分隔，从相关语篇中划分出一个或几个语篇，并参与整个报纸版面的构建。定位功能可以帮助读者快速找到感兴趣的信息，并在理解上提供帮助。

（5）语篇功能

报纸标题系统是一个复杂的结构系统，其系统性在于它是报纸信息结构相互联系的各成分有规律的组合，各结构成分之间有机联系组成一个整体，可以被称作"小语篇"，并具有语篇的特性：统一性、连贯性、完结性和情态性。

报纸标题系统与主标题相比，更加能够吸引读者的注意。标题系统在报纸版面中的布局、字体、格式、颜色等都会吸引读者的注意，同时标题系统的信息性也是进一步吸引读者的原因。我们可以通过引题的背景烘托、副标题的解释说明或提要题的内容浓缩等来吸引并保持读者对标题系统和语篇的关注。

而且，标题系统作为"小语篇"，在表达作者思想、传递情感等方面与主标题相比，具有很大优势。例如：结构为主标题＋副标题＋提要题的报纸标题系统对语篇内容可以进行概括性报道，循序渐进地引导读者，这对读者快速理解语篇内容和思想起到重要作用。如：

（主标题）Доверие без границ

（副标题）Правительство намерено упростить доступ передовых зарубежных лекарств на российский рынок

（提要题）На отечественный фармацевтический рынок предлагают допустить лекарства, которые не прошли клинические испытания в России. Это касается препаратов из стран Европейского союза, США и Японии. Как пояснили «Известиям» в Минпромторге, вопрос может быть урегулирован на уровне межправительственных соглашений. Мера поможет ускорить доступ пациентов к новым лекарствам, в том числе для онкобольных. Такие медикаменты планируют маркировать предупредительной надписью о том, что препарат не прошел клинические исследования на территории РФ. Сейчас вывод нового лекарства на рынок занимает до пяти лет, отмечают эксперты.

(Известия 4.09.2018)(原文见附录 1)

上述示例中,主标题、副标题和提要题从抽象到具体,由概括到细化报道了先进的国外药品将进入俄罗斯市场。语篇通过标题系统向读者全面反映了语篇的内容和思想,同样也传递了作者对所报道事件的态度,具备了语篇的基本特性,可以独自被称为"小语篇"。同时,标题系统也是语篇不可分割的组成部分,与语篇其他成分一起构成大语篇。

以下是报纸整个版面单语篇的标题系统,其结构为栏目题+主标题+副标题+提要题+插入题,通过标题系统的语篇功能,读者可以在短时间内了解语篇的内容概要。如:

(栏目题)Об этом говорят

(主标题)Что будет с российской экономикой в 2015 году

(副标题)《Комсомолка》выяснила у экспертов, сильно ли вырастут цены и чего ждать от курсов валют

(提要题)Валютные цунами на нашем рынке лишили спокойствия не только крупных бизнесменов, но и простых граждан. Мало кто понимает, что происходит в экономике сейчас и чего ждать от наступившего года. Насколько серьезны экономические проблемы и что дальше?

(插入题1)Инфляция: быстрее и выше

(插入题2)Баррель всему голова

(插入题3)Придется потерпеть

(插入题4)Февраль. Достать валют и...

(КП 14.01.2015)(原文见附录 2)

上述示例中,标题系统采用了多层级结构,而且用到了多个插入题。作者使用标题系统将语篇内容和思想全面系统地传递给读者,读者通过阅读标题系统,对语篇报道的基本内容能够一目了然,读者根据自身需求,通过插入题的指引,对语篇进行有选择地阅读,提高了阅读效率。正是由于标题系统的特殊性,所以它成了大语篇中的小语篇,能够满足读者的阅读需求。

在交际层面上,标题系统的语篇功能表现为:标题系统可以在报纸和读者之间建立桥梁,以确定的顺序向读者报道一定量的信息。标题系统可以帮助读者从对信息的不确定性过渡到确定性,保证读者逐步进入报纸内容。在修辞层面上,标题系统作为"小语篇",拥有完全独特的影响读者的语言手段。在印刷层面上,标题系统各组成部分使用的字体、符号、图表等形式在内容和思想的编码中得到展现。

语篇是语言学的单位,它是实现言语事件的形式,并具有一定的范畴、特性和功能。代表事件的标题是语篇的重要成分,它与语篇的结构和意义整体相符。语篇作为交际单位,它是由实现语篇作者交际意图的交际功能成分构成的整体单位。报纸语篇的特点是:描述社会事件和情景中的现实世界;在构建报纸语篇时必须考虑读者因素,因为读者影响着语篇结构,而语篇结构的构建是为了完成大众媒体的报道和感染功能;报纸语篇构建表达社会意识。

5.3 现代俄罗斯报纸标题的显性和隐性要求

报纸标题作为语篇的重要组成部分,具有功能的多样性。在研究报纸标题的八种功能时,必须要考虑在实现各种功能时对标题所提出的要求,而且标题的八种功能对于一个标题而言并不是共存的,可能只有几个功能在发挥作用,而其他的功能则得到弱化。鉴于此,在研究报纸标题的要求时,必须从报纸标题的功能入手,标题具有什么样的功能,与此相应,就需要什么样的要求与功能相匹配。

5.3.1 学者对报纸标题要求所持的观点

报纸最初是没有标题的,正如预料的那样,读者需要把报纸从头读到尾。后来,随着期刊出版物的增加和阅读报刊人数的减少,编辑开始在语篇最开始使用"简短的语篇内容"作为最初的标题,通常用大写或粗体字进行标出。随着大众传媒的不断发展,不论报纸的生产者还是报纸的使用者,都对报纸提出了更高要求,这样报纸标题不再是可有可无了。报纸标题具有感染、交际、报道、称名、广告、表情、预测和构建等功能,这些功能为标题的制定提出了相关的要求。

学者武尔兹利(Wolseley)等(1946)认为,报纸的功能对标题提出下列要求:一要向读者报道语篇信息,帮助读者获得语篇信息,吸引读者读完全文;二要使报纸页面印刷具有吸引力。如果报纸除了千篇一律的语篇什么都没有,就不会有人去阅读它。报纸标题首先是帮助读者不浪费时间,能根据标题快速找到自己所需的信息,因此报纸标题必须要具备信息性。

利韦尔斯(Rivers)(1964)在 *The Mass Media：Reporting，Writing，Editing* 中指出,报纸标题应该抓取读者的注意,传递故事的实质,象征性地评价信息,并把报纸变得更具吸引力。

学者韦斯特里(Westley)(1953)在 *News Editing* 中指出,对报纸标题的要求是:报纸语篇的标题应该为新闻做出索引,为读者搜索感兴趣的信息节约时间;报纸标题能够向读者告知信息。

拉扎列娃(Лазарева)(1989)在《报纸标题》的专著中指出,报纸标题应该符合三种基本要求:一是信息性;二是与内容相符;三是句法结构的表现力。拉扎列娃所提要求中明确指出了报纸语篇的标题要与其内容相符。在报纸标题的制作实践中,有些报纸标题的创作者为了追求个性鲜明的标题或能够制造有悬念的标题,经常过分冒进,结果出现了瑕疵标题,即出现了题文不符的现象。

多尔(Dor)(2003)在 *On newspaper headlines as relevance optimizers* 一文中提出了对标题的十个要求:标题简短;单意义标题,易懂;有趣;包含新信息;不具有读者未知的信息;带有对读者具有重要意义的名字和概念;不带有对读者具有低级意义的名字和概念;引入已知事实和事件的历史;引入符合预测的历史;带有文章所述内容的框架。作者指出,这十点并不是对报纸每个标题所提的必须要求。比如第一点,当可以在大容量标题和简短标题中做出选择时,倾向选后者。作者认为,符合上述所有要求的报纸标题是理想的标题,但是很难做到。标题需要同时融合清晰性、单意义性和趣味性是非常复杂的,在趣味性方面,记者常常采用所谓的语言游戏来吸引读者对报纸文章的兴趣,这时,报纸标题的其他要求就很难得到满足。

可以看出,学者对实现报纸标题功能的需要具有哪些要求,观点不一,但各位学者都一致认为,标题必须具备信息性,这样可以帮助读者节省时间快速找到目标信息来阅读,向读者传递故事的实质。学者武尔兹利和韦斯特里都强调,标题要能够吸引读者的眼球,但并没有清楚地说明,实现标题的广告功能对标题有何要求。拉扎列娃明确提出,报纸标题应该符合三种基本要求:信息性、与内容相符和句法结构的表现力。拉扎列娃将标题要求进行了凝练和抽象,与内容相符满足了标题的称名功能,信息性满足了报道功能和预测功能,句法结构的表现力满足了报纸的表情功能、广告功能,但实现标题的表情、广告和其他功能的手段并不仅是句法结构的表现力,而应该是语言的表现力。丹尼尔对标题提出了十项要求,但他所提的要求过于详细,甚至对词汇的选择都提出了两项要求。然而,报纸语篇涉及人类社会活动的各个领域的信息,在一定语境下,即使是骂人的话也可以出现在报纸言语中,这明显与丹尼尔对报纸标题的要求不相符。

5.3.2　报纸标题的显性和隐性要求

报纸标题有感染、交际、报道、称名、广告、表情、预测和构建八种功能,但并不是每个语篇的标题同时拥有这八种功能,涉及具体语篇的标题,有的主要起称名功能、报道功能、预测功能,其他功能则表现得并不明显,有些弱化。有的标题主要完成称名、广告、交际和感染功能。尽管在某一具体标题中,标题所体现的功能各不相同,然而可以根据报纸标题的功能,把对标题的要求分为两组:显性要求和隐性要求。显性要求是指所有报纸标题应该符合的参数和要求,它们并不依赖于时间和地点以及报纸的种类、作者的专业性和其他情况,显性要求能够在标题中得到明显体现;隐性要求是指处于从属地位的对标题的要求,标题的隐性要求并没有得到明显体现。

显性要求与标题功能的实现相关,报纸标题功能的实现要求标题必须具备信息性、题文相符和表现力等要求,这些要求在标题中都能得到明显体现;而且,在实现标题功能的过程中,同时也对标题提出了评价性、对话性的隐性要求,这些要求在标题中并没有得到鲜明的体现。标题的显性要求和隐性要求并没有严格的界限,它们之间可以相互转化和过渡,在大多数标题中信息性是对标题提出的显性要求,而在信息性较弱的标题中,则体现了标题的隐性要求。作者在突出强调标题的某一功能时,就会对标题提出某种具体的要求,这种要求对于具体标题而言会得到明显体现,如评价性,在表达作者鲜明的立场和态度的标题中,评价性就是对标题的显性要求。

(一) 显性要求

报纸标题的最终创作有一定的规范和原则要求。在现代俄罗斯报纸标题的制作中体现了作者完全的自由度,记者可以通过各种手段和方式方法创作有吸引力的标题,全力吸引尽可能多的读者去关注自己的文章。如果作者过度追求报纸标题的表现力,充分发挥标题的广告功能,而忽视标题符合语篇内容和思想的要求,则有可能走向标题党的极端。因为读者很少从头到尾读报,通常只是浏览报纸的标题,之后才把自己的注意力放在感兴趣的语篇上面,去阅读他/她认为新颖和重要标题的语篇。如果作者在标题中许诺的是一种东西,而在语篇中介绍的完全是另一个,读者可能由于失望而不再关注相关作者的文章,甚至是整份报纸。这种情况说明报纸标题与语篇内容相符的重要性。因此,对标题提出的信息性、题文相符、表现力要求属于显性要求,是标题要求的重中之重,它们之间相互协同、相互配合,从而实现标题功能。

(1) 信息性要求

报纸标题是报纸语篇内容极度压缩的首要符号,标题的本质属性决定了它首先具有报道功能。任何标题首先是为了快速和简要地向读者报道关于报纸语篇的内容,读者通过浏览报纸标题,可以发现记者在报纸标题中以不同的程度和方式对语篇给出概要。

如以下两个标题是对同一事件进行报道的语篇标题:

《Век фунта не видать》(РГ 14.02.2014)

《Шотландии запретят использовать фунт》(НГ 14.02.2014)

两个标题叙述了同一件事:英国财政部宣布,如果苏格兰获得独立,就不能把英镑作为货币使用。在读完第一个标题后读者未必会明白文章的内容,或可能只是猜测,语篇是有关英国货币的报道。第二个标题则不然,它不仅说清楚了语篇的话题,实际上也完全让读者了解了事实。虽然两个标题的形式不同,但报道的是同一事件,作者为了吸引读者的注意,激发读者的兴趣,把重点放在了标题的语法结构上,使用了动词不定式句,这时信息参数变弱,就像我们在第一个标题中看到的那样,作者希望把标题变得更加有表现力,在标题中使用了先例文本。

《Век фута не видать》来源于苏联电影《成功的先生们》中的表述《Век воли не видать》,作者通过替换先例文本中的一个词增加了标题的表现力。实际上,第一个标题也能够传达语篇内容的信息,但不如第二个标题对语篇内容表达得清楚。

根据标题表达语篇内容信息的完整程度的不同,可以把标题分为完全信息标题和不完全信息标题。完全信息标题完全向读者报道语篇的某种意义成分,它们常常表达了整个政论文作品的话题或主要思想;完全信息标题在表现力和表情性上通常是中性的,而内容更为丰富的语法结构的标题就更吸引读者注目了。现代俄罗斯报纸中,经常使用复杂标题作为完全信息标题,这样的标题由两部分(或更多)构成,以各种形式出现,常见的为:

1)带有冒号的标题,标题各部分之间由冒号联系,通常冒号前的部分说明总体情况,第二部分则对第一部分进行补充和确切。如:

《ВТО: войдем или вляпаемся?》(Коммерсант 17.10.2006)

《Суперджет: не конкурент, но соперник》(РГ 20.03.2007)

Врач: право на ошибку (РГ 28.02.2018)

2)带有分割结构的标题,分割结构就是把一个句法结构的句子切分开。这种句法结构的展开是模仿日常口语中边说边补充的现象。分割结构一般由两部分构成,第一部分从语法和意义上是独立的,后一部分为词组或简单的扩展句。这样的标题信息充分,形式灵活,对话性强,容易形成与读者的互动。如:

Христос, Будда, Чингисхан – великие украинцы! И только Пушикин – еврей (КП 18.03.2015)

Доступная ипотека под 12%. Реально (КП 1.04.2015)

Немцов был Президентом России. Несколько секунд (КП 5.03.2015)

3)复合句结构的标题,这些标题前后两部分通常用关联词或连接词连接。如:

Он молился, а я думал, что это йога (КП 18.02.2015)

В Польше показали, как можно поделить Украину (КП 18.02.2015)

Прохожий поймал малыша, коорого отец выкинул в окно（КП 1.04.2015）

4）由几个句子构成的标题。如：

Любимый сказал мне: "Цыц!" Я обалдела... （КП 18.03.2015）

《Хан лишился головы дважды. Сначала ее отрубили, а потом потеряли》（НГ 20.09.2002）.

Чиновник богат? Значит, воруeт! （КП 5.03.2015）

报纸的不完全信息标题没有完全表达语篇的论题,而只是叙述语篇的某个部分。有时,读者在阅读标题时,得到的只是有关语篇内容的符号,只有完全读完语篇后才能获得完整语篇的全貌。尽管这样的标题信息量比完全信息标题信息量低,但是它们能够为记者提供更多可能去吸引读者的注意,激发读者阅读语篇,因此,这样的标题在现代俄罗斯报纸中被广泛采用。如：

《Без конкурентов》（РГ 02.12.2006）

За политическое чутье отвечает нос （КП 11.03.2015）

Великий, могучий, непонятный （КП 11.03.2015）

（2）题文相符要求

对报纸标题的第二个要求是报纸标题应该与语篇内容相符,即题要对文。读者在阅读报纸时未必喜欢惊悚的标题,如果这种标题讲述的是另外一个不相关的故事,读者虽然受到报纸标题的新颖性的吸引,进而阅读全文,但在读完全文后会有被欺骗的感觉,继而对作者及报纸失去信任,因此题要对文是对报纸标题的第二个显性要求。可以看出,对报纸标题的这个要求与报纸标题的报道功能相关,报道功能要求标题需题文相符和具备信息性。

（3）表现力要求

上述对报纸标题提出的显性要求,如信息性和题文相符是每个标题都具备的,而报纸标题的广告功能,对报纸标题提出了表现力的要求。在信息性和题文相符的基础上,报纸标题要求具有丰富的表现力和形象性,报纸标题的表现力主要是为读者服务的,形象的和有表现力的标题是作者为了吸引读者进行的言语创作。因此,作者使用各种方式,如口语词汇、旧词新义、新创词、行话,从词汇和各种辞格的选择到制造悬念的各种手段和方法装饰和点缀自己的言语作品。现代俄罗斯报纸的创作者们的想象力极其丰富。如：

《Америка стала "оранжевой"》（РГ 05.08.2003）

毫无疑问,这个标题会使读者感到奇怪,引起读者的不解,进而产生阅读兴趣。读者一定想"猜出谜底",于是就会读完全文,这也就达成了作者的主要目的。在读完整个语篇后,读者才会得到下列信息:由于恐怖行动,美国政府把恐怖威胁等级提高到了"橙色"。

(二) 隐性要求

报纸标题在实现自身功能时,除了对其提出的显性要求,还包括隐性要求。显性要求和隐性要求之间的关系并不是相互排斥和相互对立的,而是相互照应、互相补充的,评价性和对话性作为标题的隐性要求为实现标题功能起到了助推器的作用。

（1）评价性要求

评价性对于报纸标题而言是非常重要的,虽然记者可以公开地表达自己对政论作品中所述内容和思想的态度和评价,但语篇作者也可以在文章的标题中公开或通过隐含的言外之意向读者暗示自己的观点。

报纸标题的表情、交际和感染等功能要求标题具有评价性,标题作为交际双方开始对话的首要符号,是作者与读者在报纸内容和思想上的交流,标题中应该含有作者的情感和思想,以及作者对标题所述内容的评价。这种评价可以是显性的,也可以是隐性的。报纸标题的表情功能不只是表达作者对所讨论话题的观点,而且为读者重建了某种对照和反差。读者在读完标题后知晓作者的评价,读者自己也会关注语篇,把自己的推理和论断与作者的相比较,得出一定的结论。换句话说,在使用带有作者评价的标题时,作者可以深入与读者的对话中。记者类似于厨师长,语篇是菜,做菜添加的佐料直接影响到菜会是何种味道,以及品味者将如何接受这道菜,厨师长所添加的佐料将改变菜的味道。具体添加什么佐料、多少佐料是根据读者的口味,而不是作者自己随意发明、添加的。

（2）对话性要求

报纸标题功能的实现对报纸标题提出了对话性的要求,对话性并不仅针对报纸标题和语篇所提的要求,它是一切话语的基本属性。报纸语篇作为言语产品,它是说话者和听话者互动关系的产物,是话语。而话语本身具有对话性。报纸标题作为作者与读者言语交流的共同领地,应完成多种方式的对话。任何合格的记者都必须牢记自己报纸的思想定位和社会定位,在创造产品时先与之对话:符不符合自己报纸的思想理念,能否满足自己读者的接受心理,在这个基础上再创作标题或语篇,这些东西的创作与选择性描写也是对话性的,以读者的社会定位和角色心理是否能接受、愿意接受为坐标。首先作者与标题进行了对话,这种对话是说话者(我们)与自我的一种对话,通过反复对话,创作出了成功的标题;之后发生了读者与标题的对话,读者在自己已知的统觉背景基础上与标题进行对话,与标题所报道的事实进行对话,解读标题;在解读标题的过程中,同时出现了第三种对话,即作者和读者的对话。作者与读者通过标题产生了对话,读者通过标题的表情评价色彩与作者进行对话,作者通过自己对标题所报道内容的态度、情感和评价影响读者,与读者产生互动。因此,对报纸标题提出的第二个要求就是对话性要求,尽管这一要求是话语与生俱来的属性。报纸标题的对话性要求在标题中有以下几种表现形式。如:

Нужен ли доктор в школе?（РГ 3.10.2017）

Откуда такие деньги?（РГ 25.06.2018）

Врач: право на ошибку（РГ 28.02.2018）

报纸标题是说话者的一种创作过程,报纸标题的创作过程可以发生在语篇撰写之前、之中和之后。标题的创作可以是由语篇作者完成,也可以是由一个创作集体完成,还可以是作者提交语篇后主编的创作,但不论在哪个阶段、由何人创作标题,都需要考虑到对标题提出何种要求,完成哪些具体功能。因此,除了上述主要论述的信息性、题文相符、表现力、评价性和对话性要求外,还可以对标题提出其他的要求。

报纸标题的功能可以通过图 1 来表达:报纸标题的显性要求是对标题提出的信息性、题文相符和表现力要求,这三种要求在报纸标题中必须要得到明显的体现;报纸标题的隐性要求,如作者的评价性和对话性,则根据标题的功能所需,可以不需要得到明显体现。

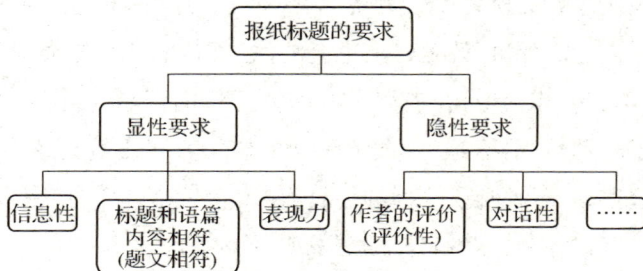

图 1　报纸标题的要求

5.4　本章小结

报纸标题的功能不能单纯从语言学角度研究,要结合修辞学、社会语言学、传播学和对话理论的知识进行研究。

报纸标题的功能受到社会、政治、经济、文化、民族心理等语言外因素的制约,报纸标题中出现的语言的社会分化现象反映了社会的分层。

报纸标题的功能包括感染、交际、报道、称名、广告、表情、预测和构建功能,但并不是一个标题同时具备所有功能,不同的标题功能体现得不尽相同,有些功能被突出,有些功能被弱化。

报纸标题系统的各个组成部分有总标题(通栏题)、栏目题、主标题、副标题、引题、提要题、插入题,各个标题具有主标题的部分功能。

报纸标题系统作为一个整体,其功能包括感染功能、交际功能、报道功能、分隔定位功能和语篇功能。

　　根据报纸标题功能的必要性,对标题提出的要求可以分为显性要求和隐性要求,显性要求包括信息性、表现力、题文相符,隐性要求包括对话性、评价性等,根据报纸标题功能的实际需要,对标题还可以提出其他要求,如单义性、简洁性、通俗性。

　　苏联时期的报纸语言刻板,标题多为口号式、套语式的称名结构,对话性缺失,报道模式多以灌输和教训的口吻出现。苏联解体后,社会剧变带来了报纸结构和功能的变化,出现了不同价值取向的报纸,报纸语言发生了很大变化,报纸标题也体现了报纸的价值取向。

结束语

语言的变化与发展受到社会因素变化的影响,社会结构的分层体现了语言的分化和功能的分化。俄语报刊政论语体涉及人类社会各个领域的内容,因此,很多其他社会领域也会进入该语体中,报纸语言体现了时代特点。

苏联解体、苏共解散后,俄罗斯社会经历了剧烈变化,政治民主化、经济私有化、文化多元化,对报纸和报纸语言的变化和发展产生了很大影响。报纸语言在寻求各种新的规范性和有表现力的表达方式,在现代俄罗斯报纸标题中出现了多种新的语言现象。报纸标题视大众为上帝,使用了他们极具表现力的语言和先例文本的变体以及各种修辞手段,标题的句法结构与苏联时期以概念性称名结构为主不同,信息性的标题占据了主导地位。

报纸和报纸语言的社会定位、角色心理定位和思想理念定位,决定了报纸的报道模式是以读者为中心,通过与读者的对话,从思想、情感、理念上与读者取得同一,使读者改变态度,进而采取作者所期望的行动。

现代俄罗斯报纸标题研究涉及四个基本理论,即新修辞学理论、巴赫金的对话理论、社会语言学和大众传播学相关观点。新修辞学的同一理论、对话理论、社会语言学和大众传播学的相关观点,它们是相互关联、相互作用的,它们共同支撑起一个理论框架,并在此理论框架基础上全面、系统和深入地分析研究现代俄罗斯报纸标题的特性、结构和功能。同一理论处于理论框架的首要位置,提出交际双方的交际目标(认同);对话理论则是实现交际目的的手段(对话);社会语言学的相关观点支撑着交际双方的对话,让对话能够顺利地实施,它把交际双方放在社会现实语境中,使对话具有了很大的针对性;大众传播学的相关观点从感染受话者心理的角度出发使交际双方的对话更加有效地开展。

肯尼斯·伯克认为,新修辞观的核心是说话者通过对话实现与对方的心理同一,使对方改变态度并采取行动。伯克的"同一"修辞观包括三种同一方式:同情同一、对立同一和误同。现代俄罗斯报纸的报道模式是以读者群为中心的,针对读者的社会角色定位、价值取向和心理定位,选择适宜的语言表达手段与话题,来追求与读者群对报道内容的认知同一,引导读者群改变态度并采取行动。

巴赫金的对话理论认为,对话是交际双方或多方意义场的更替,在对话中两种或多种意义场相遇,它们之间就产生了对话关系。独白也是一种对话,是说话人与自我的内在对话。任何语篇都具有对话性,对话关系贯穿了人类社会的全部话语。现代俄罗斯报纸标题也是一种话语,其本质特性就是对话性,并具有多种对话关系。

社会语言学理论认为,语言的变化与发展受到社会因素变化的影响,社会的分层产生了语言的社会分化。由于语言的社会分化,出现了标准语、地域方言、俗语、行业隐语、集团隐语和青年隐语等,语言在使用上也产生了功能分化。同时,语言的习得受到社会因素的影响,语言获得包括对语言规范的掌握以及按照语言规则恰当地构建话语,而恰当的话语受到交际双方所处语境的影响。

在现代俄罗斯大众报纸的标题中,如《共青团真理报》《论据与事实》和《莫斯科共青团员报》等,出现了以往不允许出现的方言、俗语、行话、黑话等表达方式,这是由报纸标题的适宜性,也就是针对性决定的,它针对读者群的社会角色定位、角色心理定位和价值取向定位。在精英类报纸的标题中,如《生意人报》《消息报》和《俄罗斯报》等,类似的语言现象就比大众类报纸要少。

大众传播理论中主要论述了几种主要的传播模式:魔弹论、有限传播论、使用和满足论、说服论。现代俄罗斯报纸标题中,在不同程度上体现了这四种理论的思想,尤其是说服论。目前,俄语报纸的标题创作是以读者为主,通过与读者的同一,说服读者认同,最终双方取得同一,产生共鸣。

报纸标题和标题系统具有双重属性,一方面,它们是语篇的重要组成部分,与语篇的各成分构成结构语义统一体;另一方面,它们与语篇互相分隔,具有形式上的独立性,同时具有语义上的自足性。

报纸标题系统与标题相比,具有更强的形式上的独立性和语义上的自足性,与语篇的关系可以被看作"小语篇"与"大语篇"的关系。

报纸标题和标题系统具有对话性,它们包含着多种对话关系,包括作者与作者群体的对话、作者与作者的对话、作者与读者群的对话、作者与第三方的对话。

作者有目的、有针对性地选择适宜的语言手段创作报纸标题和标题系统,是为了通过对话的方式,与读者就所报道的事件取得认知同一,做出作者所期望的行动。作者的意向反映了报纸办报的主旨,以及报纸背后投资人的思想理念。

报纸标题和标题系统具有多功能性和特性多样化特点,它们具有经济性、信息性、新颖性、形式上的独立性和语义上的自足性。标题系统与标题相比,它的信息性、情态性和对话性体现得更为充分。

　　报纸标题具有八种功能,分别是称名功能、报道功能、构建功能、广告功能、表情功能、预测功能、交际功能和感染功能,它们相互促进、相互补充。并不是每个标题都具有八种功能,报纸标题的社会定位、角色心理定位、思想理念定位不同,言语作品的体裁不同,标题的创作者风格不同,则对报纸标题功能的选择也不一样。

　　报纸标题系统包含总标题(通栏题)、栏目题、引题、主标题、副标题、提要题、插入题。标题系统的功能要比标题外延广,其各组成部分的功能各有侧重点,只有主标题具有称名功能。报纸标题系统整体上还具有语篇功能,它是各个组成部分构成的统一的整体,其自身构成分系统,具有形式上的独立性和语义上的自足性,可以被称为小语篇。

　　报纸标题按照句法结构可以分为简单句、复合句、口语化结构。简单句标题包括确定人称句、不定人称句、泛指人称句、无人称句、不定式句、称名句、成语化结构句的标题;复合句标题包括并列和主从复合句标题,并列复合句中各分句间的意义有联合、区分、对别和对比四种关系,主从复合句标题包含说明、限定、比较、时间、条件、让步、原因、目的、结果复合句的标题,而且,每种句法结构的标题都有一定的针对性。

　　标题系统的结构主要从多级标题的组合来分类,现代俄罗斯报纸标题系统常用的组合有:引题＋主标题、主标题＋副标题、引题＋主标题＋提要题、主标题＋副标题＋提要题。标题系统多种组合在实现作者与读者的对话方面更加有效。

　　在报纸标题和标题系统的研究中,我们关注的是如何更加有效地阐释标题和标题系统与语篇的相互关系,它们的特性、结构、功能。通过采用融合同一理论、对话理论、社会语言学和大众传播相关理论的方式,开展对报纸标题和标题系统的研究会更加有效。

　　目前,我们所做的研究只是报纸标题和标题系统研究的起点,未来,我们将从三个方向继续进行研究:一是在已建立的理论框架基础上,进一步深化对报纸标题和标题系统的研究,并将研究对象扩展到报纸语篇;二是使用数据统计的方法,更加精细化地对某种报纸的言语特点进行全面深入的分析和研究;三是将研究成果进行推广,为我所用。

参考文献

中文文献：

阿鲁玖诺娃,2012.语言与人的世界[M].赵爱国,等译.北京:北京大学出版社.

巴赫金,1998.巴赫金全集[M].晓河,等译.石家庄:河北教育出版社.

白丽君,2004.俄语报刊政论语体的特点[J].内蒙古师范大学学报(哲学社会科学版)(6):218-219.

白丽娜,2014.作为亚语篇的报刊新闻标题[M].上海:上海社会科学出版社.

邦达尔科,2012.功能语法体系中的意义理论[M].杜桂枝,译.北京:北京大学出版社.

布雷金娜,什梅廖夫,2011.世界的语言概念化[M].刘利民,译.北京:北京大学出版社.

常昌富,等,1998.当代西方修辞学:演讲与话语批评[M].北京:中国社会科学出版社.

陈汝东,2005.论视觉修辞研究[J].湖北师范学院学报(哲学社会科学版),25(1):47-53.

陈汝东,1999.社会心理修辞学导论[M].北京:北京大学出版社.

陈望道,2014.修辞学发凡[M].上海:复旦大学出版社.

从莱庭,徐鲁亚,2007.西方修辞学[M].上海:上海外语教育出版社.

邓志勇,2011.修辞理论与修辞哲学:关于修辞学泰斗肯尼思·伯克研究[M].上海:学林出版社.

迪克,2003.作为话语的新闻[M].曾庆香,译.南京:华夏出版社.

端木义万,2001.英语报刊标题的功能及语言特色[J].外语研究(2):46-50.

樊明明,2003.修辞辩论的机制[M].北京:军事谊文出版社.

顾建荣,1985.浅谈苏联报纸标题的修辞[J].中国俄语教学(4):43-45.

顾霞君,冯玉律,1991.俄语实践修辞学[M].上海:上海外语教育出版社.

郭影平,2003.英语报刊标题特点初探[J].上海理工大学学报(社会科学版),25(4):37-

41,67.

郭聿楷,1979.现代俄语报刊语言句法结构的某些发展趋势[J].外语教学与研究,11(3):14-21.

韩书庚,2014.新闻标题语言研究[M].北京:知识产权出版社.

胡曙中,1999.美国修辞学研究[M].上海:上海外语教育出版社.

胡曙中,2012.语篇语言学导论[M].上海:上海外语教育出版社.

胡永生,1989.标题艺术[M].南京:南京大学出版社.

黄崇岭,2007.中、德报刊体育报道标题结构与功能的对比研究[J].同济大学学报(社会科学版)(1):83-89.

霍夫兰,等,2015.个性与可说服性[M].北京:中国传媒大学出版社.

江波,2011.韩国新闻报道标题语言研究[D].洛阳:解放军外国语学院博士学位论文.

姜蕴,2007.论英语报刊标题的文本功能及相应的文体特点[J].云南农业大学学报(社会科学版),1(2):58-64.

鞠玉梅,2005.肯尼斯·伯克新修辞学理论评述:关于修辞的定义[J].四川外语学院学报,21(1):72-76.

鞠玉梅,2004.肯尼斯·伯克新修辞学理论述评——戏剧五位一体理论[J].外语学刊(4):73-77.

鞠玉梅,2012.肯尼斯·伯克与陈望道修辞学思想比较——从修辞学的定义、范围和功能来看[J].当代修辞学(5):46-53.

鞠玉梅,肖桂花,2009.伯克修辞思想及其理论建构的哲学基础[J].外语研究(2):21-25.

克雷欣,2011.社会语言学与现代俄语[M].赵蓉晖,译.北京:北京大学出版社.

克里斯特尔,2000.现代语言学词典[M].沈家煊,译.北京:商务印书馆.

肯尼斯·伯克,1998.当代西方修辞学:演讲与话语批评[M].常昌富,等译.北京:中国社会科学出版社.

黎千驹,2006.模糊修辞学导论[M].北京:光明日报出版社.

李福印,2008.认知语言学概论[M].北京:北京大学出版社.

李良荣,1985.中国报纸问题发展概要[M].福州:福建人民出版社.

李美霞,2010.话语类型理论的延展与实践[M].北京:光明日报出版社.

李明,2009.美国时代周刊标题修辞研究[M].昆明:云南大学出版社.

李淑玲,陆亮,1995.英文报刊的标题[J].西北轻工业学院学报,13(1):66-68.

李鑫华,2002.规劝与认同:亚里士多德修辞学与博克新修辞学比较研究[J].四川外语学院学报,18(4):53-55.

栗长江,2014.英语新闻报刊标题的互文指涉探讨[J].重庆科技学院学报(社会科学版)(4):106-108.

梁月梅,2012.英文报刊新闻报道中标题使用准则研究[J].中国报业(6):95-96.

刘光准,2004.仿拟现象与文章标题[J].外语研究(1):28-32.

刘海龙,2008.大众传播理论:范式与流派[M].北京:中国人民大学出版社.

刘丽芬,2013.俄汉标题对比研究[M].北京:商务印书馆.

刘晓雄,2012.都市报新闻标题推演100例[M].成都:四川大学出版社.

罗阳,2003.德语报刊标题中的隐喻研究[D].洛阳:觪放军外国语学院.

洛厄里,德弗勒,大众传播效果研究的里程碑[M].刘海龙,等译.北京:中国人民大学出版社.

马景秀,2009.从神话到动机:新闻话语的"戏剧五位一体"批评分析[J].外语教学理论与实践(3):15-19.

麦休尼斯,2009.社会学[M].风笑天,译.北京:中国人民大学出版社.

毛婧,2010.The Study on the Features of English Newspaper Headlines[J].语文学刊·外语教育教学(5):64-65.

尼采,2001.古修辞学描述[M].屠友祥,译.上海:上海人民出版社.

尼牙孜,2007.当代俄罗斯新闻政论语义辞格研究[M].北京:中央文献出版社.

宁东兴,2001.浅述报刊英语的标题特色[J].洛阳大学学报,16(1):57-59.

帕杜切娃,2011.词汇语义的动态模式[M].蔡晖,译.北京:北京大学出版社.

彭朝丞,1999.新闻标题学[M].北京:人民日报出版社.

沙图洛夫斯基,2011.句子语义与非指称词[M].薛恩奎,译.北京:北京大学出版社.

施拉姆,波特,2010.传播学概论[M].何道宽,译.北京:中国人民大学出版社.

什维多娃,2011.俄语新论:语法·词汇·意义[M].宁琦,译.北京:北京大学出版社.

史铁强等,2012.语篇语言学概论[M].北京:外语教学与研究出版社.

斯捷潘诺夫,2011.现代语言哲学的语言与方法[M].隋然,译.北京:北京大学出版社.

苏训祥,1997.浅析英文报刊标题的语法特点[J].安徽大学学报(哲学社会科学版)(5):57-58.

孙汉军,1999.俄语修辞学[M].西安:陕西人民出版社.

孙汝建,2005.修辞的社会心理分析[M].上海:上海外语教育出版社.

孙玉芝,2000.谈英语报刊新闻标题的基本特点[J].辽宁师专学报(社会科学版)(1):137-140.

索尔加尼克,1989.俄语句法修辞学[M].顾霞君,译.上海:上海外语教育出版社.

索绪尔,2009.普通语言学教程[M].刘丽,等译.北京:中国社会科学出版社.

泰勒,威利斯,2005.媒介研究:文本、机构与受众[M].吴靖,黄佩,译.北京:北京大学出版社.

谭姗燕,2007.报刊新闻标题的隐喻思维解读[J].北京化工大学学报(社会科学版)(3):59-61.

唐宪义.张艳君,2000.英美报刊标题的衔接[J].齐齐哈尔大学学报(哲学社会科学版)(1):56-58.

梯利,2014.西方哲学史[M].贾辰阳,译.北京:光明日报出版社.

田海龙,2009.语篇研究:范畴、视角、方法[M].上海:上海外语教育出版社.

田望生,1994.新闻标题探胜[M].北京:中国铁道出版社.

汪琦,2007.俄语报刊标题的交际功能及其实现手段[D].长春:吉林大学.

王冬竹,1994.俄语报刊标题的特点及其表达方式[J].外语研究(3):22-26.

王凤英,2007.篇章修辞学[M].哈尔滨:黑龙江人民出版社.

王福祥,等,2010.现代俄语功能修辞学概论[M].北京:外语教学与研究出版社.

王建华,等,2006.信息时代报刊语言跟踪研究[M].杭州:浙江大学出版社.

王蕾,1994.报刊英语的标题语言[J].浙江师大学报,19(5):68-72.

王连成,何荣昌,1986.浅谈当代苏联俄文报刊标题的某些句法结构、词汇修辞特点及俄译汉问题[J].中国俄语教学,5(5):56-59.

王仰正,王永,梁秀娟,2008.社会变迁与俄语语言的变化[M].哈尔滨:黑龙江人民出版社.

吴礼权,2001.修辞心理学[M].昆明:云南人民出版社.

吴贻翼,雷秀英,王辛夷,等,2003.现代俄语语篇语法学[M].北京:商务印书馆.

吴贻翼,1981.现代苏联报刊标题的句法结构[J].外语学刊(1):34-39.

肖小月,2012.英汉报刊新闻标题修辞对比赏析[J].安徽工业大学学报(社会科学版),29(6):80-85.

信德麟等,2009.俄语语法[M].北京:外语教学与研究出版社.

徐东海,2012.浅析英语报刊新闻标题的语法特点[J].长春大学学报,22(6):769-772.

徐琪,2001.当代俄语报纸标题语言的新特点[J].俄语学习,22(5):60-65.

许菊,1999.英语报刊标题的美感功能的表现手法及翻译[J].山东外语教学(4):34-38,46.

亚里士多德,2016.修辞学[M].罗念生,译.上海:上海人民出版社.

杨德安,2006.当代俄语报刊标题语言特点扫描[J].三峡大学学报(人文社会科学版),

28(6):47-51.

杨可,2000.俄文报刊标题语言的变异用法[J].外语与外语教学(2):32-34,45.

杨永和,1999.英语报刊标题的若干修辞手段[J].长沙大学学报,13(3):66-68.

姚喜明,王惠敏,2011.肯尼斯·伯克的戏剧主义修辞思想研究[J].外语教学,32(1):20-23.

尹立,2006.论当代俄罗斯报纸标题功能及其语言特点[D].成都:四川大学.

尹世超,2007.标题用语词典[M].北京:商务印书馆.

尹世超,2001.标题语法[M].北京:商务印书馆.

于春芳,2005.试论俄文报刊标题的交际功能[J].北京第二外国语学院学报(6):48-51.

扎苏尔斯基,2015.俄罗斯大众传媒[M].张俊翔,译.南京:南京大学出版社.

张俊翔,2007.俄语报纸新闻的表现力和情感性[J].外语研究(2):39-43.

张娜娜,2008.俄汉报刊标题的异同[J].滨州学院学报,24(2):86-88.

张薇,2009.浅谈当代俄语报刊标题的语言特点[J].吉林华桥外国语学院学报(1):9-15.

张英岚,2007.广告语言修辞原理[M].上海:上海外语教育出版社.

赵洁,2004.新时期俄罗斯报刊政论语言[M].哈尔滨:黑龙江人民出版社.

郑涛,2007.试析广告标题中谚语的变异[J].贵州民族学院学报(哲学社会科学版)(2):116-119.

郅友昌,2009.俄罗斯语言学通史[M].上海:上海外语教育出版社.

中国人民大学新闻系《新闻标题选评》编写组,1985.新闻标题选评[M].北京:中国人民大学出版社.

中国人民大学新闻系《新闻标题选评》编写组,1986.新闻标题选评[M].北京:中国人民大学出版社.

钟日新,2010.新闻标题探美[M].南宁:广西人民出版社.

周继青,2004.英美报刊标题的特点[J].忻州师范学院学报,20(3):87-89.

周一民,2010.汉语语法修辞学[M].北京:北京师范大学出版社.

资庆元,2003.中国新闻标题研究[M].昆明:云南大学出版社.

左克,1991.标题一得录[M].北京:新华出版社.

英语文献:

BURKE K, 1984. Dramatism[A]//GOLDEN J L, BERQUIST G F, COLEMAN W E (eds). The Rhetoric of Western Thought. 4th ed. Dubuque: Kendall/Hunt Publishing

Company.

BURKE K，1966. Language As Symbolic Action：Essays on Life，Literature，and Method[M]. Berkeley：University of California Press.

BURKE K，1969. On Symbols and Society[M]. Berkeley and Los Angeles：The University of California Press.

DOR D，2003. On Newspaper Headlines as Relevance Optimizers[J]. Journal of Pragmatics，35(5)：695 - 721.

GARST R E，BERNSTEIN T M，1961. Headlines and Deadlines[M]. USA，New York：Columbia University Press.

REAH D，1998. The Language of Newspapers[M]. London and New York：Routledge International Ltd.

RIVERS W L，1964. The Mass Media：Reporting，Writing，Editing[M]. New York，Evanston，and London：Library of Congress.

WESTLEY B，1953. News Editing[M]. USA：Houghton Mifflin Company.

WOLSELEY R E，CAMPBELL L R，1946. Exploring Journalism[M]. New York：Prentice Hall，Inc.

俄语文献：

Арнольд И В，1978. Значение сильной позиции для интерпретации художественного текста[J]. Иностранные языки в школе (4)：6 - 13.

Балли Ш，2001. Французская стилистика 2-е изд.，стереотипное[M]. М.：Эдиториал УРСС.

Барлас Л С，1978. Русский язык. Стилистика[M]. М.：Просвещение.

Барт Р. 1994. Избранные работы：Семиотика. Поэтика[M]. М.：Прогресс.

Бахарев Н Е，1970. Заголовку—однозначность[J]. Русская речь (6)：60 - 63.

Бахтин М М，1986. Литературно—критические статьи[M]. М.：Художественная литература.

Бессонов А В，1958. Газетный заголовок[M]. Л.：Книга.

Богданов Н Г &Вяземский Б А，1971. Справочник журналиста[M]. Издательство：Лениздат.

Богданова О Ю，2012. Сопоставление функциональных особенностей заглавий художественных произведений и современной публицистики (на англоязычном материале)[J]. Ярославский педагогический вестник (3)：141 - 143.

Богословская О И, 1986. К проблеме соотношения заголовка и жанра [A]. Функциональная стилистика: Теория стилей и языковая реализация [C]. Пермь: Перм. ГУ.

Богоявленская Ю В, 2013. Парцелляция газетных заголовков: динамический аспект (на материале газеты[J]. Вестник Томского государственного университета (373): 7 – 13.

Бойко Л Б, 1989. Особенности функционирования заглавий в текстах с различными коммуникативными заданиями[D] Автореф. Дис. ... канд. филол. наук. Одесса: ОГУ им. И. И. Мечникова.

Боярченко Э П, 1974. Неполные предложения в роли газетных заголовков [A]. Очерки по стилистике русского языка[C]. Курск: Гос. пед ин-та. ,Вып. 1.

Брандес М П, 2004. Стилистика текста Теоретический курс[M]. М: Прогресс — Традиция; ИНФРА — М.

Васильева А Н, 1982. Газетно-публицистический стиль. Курс лекций по стилистике русского языка для филологов[M]. М.: Русский язык.

Веселова Н А, 2005. Заглавие литературно-художественного текста (Антология и поэтика)[D] М.: Тверский государственный университет.

Виноградов В В, 1999. История слов[M]. М.: Институт русского языка им. В. В. Виноградова РАН.

Виноградов В В, 1975. О категории модальности и модальных словах в русском языке [M]. М.: Наука, Т. 2.

Виноградова Л И, 1967. Искусство газетного заголовка. Журналистика и жизнь[M]. Л,: Изд-во ЛГУ, Вып. 4.

Вомперский В А, 1966. К изучению синтаксической структуры газетного заголовка [A]. Искусство публицистики (проблемы теории и мастерства)[C]. Алма-Ата: Казахский гос. ун-т им. С. М. Кирова.

Ворошилов В В, 2002. Журналистика[M]. СПб.: Изд-во Михайлова В. А.

Выготский Л С, 1997. Психология искусства[M]. М.: Лабиринт.

Гальперин И Р, 1981. Текст как объект лингвистического исследования[M]. - М.: Наука.

Гальперин И Р, 2004. Текст как объект лингвистического исследования[M]. М.: УРСС.

Григоренко О В, 2003. Функционально-прагматические особенности современных газетных заглавий [A]// Язык, культура, коммуникация: аспекты взаимодействия.

Абакан: Изд-во Хак. гос. ун-та им. Н. Ф. Катанова.

Даль В И, 1998. Толковый словарь живого великорусского языка [M]. М. : Цитадель.

Доценко М Ю, 2009. Синтаксис газетного заголовка: структура, семантика, прогнозирование смыслового развития текста[D]: Автореф. Дис. … канд. филол. наук. СПб. : Санкт-петербуский госудрственный университет.

Дускаева Л Р, 2012. Диалогическая природа газетных речевых жанров[M]. СПбГУ: Филол. факультет.

Ергалиев К С, Текжанов К М, Асанбаева Е Б, 2014. Функции газетного заголовка [J]. Актуальные проблемы гуманитарных и естественных наук (3): 35 – 41.

Ержанова Г А, 2010. Синтаксические и когнитивные основы газетных заголовок[D]: Автореф. Дис. … канд. филол. наук. Алматы: Қазахский национальный университет имени аль-Фараби.

Закон РФ 《О Средствах Массовой Информации》 (Закон о СМИ) от 27. 12. 1991 N 2124—1.

Залевская А А, 2001. Текст и его понимание: монография [D]. Тверь: Тверской госуниверситет.

Земская Е А, 2000. Активные процессы современного словопроизводства. Русский язык конца XX столетия (1985—1995 гг.)[M]. М. : Языки русской культуры.

Зильберт Б А, 1995. Газетный заголовок — индикатор новаций в языке газеты[A]. Функционирование языковых единиц в разных речевых сферах: факторы, тенденции, модели[C]. Волгоград: ВГПИ.

Иванчикова Е А, 1977. Парцелляция, ее коммуникативно-экспрессивные и синтаксические функции[A]. Русский язык и советское общество: Морфология и синтаксис современного русского литературного языка[C]. Москва.

Караулов Ю Н, 1987. Русский язык и языковая личность[M]. М. : Наука.

Катаева С Г, 1985. Взаимодействие разговорной и газетно-публицистической лексики [A]. Прагматика слова[C]. Москва.

Качаев Д А, 2007. Социокультурный и интертекстуальный компоненты в газетных заголовках (на материале российской прессы 2000—2006 гг.)[D]. Автореф. Дис. … канд. филол. наук. Ростов: Ростов-на-Дону.

Кожина М Н, 1999. Некоторые аспекты изучения речевых жанров в нехудожественных текстах［A］. Стереотипность и творчество в тексте［C］. Пермь. : Перм. ун-т.

Кожина М Н, Дускаева Л Р, Салимовский В А, 2008. Стилистика русского языка ［M］. М. : Наука.

Кожина Н А, 1988. Заглавие художественного произведения: онтология, функции, параметры типологии［A］. Проблемы структурной лингвистики［C］. М. : Наука.

Кожина Н А, 1986. Заглавие художественного произведения: Структура, функции, типология（на материале русской прозы XIX—XX вв.)［D］. Автореф. дис. . канд. филол. наук. М. : АН СССР, Ин-т рус. яз. .

Комаров Е Н, 2003. Ценностные ориентиры в заголовках французских и российских средств массовой информации［D］. Автореф. Дис. … канд. филол. наук. Волгоград: Волгоградский государственный педагогический университет.

Корытная М Л, 1998. Заголовок с позиции психолингвистической теории понимания текста и теории перевода ［A］// Семантика слова и текста: психолингвистические исследования. Тверь: Цзьо Тюер-цос. ун-та.

Костомаров В Г, 1965. Из наблюдений над языком газеты: газетные заголовки［A］. Из опыта преподавания русского языка нерусским［C］. М. : Мысль, Вып. 3.

Костомаров В Г, 1994. Языковой вкус эпохи［M］. М. : Педагогика-Пресс.

Красных В В, 2002. Этнопсихолингвистика и лингвокультурология［M］. М. : Гнозис.

Кржижановский С Д, 1931. Поэтика заглавий［M］. М. : Никитинские субботники.

Кулаков А Н, 1982. Заголовок и его оформление в газете ［M］. Л. : издательство ЛГУ.

Кухаренко В А, 1976. Стилистическая организация художественного прозаического текста［A］. Лингвистика текста［C］. М. : МГПИИЯ им. М. Тореза. Вып. 103.

Лазарева Э А, 1989. Заголовок в газете［M］. Свердловск: Изд-во Урал. ун-та.

Лазарева Э А, 2006. Заголовочный комплекс текста — средство организации и оптимизации восприятия［J］. Известия Уральского гос. ун-та (40): 158—166.

Лазарева Э Л, 1985. Соотношение газетного заголовка с элементами текста: типология заглавий ［M］. Свердловск: Изд-во Урал. ГУ.

Лекова П А, 2007. Имя политика объект языковой игры в СМИ［A］. Системное и асистемное в языке и речи ［C］. Иркутск: Изд-во ИГУ.

Лукин В А, 1999. Художественный текст: основы лингвистической теории и элементы анализа: учебник［M］. М. : Ось-89.

Лукин В А, 2005. Художественный текст: основы лингвистической теории. Аналитический минимум[М]. М.: Ось-89.

Лысакова ИП, 1993. Пресса перестройки [М]. СПб.: АСТРА-ЛЮКС.

Лютая А А, 2008. Современный газетный заголовок: структура, семантика, прагматика [D]. Автореф. Дис. … канд. филол. наук. Волгоград.: Волгогр. гос. пед. ун-т.

Ляпун С В, 1999. Лексико — семантические и стилистические особенности современного газетного заголовка (на материале газеты «Комсомольская правда» за 1994—1998 гг.)[D]. Майкоп: Адыгейский государственный университет.

Манькова Л А, 2000. Лингвистическая типология газетных заголовков [D]. Симферополь: Таврический национальный университет имени В. И. Вернадского.

Мартынов В С, 2008. Структурная и функциональная специфика заголовков письменных текстов[J]. Вестник Самар. гос. ун-та: 1 (60): 377 – 384.

Матвеева Т В, 1990. Функциональные стили в аспекте текстовых категорий [М]. Свердловск: Изд-во Урал. ун-та.

Москальская О И, 1981. Грамматика текста[М]. М.: Высшая школа.

Мужев В С, 1970. О функциях заголовков [А]. Вопросы романо-германской филологии[С]. М.: МГПИИЯ им. М. Тореза, Вып. 55.

Музыкант В Л, 1997. Газетный заголовок и его особенности [А]. Актуальные проблемы лингвистики и журналистики[С]. М.: Изд-во УДН.

Насырова А В, 1992. Особенности немецких и русских заголовков[М]. Пермь.: Перм. гос. пед. ин-т.

Ненашев М Ф, 1986. Газета, читатель, время[М]. М.: Мысль.

Нечаев Л Г, 1985. К специфике восприятия и функционирования однословных названий текстов[А]// Психологические механизмы порождения и восприятия текста. М. МГПИИЯ им. М. Тореза.

Новоселова Г Л, Селянина В. Л. 1989. Прагматические и структурные особенности газетных заголовков (на материале современного немецкого языка)[А]// Структурные и функциональные особенности предложения и текста. Свердловск: СГПИ.

Ноздрина Л А, 1982. Заглавие текста[А]// Грамматика и смысловые категории текста. М.: МГПИИЯ им. М. Тореза, Вып. 189.

Одинцов В В, 2006. Стилистика текста[М]. М.: Наука.

Ожегов С И, 1991. Словарь русского языка: 70000 слов[М]. М.: Русский язык.

Ольховиков Д Б, 1997. Реализация 《 коммуникативной стратегии 》 образными средствами газетного заголовка［А］// Теоретические и прикладные проблемы речевой коммуникации. М. : Наука.

Перепелицына Ю Р, 2014. Заголовки ставропольских газет: использование лексико-стилистических средств［J］. Филологические науки. Вопросы теории и практики (8) : 118 - 120.

Пешкова Н П, 1985. Конституирующая функция заглавия［А］. Лингвистический анализ текста［С］. Иркутск: Изд-во ИГУ.

Поливанов Е Д, 1928. Факторы фонетической эволюции языка как трудового процесса［М］. М. : РАНИОН.

Попов А С, 1966. Синтаксическая структура современных газетных заглавий и ее развитие［А］. Развитие синтаксиса современного русского языка［С］. М. : Наука.

Прохорова К В, 2001. Совокупный заголовочный текст как разновидность газетного текста［D］. Автореф. Дис. … канд. филол. наук. СПб. : Санкт-Петербуский государственный университет.

Рассел Б, 1997. Человеческое познание: его сфера и границы［М］. Киев: Ника Центр.

Розенталь Д А, 1983. Наблюдения над языком и стилем печати［А］. Современная советская журналистика［С］. М. : Изд-во МГУ, Вып. 1.

Сафонов А А, 1981. Стилистика газетных заголовков［А］. Стилистика газетных жанров［С］. М. : Изд-во МГУ.

Семененко ЛП, 1996. Аспекты лингвистической теории монолога［М］. М. : МГЛУ.

Серебрякова С В, 2014. Заглавие текста как прагматически полифункциональный знак［А］. Актуальные проблемы межкультурной и межъязыковой коммуникации［С］. Ереван: Изд-во Лингва.

Славкина В В, 2008. Международная конференция. Язык СМИ: от Ломоносова до наших дней［J］. Филологические науки (1) : 107 - 111.

Солганик Г Я, 1988. Общие особенности языка газеты［А］. Язык и стиль средств массовой информации и пропаганды［С］. М. : Изд-во МГУ.

Солганик Г Я, 1996. Газетные тексты как отражение важнейших языковых процессов в современном обществе［М］. М. : Изд-во МГУ.

Солганик Г Я, 2003. О языке и стиле газеты［А］. Язык СМИ как объект междисциплинарного исследования［С］. М. : Изд-во МГУ.

Соссюр Ф, 1977. Курс общей лингвистики. Труды по языкознанию[М]. Трочесс.

Терентьева Л В, 1997. Заголовочный комплекс как особый элемент оформления газеты [А]. Тенденции развития в лексике и синтаксисе германских языков[С]. Самара: СамГУ.

Тураева З Я, 1986. Текст: структура и семантика[М]. М. : Просвещение.

ТурчинскаяЭ. И. Соотношение заголовка и текста в газетно-публицистическом стиле. [М]. Москва: УОР, 1984.

Фатина А Ф, 2005. Функционирование заголовочных комплексов в современной российской газете (стилистико-синтаксический аспект)[D]. Автореф. Дис. … канд. филол. наук. СПб. : Санкт-Петербургский государственный университет.

Филиппов К А, 2003. Лингвистика текста[М]. СПб. : Изд-во С. Петерб. ун-та.

Фильчук Т Ф, 2011. Аттракционная природа заголовков и заголовочных комплексов публицистического дискурса[J]. Вісник Харківського національного університету імені В. Н. Каразіна Серія Філологія (936): 89 – 94.

Хазагеров Г Г, 1984. Функции стилистических фигур в газетных заголовках [D]. Автореф. Дис. … канд. филол. наук. Ростов: Ростов на Дону.

Цумарев А А, 2003. Парцелляция в современной газетной речи[D]. Автореф. Дис. … канд. филол. наук. М. : Институт русского языка им. В. В. Виноградова РАН.

Черногрудова Е П, 2003. Заголовки с прецедентными текстами в современной публицистике[М]. Воронеж: Воронежский гос. ун-т.

Чигирина Т Ю, 2007. Заголовки в советских и постсоветских газетах в аспекте интертекстуальности и лингвокультурологии [D]. Воронеж: Воронежеский государственный университет.

Чудинов А П, 2003. Метафорическая мозаика в современной политической коммуникации[D]. Екатеринбург: Урал. гос. пед. ун-т.

Швец А В, 1979. Публицистический стиль современного русского языка[М]. Киев: Выс. школа.

Шостак М, 1998. Сочиняем заголовок[J]. Журналист (3): 61 – 64.

Щерба Л В, 2004. Языковая система и речевая деятельность [М]. М. : Едиториал УРСС.

附　录

附录 1. Доверие без границ （Известия 4. 09. 2018）

（主标题）Доверие без границ

（副标题）Правительство намерено упростить доступ передовых зарубежных лекарств на российский рынок

（提要题）На отечественный фармацевтический рынок предлагают допустить лекарства, которые не прошли клинические испытания в России. Это касается препаратов из стран Европейского союза, США и Японии. Как пояснили《Известиям》в Минпромторге, вопрос может быть урегулирован на уровне межправительственных соглашений. Мера поможет ускорить доступ пациентов к новым лекарствам, в том числе для онкобольных. Такие медикаменты планируют маркировать предупредительной надписью о том, что препарат не прошел клинические исследования на территории РФ. Сейчас вывод нового лекарства на рынок занимает до пяти лет, отмечают эксперты.

Планы разработать механизм допуска на российский рынок оригинальных препаратов зафиксированы в дорожной карте《 Развитие конкуренции в здравоохранении 》, утвержденной правительством. Как указано в документе, речь идет о медикаментах, которые прошли клинические испытания в странах Евросоюза, США или Японии.

К январю 2019 года Минздрав должен представить в правительство механизмы реализации идеи. Также в работе примут участие ФАС и Минпромторг.

Чтобы покупатели понимали, какой препарат приобретают, лекарства, не прошедшие клинические испытания в России, будут промаркированы предупредительной надписью, следует из дорожной карты.

На каждой упаковке будет отмечено, что медикамент прошел исследования только в

Европейском союзе, США или Японии.

Решение вопроса о допуске импортных лекарств на отечественный рынок без клинических испытаний в России не требует законодательных изменений, он может быть урегулирован на уровне межправительственных соглашений, пояснили «Известиям» в Минпромторге. При этом требования о проведении исследований должны быть обоюдными, то есть согласованными между государствами, отметили в ведомстве.

В Минздраве и в ФАС не предоставили оперативных комментариев.

Процедура регистрации лекарства в России занимает примерно полтора — два года, рассказал директор по развитию фармацевтической компании RNC Pharma Николай Беспалов. Клинические испытания длятся еще до трех лет.

— Кроме того, для целого ряда новых лекарственных препаратов компании — производители просто не в состоянии организовать клинические исследования — это стоит очень дорого. И в итоге такие препараты в нашу страну могут просто не попадать, хотя они требуются для отдельных категорий пациентов, — пояснил он.

Либерализация не может касаться всех новых препаратов, в противном случае мотивация к проведению клинических испытаний в России вообще исчезнет, добавил Николай Беспалов. Должны быть проработаны принципы отбора лекарств, которые получат такую возможность.

В числе не испытанных в России импортных лекарств могут быть востребованы препараты для онкологических больных, средства для эпилептиков (например, на отечественном фармрынке есть таблетки и уколы, но нет микроклизм) и орфанные препараты для лечения редких болезней, считает член экспертного совета при правительстве РФ Александр Саверский.

Но, по его словам, препараты, не прошедшие клинические испытания в России, можно использовать только по серьезным показаниям, когда другого выхода уже нет. Потому что не исключено, что у такого лекарства есть отсроченный негативный эффект.

Нужно продумать, как реализовать инициативу без дискриминации по отношению к другим странам, считает глава Ассоциации российских фармацевтических производителей Виктор Дмитриев. Потому что допуск препаратов из ряда стран и ограничение такого права для других не будут положительно восприняты международной общественностью, полагает он.

— По действующему законодательству ни одно лекарство не может продаваться в

России, если оно не зарегистрировано Минздравом. Какие бы изменения ни произошли, все подряд препараты точно не будут пускать в продажу. Потому что в ряде стран недостаточно высокое качество медикаментов, —уверен он.

Однако если препарат прошел клинические испытания за рубежом, эксперты протестировали его и подтвердили безопасность и действенность, то пациентов в большинстве случаев будет устраивать такой медикамент, уверена руководитель Аптечной гильдии Елена Неволина. Но фармацевты все же должны обращать внимание покупателей на это.

附录 2. Что будет с российской экономикой в 2015 году (КП 14. 01. 2015)

（栏目题）Об этом говорят

（主标题）Что будет с российской экономикой в 2015 году

（副标题）《Комсомолка》 выяснила у экспертов, сильно ли вырастут цены и чего ждать от курсов валют

（提要题）Валютные цунами на нашем рынке лишили спокойствия не только крупных бизнесменов, но н простых граждан. Мало кто понимает, что происходит в экономике сейчас и чего ждать от наступившего года. Насколько серьезны экономические проблемы и что дальше?

（插入题 1）Инфляция: быстрее и выше

Граждан больше всего волнует, насколько из-за ослабления рубля вырастут цены. Ожидание подорожания уже охватило всю страну. Россияне скупали все, на что хватало зарплаты и сбережений. Старались успеть приобрести товары еше по старым ценам. Некоторые продавцы заявляли, что после каникул все резко подорожает.

—Мы сейчас даем прогноз не на весь год, а лишь на первый квартал, —комментирует Анна Бодрова, старший аналитик компании 《Альпари》. —По моим расчетам, пик роста цен мы увидим в феврале—марте. Какие-то товары будут дорожать из-за курса рубля, а кто-то из продавцов поднимет цены, что называется, просто за компанию. Но в конце зимы —начале весны продукты и так традиционно дорожают. Запасы российских овощей к этому времени на исходе, а импорта из-за санкций у нас стало меньше. В итоге инфляция по результатам первого Квартала вырастет на 15% в годовом выражении (рост цен за 12 месццев. —Авт.).

При этом Центробанк заявляет, что главная его цель—это борьба с инфляцией. Мол, ради этого в том числе была поднята ключевая ставка ЦБ до 17% (ставка, по которой другие банки получают деньги от государства в долг).

— В 2015 году, по моим прогнозам, инфляция будет 12%—15%, — говорит управляющий партнер компании «Фин Экспертиза» Агваи Микаелян. — Это очень неприятно для населения, но надо понимать, что лучше высокая инфляция, чем паралич экономики. Вспомните, перед кризисом 2008 года наша экономика росла на 5%—7% и при этом инфляция была двузначной. И ничего, жили, развивались, богатели. Бояться надо другого, что бизнес перестанет работать, что людей будут увольнять, что доходы граждан перестанут увеличиваться.

(插入题 2) Баррель всему голова

Главный показатель для нашей экономики—это цена на нефть. Нынешнее ослабление курса рубля в том числе связано с падением стоимости «черного золота» на мировых рынках. К сожалению, наш бюджет очень сильно зависит от нефтяных доходов. За прошлый год цена барреля упала со 110 долларов до 60.

И именно от стоимости нефти будет зависеть масштаб упадка в нашей экономике. На нефтяные цены влияет очень много факторов, комментирует аналитик «Сбербанк CIB» Валерий Нестеров. Во-первых, крайне важно, будут ли США наращивать добычу сланцевой нефти в 2015 году. Изначально планировалось, что рост будет значительным. Но цены на мировом рынке упали, и теперь нужно понять, насколько выгодно добывать сланцевую нефть в таких условиях. В результате, я думаю, США нарастят уровень добычи, но лишь на 7%—8%.

Второй фактор — это поведение нефтедобывающих стран-членов ОПЕК. В 2014 году картель почти никак себя не проявил. Надеюсь, в 2015 году ОПЕК сократит квоты по добыче нефти. Важно, какую позицию примет Саудовская Аравия, так как она является одним из ключевых игроков на рынке. Если она будет качать «черное золото» прежними темпами, цены упадут еще ниже.

Хотя, возможно, повысится спрос на нефть со стороны азиатских стран. Это могло бы подстегнуть рынок.

В итоге, скорее всего, период низких цен на нефть продержится в первой половине 2015 года. Затем стоимость барреля, скорее всего, начнет расти. Я считаю, что цены будут колебаться в коридоре 70—80 долларов за баррель. Если же рассматривать самый пессимистический сценарий, по которому цены упадут до 40 долларов, то в этом случае, вероятнее всего, ОПЕК проведет экстренное заседание и примет решение сократить квоты на добычу. Тогда стоимость вырастет.

Агван Микаелян из «Фин Экспертизы» дает более оптимистический прогноз. По его мнению, нефть в следующемгоду будет стоить $ 90 за баррель.

(插入题 3) Придется потерпеть

Три ключевые для экономики буквы ВВП кажутся простому гражданину чем-то далеким от его реальной жизни. Но валовой внутренний продукт на самом деле отражает нашу с вами жизнь. Сколько товаров мы производим, сколько денег тратим и сколько зарабатываем.

Прогнозы по росту экономики в 2015 году у экспертов нерадужные. В 2014 году разом сошлись почти все негативные факторы. И обвал цен на нефть, и санкции Запада, и ответные меры России. В результате наши банки не могут больше получать дешевые кредиты в Европе, а продуктам из ЕС И США перекрыли дорогу к нашим прилавкам. Завершающим аккордом стало резкое обесценивание российской валюты. По оптимистическому прогнозу ЦБ, экономика России в 2015—2016 годах вырастет мало. Если же звезды сойдутся неблагоприятно, то возможен спад. При этом эксперты ЦБ уверяют, что в любом случае рост ВВП будет уже в 2017 году.

— Все будет зависеть от того, как долго ЦБ продержит ключевую ставку в 17%, — комментирует Агван Микаелян. — Поднятие ее (ставки. — Авт.) было экстренной мерой, которая должна принести свой результат — успокоить рынок, остановить панику. Но при такой ставке бизнес существовать не может. И я думаю, власти это понимают. Поэтому через два—три месяца, когда страсти на рынке улягутся, ЦБ вернет ставку на приемлемый уровень. Это даст возможность бизнесменам работать. Плюс банки начнут продавать валюту, которую они в истерике закупили, чем, кстати, серьезно помогли падению рубля. Понятно, что они приобретали валюту по высокой цене и, скорее всего, продавать будут уже по более низкой. Кое-кто понесет убытки, кого-то из банкиров спасут от разорения, кого-то нет. Но в результате кровь вернется в кровеносную систему и организм начнет функционировать. Кровь в этом случае символизирует деньги, кровеносная система — банки и кредитный механизм, а организм — это наш бизнес и экономика в целом. По моему прогнозу, спада в экономике России быть не должно. Просто не надо нагнетать ужасы.

Главный экономист АФК «Система» Евгений Надоршин такого оптимизма не разделяет. По его мнению, ВВП может сократиться на 3％—5％.

Эксперты сходятся в одном: после падения будет рост.

（插入题 4）Февраль. Достать валют и...

За 2014 год доллар и евро выросли в пене более чем на 70％. В истории российской экономики останется тот мерный вторник, когда европейская валюта на фондовом рынке стоила 100 рублей，а за американскую давали 80. После этого ЦБ предпринял жесткие меры，чтобы хоть как-то вернуть контроль за ситуацией на рынке. В результате курс рубля начал немного укрепляться.

Но эксперты уверены, что до стабилизации еше далеко.

— Меры，которые принял ЦБ，не лечат болезнь экономики，а лишь снимают симптомы，— говорит Анна Бодрова. —В феврале—марте мы，возможно，увидим еше одну волну ослабления рубля. Дело в том，что нашим банкам и компаниям придется погашать очередную порцию иностранных кредитов. Для этого они будут скупать доллары и евро，из-за чего вырестет спрос и соответственно цена валюты. В первом квартале российская валюта будет колебаться между значениями 47—60 рублей за доллар.

Конец зимы—начало весны станут сложными для российской экономики и для рубля в частности. Но к весне，я думаю，паника спадет и рынок привыкнет к новым реалиям.

附录 3. Комплексный подход (Известия 18. 05. 2018)

（主标题）Комплексный подход

（副标题）Владимир Путин обсудил реализацию гособоронзаказа с руководством Минобороны и ОПК

（提要题）На гособоронзаказ в 2018 году выделено 1,5 трлн рублей по линии Минобороны，сообщил президент Владимир Путин на очередном совещании с представителями военного ведомства и предприятий ОПК в Сочи. Глава государства напомнил исполнителям о персональной ответственности за соблюдение сроков производства и графика поставок. При этом он подчеркнул，что от разработчиков ожидают прорывных решений，которые позволят быстрее и дешевле создавать новое оружие.

В четверг президент продолжил традиционную серию совещаний с руководством Минобороны и ОПК. Это было уже третье подряд мероприятие оборонной тематики с участием главы государства. За день до этого Владимир Путин обсуждал с военными и представителями ОПК перспективы переоснащения армии и флота, а во вторник, 15 мая, — вопросы укрепления и развития вооруженных сил.

На этот раз президент предложил сосредоточиться на вопросах реализации гособоронзаказа.

— В 2018 году по линии Минобороны на гособоронзаказ было выделено почти 1,5 трлн рублей. Сумма весьма значительная, и эти ресурсы должны быть использованы максимально рационально, — подчеркнул Владимир Путин.

По его словам, большинство контрактов уже заключено: вооруженные силы должны получить более 160 единиц авиационной техники, 10 боевых надводных кораблей и 14 космических комплексов. Арсеналы сил общего назначения планируется пополнить 500 единицами ракетно-артиллерийского вооружения, танков и бронемашин.

Президент призвал уделить самое серьезное внимание Воздушно-космическим силам. В авиационные части должны поступить новые самолеты оперативно-тактической авиации — Су-34, Су-35С и Су-30СМ, а также современные ударные вертолеты Ми-28, Ми-35М и Ка-52. Одновременно продолжится перевооружение зенитных ракетных частей новейшими системами С-400 и комплексами «Панцирь-С», напомнил Владимир Путин.

По словам российского лидера, одно из приоритетных направлений сегодня — продолжение разработок перспективных систем вооружения, которые должны превосходить лучшие зарубежные образцы.

— Ждем от конструкторских бюро и НИИ прорывных, нестандартных, эффективных технологических и инженерных решений, которые в том числе позволят сократить время и затраты на создание и внедрение нового оружия — естественно, при росте его качества, — подчеркнул президент.

Владимир Путин также обратил особое внимание, что на всех исполнителях гособоронзаказа лежит персональная ответственность за соблюдение сроков производства, утвержденного графика поставок и поддержание высоких темпов перевооружения армии и флота.

После совещания с представителями Минобороны и ОПК глава государства встретился с гендиректором «Ростеха» Сергеем Чемезовым, который доложил президенту в том числе об экспорте вооружений. Он отметил, что, несмотря на санкционное давление, госкорпорация нарастила экспортные поставки продукции военного назначения до 13,4 млрд рублей только по линии Рособоронэкспорта. По его словам, в целом с учетом других участников военно-технического сотрудничества объем поставок составляет более 15 млрд рублей.

附录 4. **Кредит без отрыва от производства（Известия 3. 04. 2018）**

（主标题）Кредит без отрыва от производства

（副标题）Бизнес сможет удаленно открывать счета и получать займы в банках

（提要题）Представители компаний смогут удаленно открывать в банках счета и получать кредиты уже в следующем году. Об этом «Известиям» рассказал близкий к ЦБ источник, информацию подтвердили два банкира, знакомых с ситуацией. Предприниматели будут идентифицироваться через единую биометрическую систему. В Банке России сообщили, что такая схема может быть реализована после оценки подобного механизма в отношении граждан, который начнет действовать этим летом. По словам экспертов, новация особенно важна для тех, кто ведет бизнес в отдаленных регионах.

С 2019 года представителям компаний не придется приходить в банк для открытия счета или получения кредита. Для этого предпринимателям достаточно будет связаться с кредитной организацией по скайпу или телефону. Клиент предоставит банку нотариально подтвержденную доверенность, что он является официальным представителем компании. Банк для сверки биометрических параметров бизнесмена запросит информацию в единой биометрической системе（ЕБС）. Она, в свою очередь, связывается с единой системой идентификации и аутентификации（на портале госуслуг）для проверки паспортных данных.

Одновременно клиент введет на портале госуслуг свой логин-пароль. ЕБС проведет проверку и даст банку ответ, соответствуют ли биометрические параметры паспортным данным предпринимателя. В случае положительного результата банк сможет открыть счет компании или выдать ей кредит. Сейчас представителям юрлиц, для того чтобы открыть счет или получить заем, нужно обязательно явиться в отделение банка.

— Удаленная идентификация компаний — это второй этап развития ЕБС, — отметил источник «Известий», близкий к Центробанку. — Новация заработает со следующего года. По словам представителя регулятора, удаленная идентификация компаний может быть реализована после оценки такого же механизма в отношении граждан. Он начнет действовать с конца июня 2018 года.

Дистанционная проверка предпринимателей — это один из самых ожидаемых участниками рынка шаг, отметил начальник управления развития малого и среднего бизнеса Абсолют-банка Сергей Нечушкин. Внедрение новации ЦБ усилит конкуренцию между банками, что приведет к улучшению сервиса и расширению ассортимента банковских услуг, считает директор организации продаж МСБ Бинбанка Андрей Возьмилов. Он добавил, что в первую очередь нововведение будет полезно в рамках продуктов по расчетно-кассовому обслуживанию и депозитам.

Процесс удаленной идентификации позволит лишь один раз посетить офис какого-либо банка для первичной идентификации, дальше можно будет пользоваться услугами других кредитных организаций без явки в их отделения, рассказал Андрей Возьмилов. Новация особенно важна для предпринимателей, работающих в удаленных регионах, где получение кредитных средств ограничено физически, отметил управляющий партнер группыVeta Илья Жарский. Он добавил, что бизнесмены смогут получать кредиты практически не выходя из дома. В результате у них будет больше времени для того, чтобы развивать свое дело, а не тратить часы на простаивание в счередях в отделениях кредитных организаций.

Единая биометрическая система создается с 2017 года. По законопроекту об удаленной идентификации банки с 30 июня 2018 года начнут полномасштабный сбор биометрических параметров россиян. Данные в ЕБС будут максимально защищены от взлома. Оператором системы станет «Ростелеком». Предполагается, что банки за каждое обращение к ЕБС будут платить 200 рублей.

附录 5.　Александр Захарченко: Порядок наведем—на войну ничего не спишется (КП 12. 05. 2015)

（主标题）Александр Захарченко: Порядок наведем—на войну ничего не спишется

（提要题）В ДНР в прямом эфире прошла первая «Прямая линия» жителей Донбасса с главой республики. Спецкоры «КП» собрали наиболее интересные выдержки из ответов на самые неудобные вопросы.

（插入题 1）О ГОССОБСТВЕННОСТИ

Мы берем под временное управление естественные монополии — воду, недра. В наследство от Украины нам достался ряд отраслей, которые частично находились в собственности государства. Это электроэнергия, угольная отрасль и ряд других отраслей. Считаю, что государство должно быть представлено во всех сферах жизнедеятельности республики. Это обеспечивает, во-первых, доходность бюджета. Во-вторых, я считаю, что нашу республику, когда мы жили в общей стране, разворовали коррупционными схемами. Мы обязаны вернуть все в собственность народа.

(插入题 2)О ВОССТАНОВЛЕНИИ

На сегодняшний момент все силы и все ресурсы государства брошены на строительство дорог, возрождение угольной промышленности. Пока нормально не заживет экономика, неоткуда будет брать деньги на восстановление жилья. Основная задача — научиться зарабатывать деньги самостоятельно. К большому счастью, мы живем на той земле, которая богата природными ресурсами, которая при разумном использовании способна выжить. Следующий этап — восстановление жилого фонда. Как это будет выглядеть?

Будут ли это многоквартирные дома, может быть, быстро возводимые какие-то дома, я не знаю, это вопрос будущего. Но жилье получат все!

(插入题 3)О СПЕЦОПЕРАЦИЯХ

К сожалению, не все наши военнослужащие еще понимают, что такое дисциплина, есть пережитки прошлого, которые в начале революции можно было списывать на войну. На сегодняшний день все люди, которые так или иначе были уличены в мародерстве, в бандитизме, в грабежах, изнасилованиях и убийствах, будут наказаны. Воинская операция, которая происходила трое суток назад, была направлена на выявление мародеров, грабителей и бандитов. Порядка двухсот с лишним человек арестовано за трое суток, возбуждено порядка 17 уголовных дел, и я так понимаю, что эти уголовные дела и дальше будут возбуждаться. Были возвращены похищенные ранее люди, в том числе и глава Старо —бешевского района, за которого требовали выкуп. Помимо прочего, были освобождены еще 13 незаконно удерживаемых жителей ДНР, несколько военнослужащих и найдено порядка 8 военнопленных из ВС Украины. Они были все освобождены и возвращены домой.

(插入题 4)О ПОСТАВКАХ НА УКРАИНУ

— Чтобы нормально работало любое угольное предприятие, надо в первую очередь решить проблему сбыта самой продукции. И буду говорить прямо — нашим углем до сих пор интересуется Украина. Они просят наш уголь продавать им. Больше будет им интересен уголь, конечно, в октябре — ноябре, но благодаря тем контрактам, которые сейчас заключены, надеемся, в ближайшее время транспортное сообщение будет восстановлено, мы обеспечим нормальный сбыт угля.

(插入题 5)О ХЛЕБЕ НАСУЩНОМ

Сегодня продукты из России составляют порядка 60% общего наличия на полках. Наложен мораторий на определенный ряд товаров на поднятие цен. Второе — поставлена задача сельскому хозяйству обеспечить людей основными группами питания собственного производства. Это хлеб — с завтрашнего дня социальный хлеб будет продаваться во всех магазимнах по цене 2,80 гривны (5 рублей 60 коппек). То же самое касается мясомолочной продукции и тех продуктов, которые входят в потребительскую корзину. Но главное другое — взяты под контроль рынки. Там будет жесткий коньроль цен на продукты.

附录 6. Блеф или реальность (Известия 6. 09. 2018)

(主标题)Блеф или реальность

(提要题)Категорически не согласен с теми, кто называет действующего президента США Дональда Трампа непредсказуемым. Более предсказуемого американского политика такого уровня давно не видел. Это прекрасно понимают и его оппоненты, даже не пытающиеся переманить или перетащить его на свою сторону.

Последовательность президента США сказывается уже в том, что в ходе избирательной кампании 2016 года он обещал пересмотреть торговые и прочие международные договоренности, заключенные его предшественниками, которые, по мнению Трампа, не отвечают интересам трудовой Америки. Уже через три дня после принятия присяги и вступления в должность президент вывел свою страну из Транстихоокеанского стратегического экономического партнерства (ТТП), к которому Америка присоединилась по инициативе Барака Обамы. В соглашении об учреждении ТТП было заявлено, что его участники — 12 стран Азиатско-Тихоокеанского региона — создали в соответствии с нормами Всемирной торговой организации (ВТО) зону свободной торговли.

Выход из ТТП стал первой ласточкой. Президент США занимает жесткую позицию на переговорах по внешней торговле с целью отстаивания прав американских работников. Для этого он, в частности, поручил министерству торгобли тщательно отслеживать все нарушения, допускаемые иностранными государствами в рамках действующих соглашений, и добиваться их устранения.

Трамп уведомил партнеров по NAFTA — существующей с 1 января 1994 года Североамериканской зоне свободной торговли, в которую кроме США входят Канада и Мексика, — о необходимости пересмотра условий, на которых США входят в соглашение, вплоть до возможности выхода из него. Он также поручил торговым представителям США разобраться со всеми случаями нарушения Китаем правил ВТО.

В конце августа США направили в ВТО запрос на проведение консультаций с Россией по поводу ее пошлин на импорт из Америки отдельных видов грузовых транспортных средств, строительно-дорожной техники, нефтегазового оборудования, инструментов для обработки металлов и бурения скальных пород, оптоволокна. Термин «запрос» не должен ввести нас в заблуждение. На юридическом языке он является первым шагом к подаче иска, за которым может последовать разрешение ВТО на введение ответных мер со стороны США против России.

Минуточку! Почему ответных мер со стороны США против России? Ведь инициатива введения санкций принадлежит самим США! А повышение российских пошлин с 5 августа — это всего лишь ответная мера на ограничения с американской стороны на ввоз стали и алюминия, которые коснулись не только нашей страны. А теперь Америка апеллирует к ВТО, чтобы под ее прикрытием ввести очередной пакет антироссийских санкций? Хотя протекционистская политика Дональда Трампа уже вызвала обращения в организацию со стороны ряда стран, подпавших под ограничения США.

На этом то, что представляется театром абсурда, не заканчивается.

В интервью агентству «Блумберг» Дональд Трамп обвинил ВТО в том, что она предвзято относится к США, назвал заключенный — кстати, по инициативе самих Соединенных Штатов — в 1994 году договор о создании организации «наихудшим торговым соглашением в истории». Более того, президент заявил, что «если они [ВТО] не изменятся, я бы вышел из ВТО».

В чем тут дело?

Было бы слишком просто объяснить слова Трампа его слабой информированностью. На самом деле, по подсчетам экспертов, за время существования ВТО Америка выиграла 91% исков, поданных к другим странам. В то же время было удовлетворено 86% исков, поданных к США.

Очевидно, что новое руководство Белого дома кардинально меняет торгово-экономическую политику своих предшественников. Если администрации США со времен

Франклина Рузвельта стремились к либерализации，то Трамп взял курс на протекционизм，что лишает его поддержки даже со стороны ближайших партнеров Америки.

Как бизнесмену Трампу удобнее устанавливать двусторонние связи，чтобы напрямую договариваться со своим партнером．О стиле ведения переговоров Трампа с оппонентами мы хорошо знаем на примере выстраивания отношений США с Северной Кореей：сначала повышение ставок вплоть до угроз расправы，затем компромисс на условиях，более выгодных США.

Однако претензии к ВТО не мешают Вашингтону продолжать пользоваться ее механизмами，чем объясняется новый потенциальный иск к России по поводу ее импортных пошлин на американские товары，о котором я говорил выше.

В связи с этим на данный момент выход США из ВТО представляется маловероятным，хотя и свидетельствует о назревших серьезных изменениях в существующей модели международной торгово-экономической системы.

附录 7.《Повысить продолжительность жизни только за счет медицины невозможно》(Известия 17. 04. 2018)

（主标题）《Повысить продолжительность жизни только за счет медицины невозможно》

（提要题）Что необходимо для того，чтобы Россия вошла в клуб стран《80＋》？ Почему для повышения продолжительности жизни недостаточно только медицинских технологий？ Какие меры предлагают регионы？ Все эти вопросы будут обсуждаться на XII Всероссийском форуме《Здоровье нации—основа процветания России》，который пройдет в Гостином Дворе в Москве с 30 мая по 1 июня．Об особенностях предстоящего мероприятия《Известиям》 рассказал руководитель исполнительной дирекции форума，вице-президент Лиги здоровья нации Виктор Антюхов．Виктор Николаевич，каждый год у научной программы форума есть главная тема．Какой она будет в этом году？

В этом году центральной темой форума станет обсуждение конкретных мер по реализации проекта《Формирование здорового образа жизни》．Он был принят в 2017 году президиумом Совета при президенте РФ по стратегическому развитию и приоритетным проектам．Вполне логично，что в 2018 году оргкомитет форума определил основной темой именно обсуждение проекта.

Крайне амбициозные задачи，стоящие перед обществом и，конечно же，системой здравоохранения, сформулировал в послании Федеральному собранию президент Владимир Путин: «К концу следующего десятилетия Россия должна уверенно войти в клуб стран «80 +», где продолжительность жизни превышает 80 лет. При этом опережающими темпами должна расти продолжительность именно здоровой, активной, полноценной жизни, когда человека не ограничивают, не сковывают болезни».

Достижение задач такого уровня возможно только при условии консолидации усилий государственных органов управления и институтов гражданского общества.

Мы проводим этот форум с 2005 года, организаторами мероприятия выступают Министерство здравоохранения России и общероссийская общественная организация «Лига здоровья нации». В подготовке и проведении форума традиционно участвует более 10 министерств и ведомств и не менее 30 регионов. Каждый год форум посещают более 20 тыс. человек, из них более 5 тыс. человек—это специалисты.

Очень высокую планку предстоящему форуму на заседании оргкомитета задал лидер нашей организации — академик Лео Антонович Бокерия. Он сказал, что актуальность форума неоспорима, «но статус его нуждается в повышении до национального проекта». «Давайте организуем XII форум на таком уровне, чтобы можно было выйти с таким предложением в органы власти. В конечном итоге здоровье нации — это вопрос национальной безопасности»,—отметил он.

Что нужно сделать, чтобы увеличить продолжительность жизни россиян?

К сожалению, повысить продолжительность жизни на популяционном уровне только за счет медтехнологий невозможно. Поэтому мы считаем, что необходимо изменить вектор прилагаемых усилий органов власти, бизнеса и общества в сторону формирования здорового образа жизни и создания необходимых для этого условий. А в качестве базовой профилактической модели необходимо принять за основу курс на естественные методы оздоровления: ходьба, бег, велосипедные прогулки, плавание, закаливание. Все это можно выразить общим призывом—«Наилучшее здоровье с наименьшими затратами».

Как эта проблема — формирование здорового образа жизни — решалась и решается в мире?

В начале 1970-х американцы побежали всей страной, поняв, что при $200-миллиардном бюджете на здравоохранение (больше, чем на оборонку) качественных изменений в здоровье населения достигнуто не было. Продолжительность жизни росла только за счет технологических возможностей медицины, но заболеваемость при этом росла еще быстрее.

В 1974 году канадский министр здравоохранения М. Лалонд опубликовал свой знаменитый доклад «Новый подход к сохранению здоровья канадцев», в котором представил доказательства того, что главным фактором, который в наибольшей степени обусловливает состояние здоровья людей, является не уровень медицинского обслуживания, а образ жизни, который они ведут.

В 1972 году в Финляндии началась реализация системообразующего проекта «Северная Карелия», который был нацелен ни много ни мало на изменение образа жизни целого региона. В задачи проекта входило изменение поведенческих привычек и пищевых пристрастий жителей восточных районов Финляндии. Проект, который длился более 40 лет, позволил финнам снизить смертность от сердечно-сосудистых заболеваний на 80%, увеличить продолжительность жизни на 13 лет. На самом деле это была национальная программа по формированию здорового образа жизни.

Аналогичные примеры можно привести по целому ряду индустриальных стран, столкнувшихся в семидесятые годы прошлого века с расширением эпидемии неинфекционных заболеваний (Германия, Австралия и др.) и вынужденных констатировать: лечебный подход к решению этой проблемы неэффективен.

В 1970-е годы наша страна в медицинской индустрии технологически отставала от стран Запада, но в сфере профилактики заболеваний мы были впереди планеты всей. В 1978 году на Алма-Атинской конференции ВОЗ советская модель профилактики заболеваний и первичной медицинской помощи была признана лучшей в мире. К сожалению, в силу известных обстоятельств многое из достигнутого было утрачено. И теперь нам приходится наверстывать упущенное время и реализовывать программы, которые были актуальны в конце прошлого века.

Что будет представлено на выставке форума?

Будет презентовано уникальное аналитическое издание—атлас «Здоровье России». Это своеобразная инвентаризация состояния здоровья регионов России. В издании представлены рейтинги регионов по рождаемости, заболеваемости, продолжительности жизни, наличию спортивных сооружений, количеству образовательных учреждений и другим показателям, характеризующим здоровье населения регионов.

В этом году свои проекты представят Московская область, Алтайский край, Кемеровская и Калужская области. Более 20 регионов уже подтвердили свое участие и готовят соответствующие экспозиции.

Например, Алтайский край познакомит посетителей форума с опытом регионального центра медицинской профилактики по вопросам рационального питания. Департамент здравоохранения Москвы и ГБУЗ «Московский научно-практический центр наркологии ДЗМ» в этом году приглашают жителей и гостей города посетить свои стенды для обследования. Участники акции смогут пройти тесты на риски возникновения алкогольной, наркотической и других форм зависимости и на уровень монооксида углерода (угарный газ) в организме курильщиков. На выставке будут представлены фудкорты здоровой еды.

Еще одна постоянная экспозиция выставки форума — мобильный медицинский центр, созданный на базе микроавтобуса «Газель NEXT». Этот уникальный автомобиль предназначен для выездных медицинских осмотров, диагностики, диспансеризации и оказания срочной медпомощи.

Обязательно на форуме представит свою экспозицию Минпромторг, на которой продемонстрируют свои разработки ведущие производители лекарственных препаратов и медицинских изделий. Кроме того, в рамках выставки традиционно будет представлен раздел «Равные права — равные возможности», посвященный программам и проектам, которые направлены на создание среды для выбора и ведения здорового образа жизни людьми с ограниченными возможностями здоровья.

В этом году Лига здоровья нации отмечает свое 15-летие. Это был большой и важный период не только в жизни нашей организации. Именно в эти годы был сформирован и изложен государственный заказ на здорового человека, разработаны основные приоритеты направления государственной политики по охране здоровья и формированию здорового образа жизни, которые отвечают именно современным вызовам.

Пользуясь случаем, хочу пригласить на выставку москвичей и гостей столицы. Здесь каждый сможет найти что-то интересное для себя. Для специалистов — это, конечно, передовой опыт, инновационные технологические решения, важнейшие отраслевые тренды. А новинки товаров и услуг для здоровья, современные программы диагностики и оздоровления, безусловно, заинтересуют и специалистов, и всех, кто выбирает здоровье.

附录 8. Свобода в обмен на обещания (Известия 21. 02. 2018)

（主标题）Свобода в обмен на обещания

（提要题）《У каждой сложной задачи есть простое, понятное и неправильное решение》. Это ироничное высказывание американского журналиста Генри Луиса Менкена лучше всего иллюстрирует суть такого явления, как популизм.

Что оно собой представляет? Популизм — это особый жанр политической драмы. Стремясь победить на выборах, политик-популист старается заручиться поддержкой самых широких слоев населения и потому выдвигает лозунги — предельно упрощенные, безответственные, а порой и радикальные.

Яркой отличительной чертой популистов является их пренебрежительное отношение к цифрам. Возьмем, например, экономическую программу кандидата в президенты России от КПРФ Павла Грудинина. На выполнение его обещаний по снижению налогов и росту расходов потребуется дополнительно 27,6 трлн рублей. Такая политика приведет к тому, что государственный долг и инфляция вернут нас в 90-е годы.

Что же получается? Россия очень дорого заплатила, чтобы уйти от дефицита и обрести макроэкономическую стабильность, а теперь нам предлагают заплатить столько же, если не больше, чтобы вернуться обратно? В странах, где у власти долгое время оставались популисты, их политика приводила к экономическим спадам, гиперинфляции, а иногда и к внутренней дестабилизации. Например, в 2018 году в Венесуэле уровень инфляции достиг колоссальных объемов—4000%. За несколько лет страну покинуло около четырех миллионов человек, что сравнимо с количеством мигрантов из Сирии.

При этом программы популистов убийственно однообразны. Неизменно высоким спросом пользуются призывы булгаковского Шарикова: 《Отнять и поделить》. Левые популисты обещают отнять у богатых имущество (с помощью национализации) и доходы (с помощью прогрессивной шкалы налогообложения). Но в России большинство крупнейших банков — государственные. Государство доминирует з ключевых для нашей страны сырьевых секторах экономики, и что там еще собрался национализировать тот же Грудинин, не совсем понятно.

Популизм может принести пользу только в двух случаях. Например, если популист, придя к власти, проводит ответственную политику, что случается нечасто. Или если популисты не приходят к власти, но их повестка грамотно учитывается ответственными политиками. Скажем, если популист требует отменить все налоги, ответственный политик понимает, что это возможно только в идеальном либертарианском обществе. Однако можно и нужно каждый раз задавать себе вопрос: а соответствует ли уровень налогов качеству и объему оказываемых государством услуг?

Конечно, ответственный политик не может брать лозунги популистов без кардинальной переработки. Но в любом случае надо пробовать понять, почему эти лозунги популярны среди людей. Если в стране высокий уровень бедности, то ей поможет экономический рост и система помощи малоимущим. Если причина в сильно выраженном неравенстве, стоит задать себе вопрос, могут ли в такой стране все граждане заниматься любым разрешенным бизнесом, защищает ли суд права собственности, могут ли талантливые дети из самых бедных семей получить образование не хуже, чем дети из богатых семей. Наконец, какой образ богатого человека доминирует в СМИ — это человек, сам добившийся богатства, производя нужные людям товары и услуги, или сколотивший богатство нечестным путем, ибо «честным трудом столько не заработаешь». Там, где популист видит одно простое — и зачастую неверное — решение, ответственный политик должен предложить целый комплекс разумных мер. Это менее эффектно выглядит в СМИ, но только такой подход гарантирует стабильное развитие страны.

Если в государстве большая степень децентрализации и очень многое решается не в национальном правительстве и парламенте, а в городах и селах, то поле для маневра популистов резко сокращается. Если власти провалили уборку мусора, как мультипликационный герой Гомер Симпсон в Спрингфилде, это очень быстро заметят все жители. Снижают возможности для популистов также сбалансированный бюджет и низкая инфляция, которые дают определенную уверенность в завтрашнем дне.

Популисты любят сталкивать богатых и бедных, мигрантов и старожилов, представителей разных национальностей и религий. Поэтому важно, чтобы люди реализовывали общие проекты (здесь уместно вспомнить инициативное бюджетирование и волонтерство), принимали культурное и национальное разнообразие, чтобы богатые активно занимались благотворительностью, и не только с помощью денежных пожертвований. Только общество свободных людей, в котором есть четкие гарантии прав граждан и готовность открыто обсуждать самые сложные проблемы, надежно защищено от популистов, забирающих свободу в обмен на пустые обещания.

附录 9. **Печать интеллекта (Известия 12. 07. 2018)**

（主标题）Печать интеллекта

（提要题）Суть происходящей на наших глазах смены технологического уклада заключается в ускоренном развитии прямого цифрового производства. Физические объекты изготавливаются почти без участия человека — на основе информации из файла данных под контролем компьютера. Один из наиболее известных сегодня классов технологий прямого цифрового производства — аддитивные технологии（АТ）, или в просторечии 3D-печать.

АТ чрезвычайно востребованы в авиастроении. Заменяя цельнометаллические элементы летательных аппаратов деталями сложной формы с внутренними полостями, можно существенно уменьшить их массу, сохранив прочность и другие характеристики. Быстро растет применение АТ в производстве медимплантов, автомобилестроении, нефтегазовом секторе.

3D-печать успешно используется для производства эксклюзивных вещей — например, ювелирных украшений, а также велосипедов, самокатов, скутеров, даже деталей для болидов《Формулы-1》. Здесь не нужна спецсертификация, зато много разных дизайнерских разработок; есть спрос на небольшие партии деталей уникальной формы. Такой подход — ответ на все более индивидуализированные запросы рынка.

В последние десять лет АТ все активнее встраиваются в производственные цепочки, в том числе в крупных корпорациях. В результате уже сложился рынок аддитивного производства（АП）, который демонстрирует взрывной рост. В 2015 году он превысил ＄5, 1 млрд, объемы продаж продуктов и услуг ежегодно увеличиваются на 20％—30％.

Так, Boeing в последние годы《печатает》уже более 22 тыс. деталей 300 наименований для десяти типов военных и гражданских летательных аппаратов. По расчетам General Electric, через десять лет компания будет производить с помощью АТ примерно половину всех изготавливаемых на ее предприятиях деталей.

Россия делает еще первые шаги по направлению к промышленному использованию АТ. Они уже успешно используются в медицине и стоматологии, а недавно были включены в технологическую карту изготовления авиационных двигателей нового поколения ПД-14 для среднемагистрального самолета МС-21.

С точки зрения новых возможностей для разработчиков и инженеров развитие АП резко повышает востребованность специалистов в области промдизайна, проектирования и моделирования. Возникает задача разработки методик оптимизации конструкций. В прошлом году рабочей группой《Технет》НТИ проводился конкурс на создание аддитивным способом кронштейна，используемого в одном из российских авиадвигателей. Реальный кронштейн весит $3,5$ кг. А команда，победившая в конкурсе，спроектировала кронштейн весом 350 г! Позднее он был произведен специалистами《ОДК-Сатурн》. Кстати，два первые места заняли ребята из Санкт-Петербургского политехнического университета Петра Великого—ведущего центра в области цифрового проектирования и оптимизации.